帝国之鞭与寡头之链
—— 上海会审公廨权力关系变迁研究

杨湘钧 著

北京大学出版社
PEKING UNIVERSITY PRESS

著作权合同登记号：图字 01-2005-6212

图书在版编目(CIP)数据

帝国之鞭与寡头之链：上海会审公廨权力关系变迁研究/杨湘钧著．—北京：北京大学出版社，2006.1

（法史论丛）

ISBN 7-301-10143-0

Ⅰ.帝… Ⅱ.杨… Ⅲ.审判－司法制度－法制史－研究－上海市－民国 Ⅳ.D929.6

中国版本图书馆 CIP 数据核字(2005)第 133449 号

书　　　名：帝国之鞭与寡头之链——上海会审公廨权力关系变迁研究

著作责任者：杨湘钧　著

责 任 编 辑：夏扬　谢海燕

标 准 书 号：ISBN 7-301-10143-0/D·1357

出 版 发 行：北京大学出版社

地　　　址：北京市海淀区成府路 205 号　100871

网　　　址：http://cbs.pku.edu.cn

电　　　话：邮购部 62752015　发行部 62750672　编辑部 62752027

电 子 信 箱：pl@pup.pku.edu.cn

排 版 者：北京高新特打字服务社　82350640

印 刷 者：北京汇林印务有限公司

经 销 者：新华书店

　　　　　650 毫米×980 毫米　16 开本　15.25 印张　256 千字
　　　　　2006 年 1 月第 1 版　2006 年 10 月第 2 次印刷

定　　　价：25.00 元

未经许可，不得以任何方式复制或抄袭本书之部分或全部内容。

版权所有，侵权必究　举报电话：010-62752024

　　　　　　　　　　电子邮箱：fd@pup.pku.edu.cn

出 版 说 明

　　当今社会是信息社会。信息的交流和互动使我们可以站在巨人的肩膀上俯瞰整个学科的发展，进而推动该领域学科的发展壮大。我国台湾地区的法学研究较为成熟，但目前大量读者还不易直接在祖国大陆购买台湾地区的书籍，而大量复印又有违著作权法的有关规定。在这种情况下，我社引进了一些已经在我国台湾地区出版的优秀法学著作。我们希望通过这种方式给祖国大陆读者提供一种获取信息的捷径，从而可以比较迅速地了解各个地区的教学和学术成果，为深入学习和研究打下更坚实的基础。

　　我们引进这些学术著作，主要目的在于介绍我国台湾地区的相关法学理论和方法，推动学术交流，促进学科发展，完善教学体系。而其著作者的出发点、指导思想、基本观点和结论等，属于学术范畴的讨论，均不代表北京大学出版社的立场和观点。

　　由于海峡两岸的具体情况不尽相同，为方便读者，经授权出版社同意，我们在排版时对原书的某些行文方式作了少量技术性处理。至于原书内容，我们遵从著者的意愿，未作任何改动。需要特别说明的是：(1) 台湾地区是中国不可分割的一部分，这是不争的事实。但目前由于特殊原因，台湾地区还实行本地区的法律、法规，包括"宪法"。学界从宪法的视角研究、审视法律已经成为一种趋势和必然。因此，从学术研究出发，对书中涉及的"宪法"规定及其分析，并没有加以删减。(2) 一些机关和机构，比如行政法院、学会等，系指我国台湾地区之机构，为了保持行文顺畅，并使读者明确地查证，一般按照原有的称呼，没有进行特别的处理。(3) 为了行文的简洁，对具体的法律、法规没有一一加以说明,因此如果没有特殊标注,书中所涉及的法律、法规均为我国台湾地区的法律。(4)我国台湾地区法学领域有些用语与祖国大陆不尽一致。比如一些国际条约的翻译、学科设置等,为了保持作品原貌,也没有加以修改。特此一并声明,敬请读者注意,以免产生误会和质疑。

序

学士后法学教育，是近些年来台湾法学教育的重大变革，希望藉由引进非法律系毕业、且已有社会工作经验的学生，研读法律或从事法学研究，以激发不同于传统法学的思维。在台湾，政治大学继东吴大学之后，1997年开始也在法律学研究所开设学士后法学组，如今并已单独设所，即法律科际整合研究所。

1999年，政大新闻系毕业、已在新闻媒体工作多年的湘钧，即因此机缘进入政大法律学研究所学士后法学组。当时我负责讲授该组"基础法学—法史学"一门课，也因此与湘钧有了第一次的接触。

晚近，在海峡两岸，法律学虽属热门显学，但法律人较热衷于公、民、刑、商等现行实施法律，相对地较忽略法制史、法理学以及法社会学等属于法学根基的研究，可以说，这是两岸法学教育的共同隐忧。以湘钧的新闻实务背景，最后却选择投入基础法学的研究，如今想来实颇让人讶异。对于担任其指导教授的我来说，也是一个大胆而新颖的尝试。回眸过往历程与积累的成果，虽甚曲折，却也觉得不枉走这一遭。

湘钧从事的上海租界会审公廨研究，在台湾几无人碰触。会审公廨裁判史料的搜罗，更是一大难题。湘钧不畏艰难、毅然投入，虽无法取得第一手裁判史料，仍尽可能地爬梳相关史料，并充分运用上海市档案馆2001年出版的《工部局董事会会议录》。期间，蒙主持台湾联合法律事务所的黄静嘉先生等协助提供线索与资料，终于粗有小成，顺利完成硕士论文，并经政大法律学研究所推荐，获选为2003年度"国科会"百篇杰出硕士论文奖，这是相当难得的殊荣。

清末民初的法律继受过程，一直是中国法制史研究的焦点。除了为收回领事裁判权而进行的一连串法规范继受与变革，甚至在我负责整编的《大理院民刑事判决例全文》与《平政院裁决录存》中，都可见当时法律文化激烈变动的轨迹。但既有的研究，多依循传统法学或史学研究方法，关切的焦点也比较集中于法规范、裁判、文献等的研考、释义，较少从社会、庶民的角度出发。另外，或许因为帝国主义殖民给中国带来了太多的悲痛，以致反让后世忽略探究租界不同法律文化的交融过程及其为华人社会带来的影响。

本书特殊之处，首先在于融入法社会学的考察，以"权力关系"而非传统法律人重视的"权利义务"为论述主轴，并深入探究约章无法呈现的隐匿权力；其次，本书也勇于脱却殖民压迫史观，以传统中国的"帝国之鞭"权力关系与新兴的租界法制的"寡头之链"权力关系，作为比较研究基础，进而寻绎租界寡头治理的特色；再次，本书也尽可能从残缺的史料中，为会审公廨作制度面的全盘考察，并梳理出会审公廨因应华洋权力激烈权力冲突的权力变迁脉络。

或许，会有法史学研究者觉得本书的这番尝试过于激越大胆，却不能否认，这也是一种论述方式的试探与突破。如今在台湾，不仅已有为数不少的年轻学子投入法史学研究，更不乏与湘钧一般多方尝试新论述方式的初生之犊，不论他们的"冲撞"是否能有所成，或反而肇致遍体鳞伤，可以预期的是，这都应是能汇纳百川的学术圈可喜的现象。终究，跨科际整合之风已然在学界跃动。

湘钧才思敏捷，问学虚心，相信本书在内地出版，应能带给法史学研究者更多元的思考与冲击，也有助于两岸学术的交流，故乐为之序。

黄源盛
二〇〇五年三月
于台北犁斋

CONTENTS 目　录

第一章　绪论　　　　　　　　　　　　　　　　　　1
　第一节　研究动机
　　　　——弥补中国法制史研究的罅漏　　　　　1
　第二节　问题意识、研究方法及取向
　　　　——以权力关系为论述核心　　　　　　　4
　第三节　研究文献回顾
　　　　——"政治正确"与冷僻下的不完整　　　10
　第四节　章节架构
　　　　——以重要转折年代为切割点　　　　　14

第二章　权力关系竞逐舞台的透析　　　　　　　　16
　第一节　权力关系各方的心态　　　　　　　　16
　　一、帝国眼中的"海上化外人"　　　　　　　16
　　二、苏沪华民眼中的洋人　　　　　　　　　18
　　三、"上海大班"眼中的"上海华民"　　　　　20
　第二节　寡头政体的生成　　　　　　　　　　22
　　一、"上海滩"与"上海城"的迷思　　　　　　22
　　二、架构于新空间结构的治安思维　　　　　24
　　三、寡头政体的权力依据——《土地章程》　28
　第三节　寡头政体立法、行政与司法
　　　　体制剖析　　　　　　　　　　　　　37
　　一、实质以工部局为重心的立法体制　　　　37
　　二、以工部局董事会为核心的行政体制　　　43

CONTENTS 目 录

　　三、乱中有序的司法体制　　　　　　　　46
　　结语：紊乱中的权力关系竞逐　　　　　　56

第三章　从混沌到妥协
　　　　——会审公廨前的权力关系
　　　　（1845—1868）　　　　　　　　　58
　第一节　"帝国鞭断"后的混沌
　　　　（1845—1864）　　　　　　　　　58
　　一、帝国之鞭的暂时断绝　　　　　　　58
　　二、帝国、寡头政体的权力消长　　　　60
　第二节　帝国之鞭的缓步续接
　　　　——洋泾浜北首理事衙门
　　　　（1864—1868）　　　　　　　　　67
　　一、洋泾浜北首理事衙门成立背景及经过　68
　　二、洋泾浜北首理事衙门的组织暨权限　70
　　三、帝国与寡头的扞格　　　　　　　　73
　第三节　权力关系变迁案例评析　　　　　75
　　一、轿夫争夺地盘案　　　　　　　　　75
　　二、戴中其（音译）疑服苦役致死案　　78
　　三、华籍差役违法勒索案
　　　　——以陈炳、张模案为例　　　　　84
　结语：规训权力关系的开展　　　　　　　88

CONTENTS 目 录

第四章 权力不对等下的纠葛
——辛亥革命前的会审公廨
（1869—1911） 91

第一节 订立《会审章程》的社会动因 91
一、空间结构去疆界化的影响 91
二、立法背景
——新兴现代都市下的主动与严密 93
三、1869年《洋泾浜设官会审章程》 93
四、《洋泾浜设官会审章程》的补充及修正 94
五、华洋政体于章程外的真实态度 95

第二节 会审公廨的组织、权限及程序 96
一、人事组织 96
二、管辖及处罚权限 102
三、侦查起诉权力与程序的变化 106
四、审判程序 110
五、人犯移送暨羁押程序 112
六、律师制度的落实 114
七、适用法条 115
八、超越传统的法庭权力空间布置 116

第三节 会审公廨的行政角色 118
一、代表华方与外国政府沟通的行政角色 119
二、会审公廨与工部局互动的行政角色 120
三、会审公廨与民众互动的行政角色 121
四、会审公廨行政角色评析 123

第四节 会审公廨的立法角色 124
一、会审公廨自决的立法 124

CONTENTS 目 录

  二、会审公廨奉命于上级的立法 125
  三、会审公廨应寡头政体要求的立法 126
  四、趋于多元的立法权力主体 126
 第五节 权力关系变迁案例评析 127
  一、顺发洋行买办倒账案 128
  二、手推车(小车, wheel barrow)加捐案 130
  三、巡捕房探员曹锡荣杀人案 133
  四、德籍巡捕马德森越界伤人案 136
  五、苏报案 137
  六、黎王(黄)氏案 142
结语:趋于细致的权力关系 145

第五章 权力关系的彻底置换
  ——辛亥革命后的会审公廨
  (1911—1926) 147
 第一节 划时代的巨变 147
  一、混沌局面下寡头政体的企图 147
  二、寡头政体对会审公廨的全面掌控 149
  三、寡头政体掌控会审公廨的心态分析 150
  四、空间结构的再次变化 152
 第二节 会审公廨组织及诉讼制度的变革 154
  一、司法行政组织的全面翻修 154
  二、外籍人士的审判官角色 157
  三、民事诉讼制度的变革 157
  四、刑事诉讼程序的变革 162

CONTENTS 目 录

第三节　权力关系的巨变
　　　　——帝国鞭断　　　　　　　　　　170
　　一、会审公廨立法及行政权的逐步消逝　171
　　二、会审公廨内部权力结构的变化　　　172
　　三、各方对寡头政体的制衡　　　　　　177
第四节　权力关系变迁案例评析　　　　　　180
　　一、关于引渡、驱逐出境的相关案件　　180
　　二、孔索诉希伯兹案(Kumsoo v. Shibbeth)　183
　　三、丁槐私藏国玺案　　　　　　　　　184
　　四、反对廿一条款抗争案　　　　　　　186
　　五、德侨审判权案　　　　　　　　　　188
　　六、熊希龄(1870—1937)被拘提案　　　190
　　七、上海总商会函促抗争钻石案　　　　191
结语：寡头之链的极致发展　　　　　　　　193

第六章　帝国之鞭、寡头之链的特色与启示　195
第一节　帝国之鞭通过会审公廨呈现的
　　　　特色　　　　　　　　　　　　　195
　　一、权力的集中与合一　　　　　　　　195
　　二、强调"人治"而非"法治"　　　　　198
　　三、基于纪律体系的法制思维　　　　　200
　　四、标志租界住民的"缺乏权力"　　　202
第二节　寡头之链通过会审公廨征表的
　　　　特色　　　　　　　　　　　　　204
　　一、开明、能干与效率的真实面　　　　204

CONTENTS 目 录

  二、以治安为最高指导原则 206
  三、从缺乏权力到自我规训的摆荡 206
  四、权力的重分配与细致化 208
 第三节 租界权力关系的新形貌 208
  一、身份上的差等依然持续 209
  二、混乱不清的法律适用情况 209
  三、变质的竞技型诉讼 210
  四、契约自由原则的真实面 211
  五、屈从于租界利益的宿命 212
 第四节 会审公廨经验的启示 213
  一、权力分配应该落实而非形式 213
  二、社会发展目标应多元并重 214
  三、公平必须普遍且全面 215
  四、"依法"或"以法"的更高层 215

第七章 结论
  ——社会控制的"从传统到现代" 216
 一、透视租界的新史观 217
 二、帝国之鞭与寡头之链的竞逐 217
 三、鞭与链权力关系的特色与融合结果 219
 四、会审公廨的经验与时代意义 220

参考文献 222
后记 229

第一章 绪 论

19、20世纪交替之时,在传统中华法制运行了千百年的中国大地上,曾经出现了一个兼具传统衙门与若干现代西方法律色彩的法庭——"上海会审公廨"(The Shanghai Mixed Court)。[①]

长久以来,或因民族、国族主义的影响,致"外国陪审员有权力裁罚华民"的上海会审公廨,通常被笼统的归类为"领事裁判权"(consular jurisdiction)或"治外法权"(extra-territoriality)[②]的一部分,视为是当年列强殖民压迫所肇致的结果,却鲜有人愿意正视会审公廨为中国法制历史带来的深远影响,也为会审公廨披蒙上一层神秘的面纱。

在21世纪的今天,随着史料的推陈出新,以及史观、研究方法的趋于多元,正是一个重新解构上海会审公廨,了解其在中国法律继受与变迁过程中究竟占有何种地位的契机。

第一节 研究动机
——弥补中国法制史研究的罅漏

1903年(清光绪二十九年)[③],修订法律大臣伍廷芳(1842—1922)与办理商约大臣吕海寰(1842—1927)联名上呈《上海会审公廨选用熟谙交涉人员会审片》,这是在鸦片战争后"西法东渐"的大趋势中,华方对与西方法制

[①] 上海会审公廨其实应有两个公廨,一为上海公共租界的"上海公共会审公廨",一般简称"上海会审公廨",另一则是上海法租界的"上海法租界会审公廨"。并且,在清末民初存在会审公廨者,不仅止上海一地,包括厦门、汉口等租界,均设有会审公廨。为行文方便,本书以下所称"上海会审公廨"或"会审公廨",概指"上海公共会审公廨"。此外,亦有人称"会审公廨"为"会审公堂",唯"公廨"系指整个司法机关,意较广;"公堂"则系指裁判案件的法庭,意较狭。

[②] 领事裁判权与治外法权常为研究者混淆。简言之,领事裁判权为"甲国领事在他国得裁判甲国人民",而治外法权在国际法上的意义则是"在国外的某国人民因外交互惠等原因不受他国司法管辖,仍受本国裁判"。清末民初因翻译等原因,致两个名词常被拿来诠释外国人在华享有的种种司法特权,终成惯例。在1922年的华盛顿会议中,中国说帖用"extra-territorial jurisdiction"一词,有论者以此字最贴近中国被侵权的实况(参阅李仕德著:《英国与中国的外交关系(1929—1937)》,台北:国史馆,1999年,第81页)。唯上述意义,均不足以解释上海租界法制及会审公廨。

[③] 由于本书参酌的史料多系标志公元,以下均以公元记事,除有必要,不再标志各朝代年号。

密切相关的会审公廨提出的罕见且强烈的批判：

> ……洋官于互控之案，大率把持袒护，虽有会审之名，殊失秉公之道。又往往干预华民案几归独断。至华民犯罪，本有由委员核明重轻，照例办理之条。寻常枷责而外，或应羁禁或应罚锾，事涉琐细，诚不能一一绳以定律。相沿日久，遂至任意为高下，莫衷一是。又无论案情若何，动辄票提拘押，往往送至洋人巡捕房，任其凌虐。甚至有拘禁数年不行开释者，其劣差蠹役，从中勒索，犹其小焉者也。商民每怀冤愤，无可告诉。上海租界繁盛甲于他处，似此因仍弊玩，不特地方难期安谧，抑于中国体制有关。况中西刑律差殊，外人夙所借口。今于租界公共之地，复侵华官自理之权，流弊何所底止。且无划一刑律，不中不外，小民受此荼毒，为之恻然……。④

恰于同一年，在外国势力的干预下，上海会审公廨组织了"额外公堂"审判"苏报案"，邹容（1885—1905）、章炳麟（1869—1936）两人原本因涉嫌诽谤清朝皇室，"照律治罪，皆当处决"，最终却仅分别被判处二年及三年徒刑。孙中山先生曾评论此案称：

> 此（"苏报案"）涉及清帝个人，为朝廷与人民聚讼之始，清朝以来所未有也。清廷虽讼胜，而章、邹不过仅囚禁两年而已，于是民气为之大壮。⑤

中山先生是否为了鼓舞革命，故只凸出"苏报案"的诉讼结果，而刻意忽略会审公廨对华民的痛？吕海寰、伍廷芳是否愤于外人得以通过会审公廨包庇反清人士，而夸大其恶？此并非本书所欲追究的面向。本书援引这两段与会审公廨有关的史料，旨在凸显，这个与中国法制近代化及法继受密切相关的司法裁判机构，曾经对华人的法思想、法文化、法价值等造成何等巨大且矛盾的冲击。

观照整个中国法继受过程，则更加凸显伍、吕两人之奏在历史脉络上的意义。恰在前一年即 1902 年，清廷任命伍廷芳、沈家本（1840—1913）为修订法律大臣，主持变法修律，并决定先成立编纂法典的专门机构，诚可谓传统中华法系运行数千年后，继受欧陆现代法律的最关键年代。且不论当时

---

④ 参照《商约大臣吕伍奏上海会审公廨选用熟谙交涉人员会审片》，收于《外交报汇编》，第二十四册，台北：广文书局，1964 年，第 53 页。

⑤ 参照"中国国民党中央委员会党史委员会"编：《国父全集》，第一册，台北：1973 年，第 497 页。

主政的慈禧是否真有变法修律的真意,当时中国确也面临了不得不变法的巨大压力,包括领事裁判权的撤废问题、欧日近代法典编纂的冲击、传统社会经济结构的转型,以及清廷救亡图存的危机意识⑥等,均迫使中国必须撑开沉睡的双眼,凝视与"祖宗家法"截然不同的西方法世界。

当时传统中国法制被外人批评最甚的,莫过于刑律上的重法酷刑,以及缺乏独立的民法及诉讼法典,且无所谓辩护制度,狱政的腐败与苛虐,更是被其引为把柄。⑦ 不少士大夫也承认传统法制的确存在这些弊病,例如何启、胡翼南即谓:"吾曰:'在中国无平情律例,无公堂法司耳!'……今者中国之律例,其有平乎?无也!罪实未定,遽尔刑威,何平之有?供证无罪,辄罹笞杖,何平之有?有毙于杖下,意气杀人,何平之有?瘐死狱中,有告无诉,何平之有?有凌迟枭首,死外行凶,何平之有?故曰:'其(外国)决不肯从者,以中国无公平之故也!'"⑧

但没想到变法修律之道不过才走了一年,理应是中国变法主流的修律大臣及商约大臣,就"以彼之道,还施彼身",援引外人抨击传统中国法制的说辞,直击与外人密切相关的会审公廨,颇有"洋法又如何?"的意味。在当时"西法东渐"的大洪流下,伍、吕两人出此奏折痛批,毋宁是中国法制史上相当耐人寻味的一章。

但会审公廨及其立基的上海租界法制,真是恶贯满盈、一无是处?

清末民初中国法律大变革及法继受(die Rezeption, Reception)⑨过程,一直是广受法制史研究者关注的焦点。不过,一个根本的问题是,究竟近现代西方法学思想及法律制度,何时、又是如何被引领及深化到庶民社会?无可否认,外国学者的法学新知引介,及中国如沈家本、伍廷芳等精英分子主导的修法,的确在中国士大夫层级发挥了巨大的启蒙作用;但我们也必须承

---

⑥ 此为学者黄源盛研究晚清法制变迁所归纳出的四大动因,参阅黄源盛:《晚清法制近代化的动因及其开展》,收于《中国传统法制与思想》,台北:五南图书出版有限公司,1998年,第275—290页。

⑦ 参阅同上注,黄源盛著,前揭书,第278页。

⑧ 参阅何启、胡翼南:《书曾袭侯先睡后醒论后》,引自麦仲华辑:《皇朝经世文编》,上海:大同译书局,1898年,卷21,《杂纂》。

⑨ "法继受"原专指德国继受罗马法的过程。就法社会学的观点,"法继受"乃指一个国家、民族或地区,其于外在势力、内在社结的变异,外国法品质或内部意识的觉醒等因素,全盘或部分采用其他国家法律制度的一种法律现象。关于法继受的定义与学理,可参阅同注⑥,黄源盛著,前揭书,第397—421页。及戴东雄著:《中世纪意大利法学与德国的继受罗马法》,台北:台湾大学法学丛书(二八),陈添辉译,1981年,及Manfred Rehbinder讲述,《从社会学观点探讨外国法的继受》(一)(二)(三),分刊于《司法周刊》,1994年3月16日、23日、30日。

认,在"超前立法"⑩的现实情况下,传统中国社会多仍是自上而下地被迫继受现代西方法律,而不是由庶民主动地产生现代法律意识。

然而,当时由外人控管的地区,却似乎有着不太一样的法继受过程,一些现代西方法律思想与制度,显然跳脱"超前立法"所伴随的官方与精英主导色彩,得以深入华人社会之中发挥效力,展现了另类"法教"⑪的功能。而被吕海寰及伍廷芳痛批的会审公廨,就是一个最重要的媒介。⑫即使仅着眼于会审公廨的实质重要性⑬,会审公廨的研究都不应该自中国法制史研究缺席,这也是诱发本书研究的动机。⑭

第二节 问题意识、研究方法及取向
——以权力关系为论述核心

为求揭开会审公廨的神秘面纱,并作深入解构,本书所欲回答的问题或可概分为两大类:

一是会审公廨的生成历史因素、地理人文原因,及组织、运作、侦查审判

---

⑩ "超前立法"系指法律的变革幅度超越了社会的现况。如学者王伯琦以法律与道德的关系为例指出,一般认为,法律的性质乃是一种保守力量,在正常情形下,道德当然超前,法律总得落后些。所以法学家的努力,应当在如何使法律紧紧地追随着道德而不致脱节。但是,在中国的情形却不然,采纳的无不是西洋最新立法例,其中所含的观念是一套簇新的道德观念,以致"法律与道德的地位是倒置了"。参阅王伯琦:《近代法律思潮与中国固有文化》,台北:法务通讯杂志社,1985年第三版,第2—3页。关于"超前立法"的进一步说明,可参阅王伯琦,前揭书,第67—73页。

⑪ 何谓"法教"? 学者王伯琦指出:"早熟的立法,在其一时的效力方面,或许要打些折扣,但在启迪人民意识方面,却有极大的作用。我们不妨称之为'法教'。"参照同上注,王伯琦著,前揭书,第68—69页。

⑫ 学者马长林即谓:"如果全面地评估会审公廨对近代中国社会的影响,我们不能不注意到,正是由于这个存在了将近六十年之久的奇特的司法机构,给腐朽的封建法制统治的社会带来了一些新的法制和新的观念,对中国近代法制的发生和发展产生了深刻的影响。"参阅马长林:《晚清涉外法权的一个怪物——上海公共租界会审公廨剖析》,刊于《档案与历史》,上海市档案馆主编,1988年第四期,第54页。

⑬ 单论案件量及诉讼金额,曾有人形容会审公廨的重要性不下于地位等同于最高法院的北京大理院。在20世纪初研究中国领事裁判权问题的法国学者Jean Escarra即指出:"如果依其案件量来看,(上海公共)会审公廨可能是世界上最重要的法院。"See Thomas B. Stephens, *Order and Discipline in China-The Shanghai Mixed Court 1911—1927*, University of Washington Press, 1992, p.55. 转引自 Jean Escarra, Droits et Interets Etrangers en Chine, Paris: Sirey, 1928.

⑭ 上海会审公廨的研究应否视为中国法制史研究的一环? 学者王健这一段话或可说明:"外国法对于中国法的影响,无论其表现形式及其实际效果如何,都不能离开来华外国人参与中国法律变革活动这一事实,否则,中国现代法律历史便不会存在。"参阅王健编:《西法东渐》,北京:中国政法大学出版社,2001年,"编者前言",第2页。

程序等等,较偏向于史的考察。在这个层面,本书尝试解析的问题包括:自会审公廨向外延伸,会审公廨所根生的上海租界及其法制的成因究竟为何,是否还有着传统侵略、殖民论述以外的他种原因?租界政体与帝国政体,又分别与会审公廨有着怎样的权力关系?审视会审公廨内部,从侦查、移送、起诉到裁判乃至执行、惩罚,其权力运作的情形又是如何?是否有着超脱约章、不同于约章的现实面?

二是剖析通过会审公廨所呈现的权力与权力关系[15],以及寻绎各种权力关系相互竞逐的轨迹与特色,则偏向于基础法学的探索。在这个层面,本书尝试解答的问题包括,上海租界是否在传统帝国上对下掌控的权力关系模式外,又因主事者法律文化与思维的不同,以及新兴都市发展等原因,而产生了新的权力关系?如果有,这种新的权力关系又是如何的通过会审公廨展现?而在此权力关系中,是否更存有着非法规范所赋予的"权力"?

若以"国家"为主体的权力观点出发,实不难得出"会审公廨实乃殖民国法制的移置"的论述主轴,进而偏向约章的探讨。为免流于传统"政治正确"的窠臼,因而在以历史学研究方法解析史料外,如何去寻觅一个不致堕入国族情绪纠葛的法理论述主轴?即成为本书于搜罗史料外的最大挑战。本书尝试的方法取向是,在"权力是法律的后盾"[16] 基础上,集中论述"权力"(Power)的变迁[17],并扩及至权力关系的研究。其原因在于,传统法律学研究,多偏重于"法律"(Right, Reght),即正义与权利的探讨。然而本书却认为,在观察历史上成文的、理想的或欲建构的"法律"外,更不能偏废"法律"与庶民社会的种种真实互动,也就是隐身在"法律"之后的各种"权力"面相。

英国法哲学家罗素(Bertrand Russell, 1872—1970)的《权力论》(Power),首先为本书带来一个比较不具"侵略"色彩且颇能与上海租界法制相互

---

[15] 何谓权力关系?一般政治学的定义是,权力是权力主体为了一定目的,并通过一定的方式,要求权力客体作出一定的行为的力量或能力。权力主体与客体间的这种关系就构成了权力关系。详请参阅刘宁军著:《权力现象》,台北:台湾商务印书馆,1992年,第42—52页。

[16] 此命题实见仁见智,但不可否认的是,中国士大夫在清末民初面对帝国主义的压迫时,却普遍有此认知。例如光绪三十三年七月初三日《南方报》,载《治外法权释义》一文即谓"夫权力者法律之后盾",转引自《东方杂志》,第三卷第十一号,1906年12月10日,第81页。甚至有"法律不仅在文字,在乎人民之学术,尤在乎朝廷之精神"的看法,参阅《出使荷国大臣钱奏报保和会各议旨并吁请考订法律预备下次预会情形折》,转引自《东方杂志》,第三卷第十二号,1907年1月9日,第134—135页。

[17] 学者马长林也有类似的观察:"如果可以这样认为,租界的发生和发展,交织着中西方文化的冲突和融合的话,那么上海公共租界会审公廨,则在法和权的关系上反映了这种冲突和融合的复杂过程。"参阅同注[12],马长林,前揭文。

呼应的基础。罗素认为"权力是故意作用的产物",意即,甲若能够故意作用于乙,甲即具有对乙的权力。⑱ 罗素并说,人与动物"在情感上的主要区别之一,在于人类的某些欲望与动物的不同,是漫无边际的,而且不能获得完全的满足"⑲,"动物满足于生存和繁殖,人类则还要扩张"。⑳ 事实上,"扩张"不仅是上海租界地理上的事实,㉑ 也是政治权力上的事实,更是司法权力上的事实。

　　罗素重视权力的"结果"而非典章制度赋予的权力,相当程度地跳脱了传统法政学者对权力的认知框架。不过,就如同许多古典权力论述,罗素仍然较注重权力主体对客体的单向关系,而未对权力主体与客体可能发生的质变、转换,及复杂多元的权力关系问题多所着墨。㉒

　　当然,政治学者早已提出许多新权力观以补罗素的不足。㉓ 不过本书则欲添入法国法律社会学者傅柯(Michel Foucault, 1926—1984)的权力观,以丰富观察的视野。傅柯的后现代权力关系论述,扬弃了"统治者/被统治者"的二元思维,并指出在研究权力时,要避免采用"利维坦"(Leviathan,即霍布斯君权绝对论)模型,要跳脱法律主权和国家制度的有限范围,转而立基于统治(宰制)的技术与谋略上研究权力。㉔傅柯更强调权力关系的重要,认为不能如传统法学理论一般将权力理解为具象的"占有"(possession),而应视为"关系"形态,亦即,权力是两造出现关系时才能作用。㉕

　　傅柯的权力关系论述最特殊之处,在于他从英国学者边沁(Jeremy Ben-

---

⑱ 参阅同注⑮,刘宁军著,前揭书,第 4 页。
⑲ 参阅罗素(Bertrand Russell)原著:《权力论(Power)》,靳建国译,台北:远流出版社,1989 年,第 1 页。
⑳ 参阅同上注,罗素原著,靳建国译,前揭书,第 3 页。
㉑ 上海租界的扩张方式,包括修约及"越界筑路"以造成既成事实等等。关于租界扩张的方式,详参费成康著:《中国租界史》,上海:上海社会科学院出版社,1991 年,第 55—85 页。
㉒ 学者刘宁军即指出:"把权力看成一种力的人,比把权力看成是关系的人要多得多。"参照同注⑮,刘宁军著,前揭书,第 7 页。
㉓ 如美国分析学派法哲学家奥本海姆(Frank M. Oppenheim)即在"权力就是参与决策"的基础上指出,权力是参与决策的活动,而这种决策会带来一定的奖励或惩罚。关于西方权力相关论述可参阅同注⑮,刘宁军著,前揭书,第 3—17 页。
㉔ Michel Foucault, Power / Knowledge: Selected Interviews and Other Writings 1972—1977, Colin Gordon (ed.), London: The Harvester Press, 1980, p. 102.
㉕ 傅柯认为传统法学的权力占有论,误把权力等同于实质的主权,并将之与政府、国家机制联结在一起。相关论述详参苏硕斌:《傅柯的空间化思维》,刊于《台大社会学刊》,第二十八期,1990 年 6 月,第 176 页。

tham, 1748—1832）构想的"圆形监狱"（panopticon，参阅图1-1）㉖建筑发展出的"可见性/不可见性"的权力关系观察基点。亦即，权力的作用不因为某些人握有较多的权力，而是因为这些人位在权力施行的不同点上，他们与其权力的关系者都是在权力的作用下，或者说，都是在"权力之眼"的观看下。㉗利用全敞景式的空间布置，使得监视的一造变得不可见，被监视的另一造则是可见的。久而久之，被监视者将产生随时都被监视的感觉——即使监视者并未监视，权力也因而隐形，变成了规训（discipline）权力，并进而发展出规

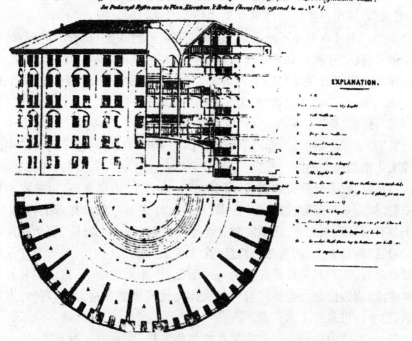

图1-1 边沁的全景敞视监狱草图（引自傅柯著，刘北成、杨远婴译，《规训与惩罚——监狱的诞生》，台北：桂冠图书公司，1992年，图3）

㉖ 圆形监狱是边沁在1787年设计的建筑蓝图，最外围是环形建筑，中央设了一座高塔，塔上有全景窗可以望向环形建筑的每一点。环形建筑则被隔成一间间的牢房。每间牢房都有两个窗户，一个面向中央的高塔，另一个则向外引入光源。这些笼子般的牢房像个小剧场，里面都是孤独一人，完全被个别化并且随时被看见。Foucault, Michel, *Discipline and Punish: the Birth of the Prison*, Translated by A. Sheridan. New York: Pantheon, 1977, p.200.

㉗ 参照苏峰山：《派深思与傅柯论现代社会中的权力》，博士论文，台北：台湾大学社会学研究所，1993年，第120页。

训社会。进一步言,谁能拥有较多透视对方的知识或技术,亦是决定谁具有较多权力的关键因素。

本书将依循上述的权力观点所架构出的论述框架,除着重描绘实质权力变迁的过程外,并进一步将会审公廨视为权力关系的载体,深入解析透过会审公廨所呈现的租界华洋政体与租界华民间的权力关系,并兼及通过会审公廨所呈现的统治技术与特色。

当然,我们也不能忽略上海租界类同于殖民地的事实。由于"会审华民"[28]之故,租界华民的司法管辖权实际上大半已不属于中国官厅。《清史稿·刑法志》即明白指出其严重后果:"外人不就中国之刑章,而华人反就外国之裁判。"不过本书并不欲采取"刻意强调殖民的暴虐与剥削"的观点,而是希望寻绎出"有殖民意味的统治者"与"代表传统中国官厅的统治者",其与租界华民间权力关系的特色与异同。因而,本书将提出"帝国之鞭"(the imperial whip)与"寡头之链"权力关系的对比观点。

但"帝国之鞭"与"寡头之链"指涉的又是什么?

其实"帝国之鞭"的概念对于研究中国法制史者应非陌生。与传统中国法律文化密切相关的"帝国之鞭",其外显的政法体制,实与现代西方立法、司法、行政的权力分立有着截然不同的运作轨迹。"帝国之鞭"以皇权为权力根源,权力采一条鞭式配置。亦即,地方官厅及官员就像皇帝的代理人,除了负有司法裁判之责,还须同时兼管行政甚至广义的"立法",更须扮演地方父母官"顺抚万民"的角色。甚且,就像部分学者所认为的,地方官厅永远只是行政官,裁判只是行政业务的一种而已。[29]于此政制下,宗法与礼教伴随着律法,成为控制社会秩序与形塑法律文化的重要素材,而其目的,则在追求、建立身份差等上的和谐。

进一步从"中央/地方"权力关系的角度解析,则是另一种形式的"一条鞭",只有握鞭者才是法令的决定者与最后的决策者,而地方官厅及官员则是此一条鞭系统的最末端。虽然地方官厅平时对于一些事务有着相当大的决策权,然而对于一些重大或上级所关切的事件,地方官厅仍得视指挥者的最终命令,决定击打于个案的方式或力道。但在受中央节制的同时,研究者

---

[28] 《上海闲话》的作者姚公鹤称为"混合裁判",参阅姚公鹤著:《上海闲话》,上海:上海古籍出版社,1989年,第80页。

[29] 如学者郑秦于其所著《清代司法审判制度研究》,长沙:湖南教育出版社,1988年一书中,曾多次提及此看法。

却也发现"欺上瞒下"、"不受遥制"始终是明末以迄清际地方官员处理中外关系常用的两个原则,到了八国联军后,至高无上的皇权更遭逢地方督抚的巨大挑战。罗素这段话实饶富兴味:"诚然,在中国,皇帝不是专制的,只有焚书坑儒的秦始皇除外,在其他时期,皇帝通常不是文人的对手。"㉚ 显然观察权力关系在中国的全貌,并不能只集中于皇权或朝廷的上对下关系。

再从"统治者/被统治者"权力关系审析帝国之"鞭"的作用及功能,更可见其与西方现代法治社会的差异。统治者挥舞权力之鞭,必然有其意义与目的,但被统治者却不见得能够领会与知晓。更重要的是,"鞭"通常不是全面性地对所有人民产生作用,往往仅加诸于某些脱逸秩序或制造纷乱者,却由于力道的严峻及集中,进而能够产生震慑群体的效果,无形扩张了鞭笞的力道。观察传统中国"斩首示众"、"跪讯刑求"的场景,我们实不难想像"帝国之鞭"的权力根源与思维何在。

至于"寡头之链",则是本书结合政治学对于"寡头政治"的定义,以及傅柯"规训(discipline)权力"的论述所衍生的观察。其实早在19世纪时,即有人指出上海租界政制乃"大班的寡头政治"(Tipan Obligarchy)。㉛ 因而本书必须坦言,以寡头政治的观点观察上海租界政制并非新创。但寡头政治与华民间的权力关系的实质内容与特色又是什么? 却鲜有人论及。

租界的寡头政治虽非属专制、独裁或极权政治,但却也不是"殖民者"如英、美等国宪政民主政治的复制。简言之,寡头政治乃少数精英统治,虽有民主选拔的形式,然而政策的形塑却也有着接近专制的一面,所以罗素会认为"专制君主政体的天然继承者是寡头统治"㉜;并且,由于租界寡头统治者本就深受西方法律文化熏陶,因而,西方法律世界强调的公平、正义以及法律至上等观念,以及与其相互配合的权力分立思想,均或多或少的通过寡头政治体制移置至上海租界。

㉚ 参阅同注⑲,罗素原著,靳建国译,前揭书,第161—162页。
㉛ 《上海公共租界制度》指出,"寡头政治"似出自密勒(T. F. Milard) China, where it is and why一书。密勒于研究工部局体制时称:"欲明了谁决定选举之举行,谁为候选人,将提出何种议案供众讨论,实为有趣之事。此等事件由极少数代表商业经营的人决定,恐怕不过二十人。工部局的董事,不属于此寡头之团体,除偶尔外,只有有该小团体容纳之分子,才可当选为董事。"密勒无以名之,遂名之为"大班寡头政治",并加以注释云:"大班是个洋行的经理,因与公司(home office)远隔,故大商号、银行、船公司的大班具非常的权力。彼等于其属员雇员操纵自如,为在西方各国所不常见。"详请参阅徐公肃、丘瑾璋著:《上海公共租界制度》,收于《民国丛书》,第四编第24册,上海:上海书店根据中国科学公司1933年版影印,1992年,第123—124页。
㉜ 参阅同注⑲,罗素原著,靳建国译,前揭书,第165页。

但为何本书选择以寡头之"链"来描绘寡头政体与华民间的权力关系呢？在此或许我们有必要概略地理解上海租界的权力配置情形，方能进一步理解"链"的作用：上海租界在寡头政治的基础上，发展出实际上以工部局董事会为权力运作核心，并机动地纳入北京公使团、上海领事团与租界精英外籍人士为决策者的"寡头政体"。也就是说，寡头政体的权力与决策形成并非如帝国之鞭般仅集中于某一人或单元权力体系。特别是在一些重大议题上，唯有各个决策者间如锁链般环环相扣、密切配合，才能够发挥最大的效能。

并且，也让我们如同检视帝国之"鞭"一般，检视"链"的作用及功能。寡头政体维系秩序的思维与方式，除了如引进上海租界的"苦役"一般大量运用了有形的锁链，更在于在租界华民心中形塑层层的、无形的"规训之链"。其方式就是透过绵密、公平且具有相当实效的法律，搭配着现代都市科学化管理以及现代医学、科技等知识与技术，进而试图对暴增的租界华民产生规训作用，并达到维系治安的最终目的。而会审公廨，恰是呈现此种新兴规训权力关系的重要载体。

第三节　研究文献回顾
——"政治正确"与冷僻下的不完整

会审公廨虽理应在中国法制史的研究上占有一席之地，但其相关论述却不足且不完整，故如今若欲以会审廨为研究对象，首先得回答的问题就是：上海会审公廨究竟是个什么样的机构？其生成的政法体制基础或法规范基础又是什么？

简言之，会审公廨是一个生成于19世纪中后期"上海公共租界"㉝的法庭或法院(Court)，有着部分现代西方法院的特色，但因参与的华籍谳员同时兼负部分传统中国地方父母官职责，因而致其不单只是司法机构，同时兼括行政及立法；会审公廨虽可溯源于清末的不平等条约，但其发展却完全脱

㉝　上海"租界"只是外国人的"居留地"，但一般多未深入辩证，致人云亦云，终成定词。上海租界其实分为"上海公共租界"与"上海法租界"两大部分，"上海公共租界"是由原来的英、美租界合并扩张而成，为求行文简便，以下以"上海租界"称之。上海公共租界究是"租界"、"居留地"或"殖民地"？传统论述中，对此问题研究较精详者为徐公肃、丘瑾璋合著的《上海公共租界制度》，但晚近学者费成康则进行了彻底的检讨，透过法理的辩正，"上海租界"也因此有了更精确的定位。详参同注㉑，费成康著，前揭书。

逸条约及国际法的束缚。

然而令人讶异的是，不论中外，与会审公廨相关的专书或研究均极其有限，早年除了徐公肃、丘瑾章合著的《上海公共租界制度》与夏晋麟编著的《上海租界问题》等辟有专章论述外，多半仅成为领事裁判权、不平等条约、租界或上海史研究的一部分，沦为陪衬、龙套。㉞

另一个问题则出于史观，即华籍学者的相关论述，常也同时结合着国权、民族被欺压的悲愤㉟；同样的，外国学者的相关论述，也经常凸显其基于政治立场、确保利益而生的观点。㊱ 再者，受限于史料的雷同性太高，因而所得的研究成果，就难免大同小异。㊲ 传统中外学者采取上述"先有结论"的史观，或有其不得不尔的考量；但却有可能局限了学术研究观察的角度，而恐流于"政治正确"(Political Correctness)㊳ 的窠臼。

就史料的撷取运用来说，外人或许因为有难以跨越的文化隔阂，以及未

㉞ 早年如梁敬錞所著的《在华领事裁判权论》、谢冠生的《领事裁判权问题》、周鲠生的《不平等条约十讲》、刘彦的《被侵害之中国》、顾器重的《租界与中国》、叶祖灏的《废除不平等条约》、张廷灏的《不平等条约的研究》，乃至国民政府迁台后张道行的《中国不平等条约之订立与废除》等，在这些传统论述中，会审公廨多仅系一个章节或片段，且往往紧接于"领事裁判权"后论述，或许因此使不少人误认会审公廨系领事裁判权的一部分。

㉟ 如学者张铨即谓："它(会审公廨)对了解殖民主义者如何侵犯中国主权，维护租界统治，更具有直观的意义。"参阅张铨：《上海公共租界会审公廨论要》，刊于《史林》，上海社会科学院历史研究所主办，1989年第四期，第44页。

㊱ 如摩斯(Hosea Ballou Morse)即谓："缘在过去时期中，居住于中国管理权下之华人，不堪政府之压迫与剥削，志愿移居外国地段，以其财帛购取居处之安全与和乐。""……外国居留地内之华人，……自民国成立后，增加之速率尤大。其增加之主要原因有二：第一，上海业已成为繁富之市场；第二，上海在外人统治之下，清洁整肃；无恶声，无恶色，无恶臭；在政变时，有外人作护符，不受若何之骚扰；最要者，华人托庇于外人，不受中国官吏之剥削与压迫。"参照摩斯：《中国境内之租界与居留地》，刊于《东方杂志》，二十五卷二十一号，1928年11月10日，第53页。摩斯是英国人，为熟悉远东时事的记者，并曾在中国海关任职。氏所著关于中国问题的书籍甚多，如《中华帝国之外交关系》、《中国之公会》、《中国之商业与行政》、《东印度公司对华贸易史》等。

㊲ 此为学者倪正茂提出的心得。倪氏曾深入研究上海法制史的史料问题。详请参阅倪正茂：《上海近代法制史料管窥》，收于法律史研究编委会编：《法律史研究》丛书第一辑，西安：陕西人民出版社，第475—486页。

㊳ 也有人译成"主题意识正确"。原意系指，每个国家都有其独特的敏感议题，包括种族、堕胎、女性主义、同性恋、环保等，政治人物为讨好特定选民，不激怒、得罪他们，而必须选择适当的中性名词代以原具有歧视意味的名词。但后来亦延伸其用法至政治以外的领域，其意义也愈来愈广，泛指一切基于特定目的而生的论述，有识者亦已警觉走火入魔的"政治正确"(泛政治化)可能将限缩了知识的探究。

能广泛接触华文档案史料,致相关研究屈指可数㊴;但对于华人而言,却有着同样棘手的原因:一是上海会审公廨之一手文献、资料难觅,几可确定已然佚失㊵;二是许多关于会审公廨的史料多是英文,且几乎没有条理及脉络可寻,必须花费大量时间进行整理及比对。㊶ 因而迄今为止,华人世界对于会审公廨的研究至多仅是"有骨无肉",罕见大规模归纳整理会审公廨相关史料的基础研究,更遑论找出其特色及作出评价了。

再分析上海会审公廨的专论,曾担任会审公廨检察员(书记官)的俄国人郭泰纳夫(Anatol M. Kotenev)在 1925 年所写的《上海会审公廨与工部局》(Shanghai: Its Mixed Court and Council)㊷一书,率先将会审公廨由配角提升至主角;更由于作者得以亲身参与当时的审判及检阅裁判资料,也使得本书具有一定的参考价值。但研究者却也必须克服本书的一些"陷阱",例如论证谬误㊸等。

台湾方面以上海会审公廨为专题进行研究者,迄今仅出现过一篇硕士论文,即徐平国的《上海会审公廨探微》。㊹ 不过学者评论该文认为引据缺乏

㊴ 历来西方学者与会审公廨有关的研究,仅有如 Mark Elvin, "The Mixed Court of the International Settlement at Shanghai(Until 1911)", Randall T. Bell, "The Shanghai Mixed Court and The Staple Court of England: An Historical Comparison"等少数几篇短论,澳洲学者史蒂芬斯(Thomas B. Stephens)均曾作简单的评价。Stephens, *Order and Discipline in China-The Shanghai Mixed Court 1911—1927*, pp.100,139.

㊵ 有关外国人在华法律活动之相关史料,虽然年代尚非久远,但史料寻觅却是相当困难。学者王健即指出:"今天,人们已经很难寻觅到这些记载着来华外国人参与法律变革活动的踪迹。其首要的障碍,便是反映这个转变过的许多基本史料已难以读到,以致在不少法科(包括法律史)中的学术视野里,有关这段特殊历史几乎成了一个盲区。"参阅同注⑭,王健编,前揭书,第 2 页。至于会审公廨部分,其原始裁判资料究竟还在不在世上,目前已属无头公案。史蒂芬斯亲赴上海等地探访后认为已经佚失;笔者于 2002 年初亦前往上海市档案馆查阅该馆所保存有关会审公廨的专档,也仅见往来公文及信函,并无裁判书类。另根据大陆学者倪正茂《上海近代法制史料管窥》(参同前注㊲)一文,也未提及任何有关会审公廨裁判的史料。

㊶ 如英文《北华捷报》(North China Herald),以及郭泰纳夫的 Shanghai: Its Mixed Court and Council 一书中,即载有若干会审公廨英文裁判内容。但要全盘搜寻及比对,并非短时间即能竟其功。

㊷ Anatol M. Kotenev, Shanghai: Its Mixed Court and Council, Taipei: Cheng-Wen Publishing Company, 1968.

㊸ 如史蒂芬斯即称,郭泰纳夫过度强调了会审公廨的功绩,并误以为外籍陪审员已成功将西方法治观念引至会审公廨。后来连郭泰纳夫也了解到自己的错误。Stephens, *Order and Discipline in China-The Shanghai Mixed Court 1911—1927*, p.101.

㊹ 徐平国:《上海会审公廨探微》,硕士论文,台北:台大历史所,1970 年 6 月。

史料,参考价值不高。⑮

　　大陆方面晚近值得参考的会审公廨专论有二,一是马长林的《晚清涉外法权的一个怪物——上海公共租界会审公廨剖析》,二是张铨的《上海公共租界会审公廨论要》。前者已大幅跳脱传统史观的框架,注意到了会审公廨在法继受上的重要价值;后者则大量引用民国初年《法律周刊》及《法律评论》的文献,组织架构严谨。不过可能因受限于篇幅,两人的论述均过于简略。

　　至上世纪九十年代初,澳洲学者史蒂芬斯(Thomas B. Stephens)撰写的《中国的秩序与纪律——上海公共会审公廨》(Order and Discipline in China-The Shanghai Mixed Court 1911—1927)一书,则相当程度的改变了以往"非黑即白"的论述传统。但本书基本上系以会审公廨为媒介,印证史氏提出的"法律体系/纪律体系"的异同,虽对会审公廨有深入且尚称中肯的评价,却缺乏制度、程序面的详细介绍,且未能引用许多中文期刊史料,因此未能深入论及传统帝国对会审公廨的影响。⑯

　　为能完整的解答"上海会审公廨究竟是什么?"这个基础问题,本书除了广泛搜集、参考前述相关书籍、论文及报刊外,更大量引用上海市档案馆于2001年出版的《工部局董事会会议录》。这套多达二十八册的档案几乎囊括了上海工部局(Shanghai Municipal Council)近九十年间历次会议记录,记载了许多上海领事团、工部局、会审公廨及中国官厅间,就特殊案件与租界治安问题互动的过程与内容。

　　为何进行会审公廨的研究,反须外求于与租界行政相关的工部局董事会档案?除了会审公廨一手史料难觅,更重要的原因在于,由于上海租界政制俨然是"寡头政治"的翻版,使得身为"上海大班"⑰利益代言人的工部局

---

⑮　学者陈三井除作上述评论外,并曾详细分析了台湾学者论述"上海租界"的学术著作。详请参阅陈三井著:《近代中国变局下的上海》,台北:东大,1996年,第五章《研究报导》。

⑯　关于该书书评,可参阅杨湘钧:《述评:汤玛士·史帝芬斯〈上海会公会审公廨〉》,收于《法制史研究》,第二期,台北:台湾中国法制史学会会刊,2002年,第323—340页。

⑰　"上海大班"一般泛指上海租界中上阶层的外国人,这些人多是商人、洋行高阶职员、外国政府驻上海人员;然而"上海大班"更精确的定义应系指有权参与上海租界"纳税外人会"的外人。不过,两者间其实处于高度密合状态。

董事会逐步成为上海租界的权力核心,⑱ 更强固了其会议记录之于上海租界政法历史的重要性。加以寡头政体、帝国政体在上海租界展开的是一场长期且全面的交锋争战,因而欲研究带有传统衙门"全包式"特色的会审公廨,绝不能忽略工部局董事会的态度。

第四节　章节架构
——以重要转折年代为切割点

　　1864 年、1869 年、1911 年及 1927 年,是上海会审制度起、变、革、结的四个重要年代。本书章节,也大致循此时间脉络作切割。除第一章绪论与第七章结论外,将分成五章论述。

　　第二章"权力竞逐舞台的透析",将从法律社会学的角度切入,审析会审公廨的基础——上海租界暨法制,何以独树一格的人文、历史及地理背景,并厘清错综复杂的"上海自治国"的政法体制,进而寻绎会审公廨的法规范根源与所处位阶,期能充分了解会审公廨于上海租界的形貌,以及其对于华洋政体与租界住民的重要性。与传统论述着重国与国约章变迁不同的是,本章更着重于探索上海租界的法文化认知差异、地理环境与"上海大班"的内心思维。

　　第三章"从混沌到妥协——会审公廨前的权力关系概况",将回溯上海会审公廨成立前的租界法制情况,包括上海租界生成初期的法制、会审公廨前身"洋泾浜北首理事衙门"的组织暨运作情形,并探究为何会产生"会审"的历史背景与华洋各自的思考基础为何。本章除了将论证寡头之链已然在上海租界生成、扎根及开展,甚且一度完全取代了帝国之鞭,并将提出及评析此时期的数个重要案例,以兹佐证。

　　第四章"权力不平衡中的纠葛——辛亥革命前的会审公廨",将探讨与会审公廨密切相关的《洋泾浜设官会审章程》订定的始末及内容,并剖析会审公廨章程及真实面的组织、权限与程序。此外,也将论及鲜有人探究的会

---

⑱　虽然理论上各国领事握有领事裁判权,且对上海大班们有司法管辖权;但究其实质,外国政府的力量在租界中仍极其有限。学者于醒民即指出:"由于商人势力的强大,领事实际上没有这样至高无上的权力,而由商业大王组成的工部局倒成了'高倨于租界之上的政府'。它常常作为领事的对立面而存在,甚至敢于与政府抗衡——如果觉得伦敦妨碍他们的利益的话。"参阅于醒民、唐继无著:《上海——近代化的早产儿》,台北:九大文化,1991 年,第 75 页。更何况,领事们与工部局董事们的意见,相同比相异的要多得多,领事们实际上等于也是广义的租界"寡头政体"的一环。

审公廨的行政与立法角色,并列举六个案例以兹佐证,及加以评析。本章将尝试说明,在成文化后的会审制度背后,其实早已存在着华洋政体的实质权力不平等,会审公廨及华籍谳员,在异常艰困的权力竞逐环境中,只能勉力从形式上维持帝国如风中烛火般的余威。

第五章"权力关系的彻底置换——辛亥革命后的会审公廨",除考察辛亥革命肇致会审公廨内"帝国鞭断"的时代与社会背景、兼论会审公廨组织暨运作上的重大变革外,另着重于观察帝国之鞭权力关系消逝后的会审公廨,在形成单纯的寡头之链权力关系后,其司法裁判体系又呈现出怎般与传统不同的特色,并将提出及评析此时期的数个重要案例,以兹佐证。本章将尝试说明,辛亥革命后的会审公廨,虽然在形式上已然是一个单纯的裁判法庭,而不再是传统的全包式衙门,但却又因为无法摆脱与租界利益、租界扩张挂钩的宿命,终致其难以发展得以流传百世的法学原则,甚而沦为谈判的筹码,终而被迫改弦更张。

第六章"'帝国之鞭'、'寡头之链'的特色与启示",将拓深第一章所提出的帝国之鞭与寡头之链权力关系的学理,归纳整理出两者的特性,以及如何通过会审公廨在上海租界真实呈现,进而描绘出完整的租界华洋政体与华民间权力关系形貌。

着眼于本书主要依据的史料《工部局董事会会议录》,其中诸多内容尚未曾成为学术研究的素材,因此本书研究的目的,并非着重于法学理论的创新,也非以史料的完整搜罗及相互考证比较为主,而是企图透过解析与整理这套史料,以揭开上海会审公廨朦胧神秘的面纱,并提出除了传统史学外,以往未曾套用在会审公廨问题研究上的基础法学的看法与观点。个人希望,除了得以透视上海会审公廨幕后权力运作以及华洋政体与租界华民间权力关系的实况,更希望能重新解答,为何拥有近现代西方法律思想与概念的寡头政体所形塑出的司法裁判制度,最后仍然被淹没于历史的洪流中。

第二章　权力关系竞逐舞台的透析

如果将会审公廨视为展现帝国之鞭与寡头之链两种权力关系的工具和载体,则上海租界就如同是展现权力关系的舞台。不了解上海租界的变迁背景,就无以得知其权力运作的真实面与权力关系的全貌。

传统多从帝国主义对中国的侵略或不平等条约出发,从事上海租界研究。但不能否认的是,上海租界早在成立未久,即已脱逸了条约束缚,进而发展出独特的寡头政法体制。英国第二任上海领事阿礼国(Rutherford Alcock,1809—1897)说"上海租界是一个自治共和国"①,绝非空言,若未立基于"自治共和国"或"独立的政治社会"的基础上去理解上海租界,恐怕并无法观照全局。② 本章并将在独立自治的基础之上,添入以法律文化差异以及以上海地理、租界社会、人民为主体的考察。

第一节　权力关系各方的心态

一、帝国眼中的"海上化外人"

本书以帝国之鞭、寡头之链权力关系的竞逐为论述主轴,权力关系的各方,究竟是以何等眼光来看待对方,无疑是极为重要的研究基础,因而我们有必要暂且跳脱从鸦片战争开始的烽火硝烟,去思考被过往所遗忘的角落。

就法史学研究言,一个常被忽略却必得厘清的基础问题是,究竟传统中国社会及法律文化,是如何看待"洋"这个字? 又是怎般对待"洋人"? 这就

---

① 参照汤志钧编:《近代上海大世记》,上海:上海辞书出版社,1989年,第41页。
② 郭泰纳夫(A. M. Kotenev)曾指出,会审公廨"与上海外国居留地的演变有密切关系",在演变的过程中,"才导致了租界地区内开创了一个独特的司法机构"(A. M. Kotenev, *Shanghai: Its Mixed Court and Council* (Taipei: Cheng-Wen Publishing Company, 1968), Preference.)。学者马长林即认为郭泰纳夫的说法太过"直截了当"(参照马长林:《晚清涉外法权的一个怪物——上海公共租界会审公廨剖析》,刊于《档案与历史》,上海市档案馆主编,1988年第四期,第51页)。本章即尝试解构郭泰纳夫的"直截了当"。

是所谓的"定性"问题。③

现代国际法对"外国人"的定义是："在一国境内不具有居住国国籍而具有其他国籍或无国籍的人。"④ 但传统中国法律却非如现代法律观念一般，系依凭"国籍"来作区别外国人，而是采取"化外"、"化内"的概念，着重于鉴别"外国人"是否已然归(汉、唐)化，即更着重于以"文化认同"来区别异同。早在一千多年前，《唐律》中《名例》篇"化外人相犯"条即规定："诸化外人，同类自相犯者，各依本俗法。异类相犯者，以法律论。"《疏议》并曰："化外人，谓蕃夷之国别立君长者，各有风俗，制法不同。其有同类自相犯者，须问本国之制，依其俗法断之。异类相犯者，若高丽之与百济相犯之类，皆以国家法律论定刑名。"⑤ 宋代沿用，未有更易。

至明时，《大明律》则有所变动："凡化外人犯罪者，并依律拟断。"《纂注》云："化外人，即外夷来降之人，及收捕夷寇散处各地方者皆是。言此等人，原虽非我族类，归附即是王民；如犯轻重罪名，释问明白，并依常例拟断，示王者无外也。"清随明制，《大清律例》中"化外人有犯"条载："凡化外(来降)人罪者，并依律拟断。隶理藩院者，仍照原定蒙古例。"至此传统中国法律关于化外人的规定产生了巨大的变化，即非指"化外人犯罪须依律拟断"，而是指"归化入籍或来降的化外人，方须依律拟断"。依现代法律解释方法，显然此条文并不适用于不愿归化的化外人，此可从《大清现行刑律》⑥ 将相关文字改为"归化入籍者，仍依律科断"得知，其法理是，外人既已来降归化，即属臣民，不宜再称"化外"。⑦

直言之，"化外人有犯条"至明清时，根本已非对外国人的规范。于此即

---

③ 学者陈惠馨指出，"外国人"与"化外人"能否类同比较？此即法学研究的"定性"问题。特别是在研究法制史时，更常遭逢未能适切"定性"的陷阱，即不够谨慎地使用现代法学的法律用语、分类及体系观念去分析传统中国法律，而未能注意到原始而根本的名词定义问题。参阅陈惠馨：《唐律"化外人相犯"条及化内人与化外人间的法律关系》，收于《黄宗乐教授六秩祝贺——基础法学篇》，台北：学林出版社，2002年，第148—150页。

④ 王铁崖等编著，王人杰校订：《国际法》，台北：五南图书出版公司，1992年，第299页。

⑤ 学者马汉宝认为，《疏议》的解释与近世国际私法的意义及前提要件颇多暗合之处，所谓"各依本俗法"，即今的"属人法"；所谓"以法律论"，即今的"属地法"。所不同者在于，唐律不分民刑事件，一概适用化外人相犯条；而现代立法，则予民刑事件分别规定。参阅马汉宝著：《国际私法总论》，台北，作者自版，1980年8月11版，第7页。另可参阅郭云观：《中国国际私法沿革概要》，刊于《新法学》，第一卷第四期。

⑥ 《大清现行刑律》为最后一部传统中国刑法典，于1910年(清宣统二年)颁行，并随着清朝的覆灭而失其效力。详请参阅黄源盛：《帝制中国最后一部中国传统刑法典》，收于《甘添贵教授六秩祝寿论文集——刑事法学之理想与探索》，台北：学林出版社，2002年，第505—546页。

⑦ 参阅同注⑤，马汉宝著，前揭书，第8页。

产生了一个重要的争议——对于"未归化的化外人",例如清末民初的"洋人"、如今的"外国人",一旦涉法,明清律又该如何处理?若以现代法学方法解析,明、清律"化外人有犯条"无论如何不可能适用于外国人,除非加以比附援引;但在传统中国法律的现实面上,比附援引的倾向本就是一大特色。也因此,揆诸历史,"化外人有犯条"显然仍被中国官厅用来作为处置"洋人"的法律,包括自海而来的欧洲商人。⑧

不过,本书所着重者并非传统法律的如何适用问题,而是旨在凸显"化外人有犯条"运行了千百年后,在华官、华民心中所蕴含的"归化"观念,积累浸润的结果,使得传统中国官民多秉以浓厚的"异类"或带有身份差等的眼光看待"未归化的化外人"即"洋人",这实是传统中国地方官厅放任尔后上海租界畸形发展的重要远因。

因而,若从传统法律文化"归化与否"的角度出发,实不难想像,19世纪40年代上海城的中国官民看待这么一批来自海外、拥有船坚炮利武力优势的外国人,其根深蒂固的认知恐怕是"未归化的化外人",称呼或将他们视为带有身份贬抑意味的"夷人"甚或"赤佬",毋宁是极其自然的,而他们竟将是未来的"邻居"!因而,自"未归化的海上化外人"踏上"上海滩"的那一刻起,中国官厅采取"华洋分居"、"夷人自行管理"的策略,实已是不可避免,也是首要的抉择了。

二、苏沪华民眼中的洋人

鸦片战争后的不平等条约让洋人取得了领事裁判权,也宣告"化外人有犯条"对"海上化外人"的比附援引逐渐成为历史,但因"化外人有犯条"而产生的身份差等观念,却仍持续影响着中国官民。19世纪60年代上海知县王宗濂即曾发布如下的告示:

> 合邑华民,务各遵和约示谕,凡遇各国兵民,只准称为外国人,不得再以"夷人"、"鬼子"等乱呼。倘敢故违,一经察(查)出或被解送,定予从严惩办,决不稍宽贷。⑨

这则告示,凸显隐含身份差等意味的"化外人",不仅是传统法律用词而

---

⑧ 例如发生于1821年的英国陀巴士号(Topaze)战舰上的英国水手杀人案,两广总督阮元即上奏折称:"夷兵在内地犯事,即系化外人有犯,应遵内地法律办理。"参阅《两广总督阮元奏究办英吉利夷人伤毙内民人一案折》,载《清代外交史料:道光朝》卷一。

⑨ 参照同注①,汤志钧编,前揭书,第180页。

第二章　权力关系竞逐舞台的透析

已,更已深化到民间社会。不过一个细微且常为研究者忽略的背景是,苏沪地区华民对于"海上化外人"并未如广州华民般有着好几百年的恩怨情仇;且相较于华官对外人远之如鬼神的态度,苏沪华民的态度显然要缓和许多。

鸦片战争虽可远溯及广州民众的排外情绪,但鸦片战争开打后,受其影响较深远的反而是江苏省。自1842年6月5日(道光二十二年四月二十七日)英船到达长江口,至《南京条约》签订后英军于10月11日(九月八日)撤出为止,前后逾四月之久,时间之长,就足够让苏沪官绅士民永志难忘,何况是一场面对人数近万、毛发肤色截然不同的"异族"的战争。⑩ 但声势浩大、船坚炮利的"海上化外人"到底带给苏沪华民什么印象? 苏沪华民又是以何心态去面对即将成为自己邻居的"海上化外人"?

根据学者王树槐研究,虽然自16、17世纪以来,广州华人对外人的印象普遍不佳,甚且曾引起"三元里事件"等诸多紧张事端,但鸦片战争期间苏沪人士对外人的态度却与广州大异其趣,仅靖江官民抵抗英军,其他地区则"唯求英军勿扰杀"而已,甚至有集资购食赠英军、僧侣率众出迎及劝民众备牛羊币馈赠英军,以及民间自发"赎城"情事。其原因为:"就心理上来说,江苏士民似较易于接受环境的变迁,其对新的情势适应性自大。"⑪ "苏属地区,在中国近代史上所扮演的角色,充分流露出冷静而谨慎的民性,遇事多诉诸理性的判断,在现实中求取最大的利益。"⑫

随着鸦片战争的结束与洋人的进驻上海租界,苏沪人士冷静、理性、求取最大利益的民性,不仅只反应在与洋人的日常相处上,更是影响往后上海租界法制乃至会审公廨发展的一大原因。毕竟,一个与传统中国法制完全不同的西方法制能否顺利根生及有效运作,绝不能仅依凭武力的支撑,更有

---

⑩ 英军是役除动员了九千余人外,还包括军舰十五艘,火轮船十艘,运输船约五十艘。参阅郭廷以著:《近代中国史》第二册,台北:台湾商务印书馆,1966年,第429页。

⑪ 参照王树槐著:《中国现代化的区域研究——江苏省,1860—1916》,台北:"中央研究院"近代史研究所,1984年,第79页。

⑫ 学者王树槐指出:"广州有三元里事件,江苏则无,且供英兵食品,唯恐不及。早期英人在广州有入城问题,上海则无此意向。太平天国乱时,各地多办团练自保,但江苏团练不多。变法运动时,江苏人士唱之者早,但参与行动者不多。东南互保发源于上海,自有其深远的地区意义。江苏人士领导立宪运动,但献身革命事业者不多。二次革命时,江苏人士尚采取不合作的态度使反袁革命在十五天之内失败。这些史实,证明了江苏士民的谨慎与冷静。"详参同上注,王树槐著,前揭书,第134—136页。

赖其所展现的实体法律能否产生实效;⑬而此,又与该法律所欲制约的人民、也就是与上海租界政法体制密切互动的苏沪华民心态密切相关。

三、"上海大班"眼中的"上海华民"

1842年6月,英军司令官孟德高默里攻入上海城后,曾对上海城内的华民发布了下列告示:

> 天下有不少的国家,这些国家没有一个不是由上帝所治理的。我们既然同属上帝的子民,则我们自然应该彼此以弟兄相待,和睦相处,切不可有一毫歧视的念头。⑭

孟德高默里这段对华民充满友爱、平等的宣示,无疑大幅超脱了西方白人自十七八世纪以来优越殖民心态。但这是矫情之词,还是肺腑之言?究竟初来乍到的洋人,又是如何的看待苏沪华民呢?或许我们有必要再参酌美国人霍塞(Emest O. Hauser, 1910—1997)在《出卖上海滩》(Shanghai: City for Sale)一书里的生动描绘:

> 从广州来的英国人对于这个地方(上海)觉得很为满意。他们觉得上海人比广东人来得和气,举动较为文明,走过街上的时节,不像在广州一般时常要受到当地人民的侮辱。尤其是在鸦片之战以前的时代中,他们简直不敢在街上自由行走……。但在上海便大不相同,美国教士罗咸里和英国人落克赫德博士,每逢星期日,如若天气晴朗,能够很安适地走到英国领事公馆去做礼拜,博士的太太和小姐每是坐了轿子先走,毫无拘束。"除了几只狗还没有和我们习熟,见了我们总要吠叫之外,其余的一切差不多已和住在本国时相仿佛了。"⑮

审视霍塞这段话,不由得让人明显感受到外人进驻上海初期华洋间和睦的气氛,战争的烟硝早已消散。更值得深入分析的是霍塞描绘的对象

---

⑬ 依据法理学家汉斯·凯尔森(Hans Kelsen, 1881—1973)的说法,法律效力和法律实效是两个不同的现象;效力是法规范的特征,实效是人们实际行为的特征,法律有实效是指人们的实际行为符合法律规范。详参沈宗灵著:《法理学》,台北:五南图书出版公司,1998年,第187页。本书实则更关心法律实效的问题。

⑭ 1842年6月孟德高默里率军舰纳密雪斯号攻打上海,进城之后,觉得上海的位置极其重要并且很为富庶,因此不愿意看见它的秩序被暴徒破坏,即出了一道安民的告示,并禁止抢劫。此段话亦是告示中的文句,并被他的部下认为"很有趣"。参阅霍塞著:《出卖上海滩》,越裔译,上海:上海书店出版社,2000年,第2页。

⑮ 参照同上注,霍塞著,越裔译,前揭书,第11页。

第二章 权力关系竞逐舞台的透析

——传教士与博士及其"眷属",已非政府官员、海员或军人。学者吴圳义即指出,妇女和儿童人口的增加,其意义是显示租界的逐渐繁荣和生活的安适,同时也可解释社会的改变。[16] 事实上自鸦片战争后在上海租界定居的外人,其从事的职业的确已有明显变化,以商人——即"上海大班"及其职员居多。[17] 且让我们看一看霍塞对上海大班的深刻描述:

> 这时(上海开埠之初)上海的"大班"都是年在三十岁左右的青年。"大班"这个名字,它的意义就是最高经理人,乃是外国商行经理在上海的一种头衔。……他们的目的是来经营大宗的贸易,……这时节上海外国商业还在初创之时,一切都需要精神和气力去建立。此外则卫生方面的危险很多,不是身体十分强健的人,便不能抵抗疾病,所以不能不选一班年轻力壮、敢作敢为的人士来工作,才有成功的希望。[18]

是的,商人与其眷属,他们最重视的,无非是一个不受犯罪、疫病、流民侵扰的生活环境,而此看似"微薄"的企求,尔后却如同投影般被放大扩张,并深深影响着上海租界法制的发展。不过,霍塞这一段关于"上海大班"的叙述也同时值得我们注意:

> 这时的上海,表面上虽是英国的租界,但美国人已源源而来,络绎不绝。他们的思想比了英国人更偏于自由,经商的方法更前进,不像英国人那么的传统或守旧。这时来到上海的英国人都是青年人士,还都富有朝气,没有浸沉于守旧的习惯,因此他们对于美国式的思想和手段都很赞同,渐渐的同化起来,而使上海逐渐变成了一个最现实的共和世界。[19]

通过霍塞的论述可知,虽然表面上英国人控制了上海租界的大半,也掌握了上海租界行政权,但美国式新颖、奔放、开创、冒险的自由、人权观念,恐怕才是上海大班们的中心思想,且明显不同于心态偏向保守、带有强烈殖民心态的外交官员与军人。史料也证实,尔后上海大班们与母国政府的行动常非一致,尤其是在攸关上海租界是否"独立"等相关问题上。

---

[16] 参阅吴圳义:《清末上海租界社会》,收于《政治大学学报》第三十期,1974 年 12 月,第 200 页。
[17] 参阅同上注,吴圳义,前揭文,第 200—201 页。
[18] 参照同注[14],霍塞著,越裔译,前揭书,第 12—13 页。
[19] 参照同注[14],霍塞著,越裔译,前揭书,第 17 页。

至此,就不得不让人思索孟德高默里的"崇高理念",其实从未在告示张贴地的"上海城"内落实,尔后却在"上海大班"们生存的小圈子——上海租界中彻底实践,也间接扩散到其所管控的租界华民身上,只是并非"雨露均沾"罢了。如此"有条件的自由、平等、博爱",正是上海租界寡头政体与华民间权力关系的真实写照。

不过,一个必然而起的疑问是,为何在一块非属海岛、位据中国长江口重要战略暨商业地位、从未被中国割让的兵家必争之地上,上海大班们竟敢倡言"独立"?或许,我们必须在华方欲孤立租界的传统法律文化心态,以及外人与华民互不排斥、共生共存的基础上,再配合审视"上海"的地理位置,方能进一步从现代都市与市民社会发展的角度,了解上海大班们亟欲寻求独立自主的原因。

第二节 寡头政体的生成

一、"上海滩"与"上海城"的迷思

上海的地域虽在远古时期已经存在,且与中国密不可分,但被命名为"上海",并作一个相对独立的行政区域,却始于1267年(南宋咸淳三年)的建镇。上海自1292年(元朝至元二十九年)由镇扩建为县以后,自此有了国家的一级地方政府,也开始了它地方法制的历史。上海县延续了六百余年,直至1927年7月正式改定为上海特别市。[20] 这段期间上海最大的变化便是1842年《中英南京条约》明定将上海等五城通商口岸,允许英人携家带眷,在通商口岸居住并从事贸易活动,并自此开启了上海的百年繁华。

以上是一般人印象中的"上海",但一个甚少为华人学者深论的区域地理上的盲点是,"上海租界"在外人进驻时的"原始风貌"并不是华人聚居的"上海城",而是人烟罕至的"上海滩"。

"筑城"绝非仅只为军事上的防卫,更有着历史、心理、社会乃至法学上的意义。上海县在明代中叶,因倭寇猖獗而筑城防倭。1553年(明嘉靖三十二年),上海官绅、光禄寺卿顾从礼奏请建城,该年9月即择滨浦上海县治所在地动土,11月竣工,筑成一座周围九里、高二丈四尺的城墙。此后历代

---

[20] 关于上海法制发展的经过,详请参阅王立民著:《上海法制史》,上海:上海人民出版社,1998年,第1—11页。

第二章　权力关系竞逐舞台的透析

并陆续修整加固。[21]

城墙虽使上海免受倭寇侵扰，却也局限了上海城发展的基本格局，无形中更助长了外人认为自己才是上海租界"原住民"的心态。换言之，上海租界与广州等通商口岸最大的不同在于，上海外人并非限居于城内中国官厅所划出的一方区域，并接受中国官厅的保护；而是自始即在上海城外的棉田、丛冢及滩地上建立基地，自我管理，逐步从"华人罕至"之域，发展成日后的远东第一大城。[22]

早在19世纪40年代，两度造访上海的英国植物学家福春（Robert Fortune, 1812—1880），即已提出上述观点，并观察到"上海城"与"上海滩"的巨大变化：

> 鄙人行近上海之时，首先触及眼帘之事物，为林立之桅樯。惟是项桅樯，非仅属于前次所瞩目之帆船，并且属于大都来自英美两国之船只。……然鄙人对于陆地情状之愕眙，远比对于航业之愕眙为甚。前曾传闻，沪上已建有英美各式屋宇多所，且在前次离华以前，确有一二所正在建筑之中。然今日所见，则为曩昔之陋室棉田以及丛冢，已一变为甚为广大之新都市。

福春深刻对比的观察无疑是相当具说服力的，也难怪到了1931年，被上海租界工部局请来为上海租界的存续作法理上的背书的法官费唐（Richard Feetham 1874—1965）[23]，会把福春的观察视为外人拥有上海租界主权的主要依据：

> 按照福春君之论著，及其同时代之案籍，则知其时浸成"新都市"之公共租界区域，虽距县城甚迩，且据有良好之坐落河岸地点，但并不包

---

[21] 参阅《上海掌故辞典》，上海：上海辞书出版社，1999年，第67页。

[22] 1845年，中英议定了英国侨民的"居留地"，东到黄浦江、南滨洋泾浜（今延安东路）、西至界路（今河南中路）、北界苏州河，面积1080亩，此即上海最早的"英租界"，也是上海第一块外国人的"居留地"。

[23] 费唐是英国人，曾任南非最高法院法官。1931年时，中国收回外国在华租界之呼声强烈，英、美也相继宣布将逐步放弃在华特权，为因应此局面，上海公共租界工部局遂向南非联邦总理赫尔佐格将军借调费唐来沪调查租界问题，以判定租界的法律地位，并为租界当局提供决策咨询。1932年4月，费唐向工部局提交《费唐法官研究上海公共租界情形报告书》，简称《费唐报告》，报告分绪言、公共租界及其治制之历史与状况、上海之商务利益、所得关于政治与行政问题之陈述书及其评论、关系公共租界前途之主要问题、界外马路地面及补遗共七编。本书所参考者，为工部局华文处于1931年译述之版本。

括于县城近郊之内，实系一乡村区域，大概为农民居住之地。㉔

许多人都将费唐视为是帝国主义的代言人，认为他的论述过度偏袒殖民统治者。但华籍学者下述观点，却不得不让我们冷静省思外人选择滩地建立居留地的深远影响：

> 其实，这块地方被选为租界之地，恰恰表明赤佬们是有眼光的，这是一种世界性的眼光。这块地方在黄浦江军舰火力的射程之内，能得到舰队的有效保护。它左挽右揽上海两条最大的水道——黄浦江和吴淞江的黄金地段，占住此地，实(际)上就扼住了上海的咽喉。而一旦积水排除，滨塘填平，其地产价值便会显露出来。从封闭的眼光看，这不过是一片拒敌于城门之外的别无其他价值的泥滩，而用开放的眼光来看，这里恰恰是通向中国最富足地区的登陆地和走向世界的出发地。㉕

至此，我们已可暂下脚注，中外不欲"华洋杂居"的目标一致㉖，但目的却南辕北辙，中国官厅因化外人思想及天朝性格意欲避免麻烦，上海大班们则着眼于追求商业利益以及保障自身安全的"治安"，而此更成为尔后上海租界迈向市民自治社会的重要原因。

二、架构于新空间结构的治安思维

傅柯以边沁的圆形监狱这个"全景敞视建筑"(panopticon)为基础，将"空间"视为一种权力规训的重要技术。㉗ 朝着市民自治社会发展的上海租界初期的"空间"，与传统中国社会的"空间"又有何不同？而此"空间"配置的差异，又使得租界华民与政体间产生何种不同的权力关系？

就如同华民筑上海城以御倭寇侵扰的寻求"安全"心态，上海租界在发展初期，由于面临着界外接二连三的社会、政治动乱，导致华民的大量拥入，

㉔ 参阅同前注，《费唐报告》，第46页。转引自福春著：《中国产茶区域游记》(A Journey to the Tea Districts of China, London: John Murray, 1852)，第12页。

㉕ 参阅于醒民、唐继无著：《上海——近代化的早产儿》，台北：九大文化，1991年，第63页。

㉖ 中外初期之交涉，从未有不准华民在租界建屋之语，但华官始终未曾坚持力争，反配合外人"建造外人专属城堡"。例如1855年1月，上海知县孙丰、上海道蓝蔚雯及江苏巡抚吉尔杭阿接连发布布告晓谕，指出洋泾浜以北地段已租给各国侨民造屋，华民不得再在该处建造房屋，除限时日拆除外，"如若照常在该处营造，应即拘押究办"、"倘逾期不予拆除，即派兵将其全部焚毁"。参阅同注①，汤志钧，前揭书，第91—92页。于今视之，诚然可叹。如果外人在上海开埠之初，华官系允许并坚持"华洋杂居"，上海之历史乃至法制史恐怕将全盘改写。

㉗ 参阅黄金麟：《游移的身体与空间的身体建构》，收于氏著《历史、身体、国家——近代中国的身体形成(1895—1937)》，台北：联经出版公司，2001年，第233页。

第二章　权力关系竞逐舞台的透析

当时几乎"包办租界一切大小事务"的寡头政体,因而也有着类似筑城的"圈围"作为,只是其所防御的对象并非倭寇,而是华籍流民与盗贼,我们更可从下面两件与租界华民密切相关的议事中看出圈围与筑城的差异:

第一,在1860年3月,工部局总董汉弥尔顿(Rowland Hamilton)即致函英国领事指出:"鉴于把租界内华人住所及时地加以编号,被认为是维护上海公共租界平静和良好秩序的一种较好办法,特此通知华人居民由工部局出资在每一家住所门前钉上一块马口铁皮,马口铁皮上清楚地编写号码,任何人不得对这项编号工作收取或支付任何费用或开支。"[20] 这段记录值得我们重视的,不仅在于这是《工部局董事会会议录》首载的工部局"主动通知"租界华民"须为某事"的首例,更在于可能连寡头政体都未体悟到的"编写门牌号码"所隐含的统计、科学治理,及与权力宰制、权力关系的意义(虽然寡头们已知晓这是一个维持良好秩序的办法)——这实是寡头政体让租界朝现代都市发展迈进的重要空间规划进程之一。

第二,1861年10月工部局董事会曾讨论在街道上筑栏寨(barricade)是否可行的问题。工部局总办指出,"除非是在高阶军事专家的指导建议下,否则董事会不会准许在租界内建造任何防御工事;且栏寨并非用来防卫军事入侵,而是为了防范掠夺或一些华人盗贼"。总办并举例说,六个月前曾发生过一宗抢劫银块案,当时许多人认为如果有一个可关闭的栅门(gate),窃贼绝不会得逞,或会被逮捕。因此有董事建议,应建造一些比栏寨轻巧的大门,而且"局限于安装在市区华人居住的那些地区"。[21] 虽然《工部局董事会会议录》并未载明是否真的筑了栏寨或栅门,但尔后类似功能的各分区巡捕房与巡捕岗哨的确遍布租界。并且,此会议等于正式宣告寡头政体"圈围"所寻求的"安全",并非"筑城"所偏重的对外的军事防御,而偏重于管控对内秩序的"治安"。

若将两件事合并观察,实不得不让人惊讶于上海租界早期在管控秩序、维系治安的空间结构上,与边沁"圆形监狱"构想的神似。亦即,置身于上海租界的华民,除了须受到类似城墙或监狱围墙的圈围,更重要的是还无意识地被统治者加添了类似独居囚室的空间标志与区隔,让统治者可以更容易地辨识。

更值得我们注意的是寡头政体在新空间结构的基础上,又是如何地让

---

[20] 参照《工部局董事会会议录》第一册,1860年3月16日会议记录。
[21] 参阅同上注,前揭书,1861年10月25日会议记录。

租界华民变成"可看见":一是与传统中国城市截然不同的新兴都市棋盘式大马路的开辟(参阅图 2-1、2-2),寡头政体并在 1865 年(同治四年)底通过"从南到北的马路用中国省名称、从东到西的马路用中国主要城市的名称"这个议案,更进一步让租界棋盘式大马路在华民心中成为一个熟悉且通透的场域。㉚ 二是在这个通透的场域上,配置严格执法的巡捕及便衣包探定点或四处巡逻的"监视"。㉛ 三是一些现代设施如煤气路灯、现代报业等,均在

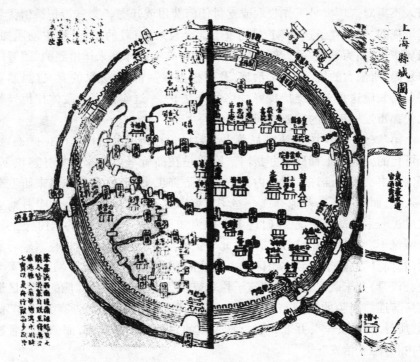

图 2-1 嘉庆年间上海城内的"空间",河流桥梁曲折遍布,与现代都市截然不同。(引自史梅定主编,《追忆——近代上海图史》,上海:上海古籍出版社,1995年,第 8 页)

㉚ 参阅上海通社编:《上海研究资料》,台北:中国出版社,1973 年,第 318 页。
㉛ 根据 1854 年公布的《巡捕房督察员职责》,租界巡捕的职责与执勤区域大部分均在"道路",参阅《工部局董事会会议录》,第一册,1854 年 12 月 6 日会议记录;并且,更有许多巡捕受不了长时站岗而中暑伤亡的纪录;另据《上海研究资料》,工部局第一年的预算,巡捕支出即占了五分之三,参阅同注㉚,前揭书,第 93 页。

1860年前后被引进租界32,并成为促助都市治安管理的重要工具。四是自1865年起,租界开始定期进行人口普查。凡此种种,均有助于形塑规训权力。

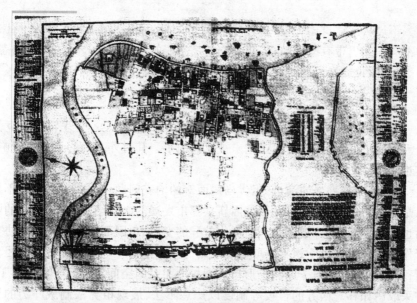

图 2-2　1855年时上海租界的棋盘式道路,图右圈格内即为上海城。(引自上海市档案馆编,《上海租界志》,上海:上海社会科学出版社,2001年,第1页)

无可否认,在传统中国社会的城市管理中,也曾运用了极为类似的空间解构技术,例如传统律法的《户律》即详细规定了有关户籍管理的相关事宜,主政者也曾采取了连坐制度、宵禁制度等。33 社会学者 Michael R. Dutton 也认为,中国的保甲体系、户口制度等,也普遍存有傅柯指陈的"空间/权力"现象。34 甚且根据学者萧进安的研究,中国古代城市实行户籍管理制度的主要目的,即是在治安上加强对城市居民的控制。35 但本书要强调的是,在

32　上海煤气公司于1863年筹划,1864年开始供气,1865年试用新生产的煤气灯,此后工部局即在租界主要道路上安装这种煤气灯。参阅同注21,前揭书,第71页。

33　参阅萧进安:《中国古代城市管理》,收于萧斌主编:《中国城市的历史发展与政府体制》,北京:中国政法大学出版社,1993年,第151页。

34　参阅同注27,黄金麟,前揭文,第233页。转引自 Michael R. Dutton, *Policing and Punishment in China: From Patriarchy to 'the People*, Cambridge: Cambridge University Press, 1992。

35　参阅同注33,萧进安,前揭文,第151页。不过本书考试委员吴圳义教授指出,《户律》的主要目的,仍是为了税收,而非治安管控。

1860年前后租界生成初期，这些有助都市控制的知识与技术，几乎是同时被引进上海租界并被彻底执行[36]，亦即在一夕之间即架构出了与传统农业社会截然不同的现代都市新空间结构，并直接套用到大量拥进租界的华民身上。

不过从前述筑栅一事可知，早期寡头政体的治安思维，显然对若干社会中下层华人仍带有些许歧视，认为他们是犯罪的根源。但外人的歧视心态，却事出有因，或许巡捕房在1864年向董事会的报告可说明一切：

一月八日一天，租界内有五百名乞丐被逮捕并遣返县城。[37]

当时上海租界面积尚小，租界华洋人口不到十万人[38]，十里洋场内竟然一天逮捕了五百名乞丐，更遑论未被逮捕的了。其对外人内心造成的影响，实难以估计。

不过，随着世局的演进，租界当局面对的治安问题，也愈来愈复杂，不再只是单纯的逃难游民问题，而是因新兴都市发展的必然结果，影响治安的因素也愈趋错综复杂，加以渗入了文化差异的变因，也因而产生了中外妥协与合作的契机。更由于租界采取漫无规划的"越界筑路"等方式倍数扩张租界面积，无形中也影响了原利于形塑规训权力关系的空间布局。于此情形下，在采取诸如移置西方的苦役等制度以严惩不法、展现租界法制威吓力的同时，一套更缜密的章程以及一个同时兼具华洋色彩的司法机构的诞生，也就不那么让人感到意外了。

三、寡头政体的权力依据——《土地章程》

寡头政体的施政目标是"治安至上"，但是否有其法规范基础？并且，寡头政体以治安为主轴的施政，又是如何进行法令的布设？均是评价上海租界是否朝法治社会发展的重要指针。

就法理学研究史言，一直要到二次世界大战前，纯粹法学派的汉斯·凯尔森（Hans Kelsen，1881—1937）才提出了以"基本规范"作为顶峰的、层层委

---

[36] 在《工部局董事会会议录》中，我们可以看到许多有关对租界华民实施宵禁的讨论，在1862年12月，甚至引起华籍商店业主反弹，指称宵禁"对中层社会影响非常强烈"，参阅《工部局董事会会议录》，第一册，1862年12月3日会议记录。工部局对租界华民实施大规模的户口调查，则始于1865年，参阅同注[36]，前揭书，第138—139页。

[37] 参照《工部局董事会会议录》，第二册，1864年1月13日会议记录。

[38] 1865年（同治四年），工部局进行第一次户口普查，华人有90,587人，外侨有2,297人，合计不过92,884人。参阅同注[36]，前揭书，第138—139页。

托、层层授权的"规范等级体系"(hierarchy of norms)理论,奠定"法律位阶说"有力的学理基础。㊴ 凯尔森的基本规范是什么呢？他说："第一部宪法的效力是最后的假设,是法律秩序中一切规范效力所根据的最后假设,即人们应当像第一个宪法创立者所命令的那样行为。这就是法律秩序的基本规范。"㊵ 然而,令人讶异的是,在上海租界生成伊始,即隐约让人感受到法律位阶的影子制约着相关法令的内容与发展；并且,即使是几近侵权的扩张,寡头政体也经常会溯源至类似"原创宪法"的《土地章程》。基于凯尔森对于原创宪法的重视,我们自然也不能忽略《土地章程》的变迁与对上海租界司法、治安的影响。

《土地章程》系指《上海租地章程》(Shanghai Land Regulation),一般简称为《土地章程》,亦可称为《地皮章程》、《地产章程》等。它与不平等条约有所关联,唯并非属国际法上的国与国条约,却又是上海租界存在、发展的主要法律依据。由于上海租界自开埠后的快速发展实超乎了中外人士的想像,因而《土地章程》也就经常面临外人要求增修的压力。㊶ 事实上,《土地章程》前后共经历过三次较重大的兴革：

(一) 1845 年《土地章程》与"华洋分居"

1845 年,上海道台宫慕久除与英领贝尔福共同议定居留地界,并且还公布了与贝尔福"依约商妥"的《土地章程》共二十三条,是为《第一次土地章程》,或称《英租界一八四五年土地章程》㊷,内容主要包括确定界域、确定租地程序、确定华洋分居、确定界标与建筑、确定让租与租金、确定英国领事馆的管理权、确定双方之司法管辖权,及确定章程的解释及修改办法等。㊸ 其中与租界自治、司法管辖权及治安相关者,谨列表分析如下：

㊴ 参阅同注⑬,沈宗灵著,前揭书,第 189 页。
㊵ 参照同注⑬,沈宗灵著,前揭书,第 189—190 页。
㊶ 《上海公共租界制度》即谓："此种土地章程自租界设立以来人经多次之增修改,其条文由简而繁,其规定由疏而密,其力亦由小而大。以其为租界之根本法,不可不一察其变迁之迹也。"参阅徐公肃、丘瑾璋著：《上海公共租界制度》,收于《民国丛书》,第四编第 24 册,上海：上海书店根据中国科学公司 1933 年版影印,1992 年,第 25 页。
㊷ 详请参阅同上注,徐公肃、丘瑾璋著,前揭书,第 25—47 页；上海市档案馆编：《上海租界志》,上海：上海社会科学院出版社,2001 年,第 682 页。
㊸ 关于 1845 年《土地章程》的详细内容分析,可参阅同注⑱,王立民著,前揭书,第 167—169 页。

表 2-1　1845 年《土地章程》分析

条文号数	主要内容	权力变化及分析	备注
第八条	外籍租地人不缴地租，由领事官依该国法律追缴。	地租纠纷既系民事案件，华方等同放弃其管辖权。	
第十条	商人租地后得为建筑房舍等行为，不得为储藏违禁物品等行为。	条文并未明令违反章程者由何方管辖及该如何处罚。	条文称"商人"，似是专为规范外人。
第十二条	一、洋人得雇工兴筑公共建设，及召集会议决定分担金额之法。 二、洋人得雇请更夫，由华方管理。 三、租界有扰乱公安等行为者，由领事行文华官惩判。 四、倘设防栅，由双方订定启闭时间。	一、洋人得召集会议，为租界"市民自治"的基础。 二、更夫管理权仍归华方。 三、既为"领事行文"才惩办，华方等同让出对华民的侦查权。 四、设防栅证实双方均有意"华洋分居"。	更夫英文为watchman，直译为"看守人"或"卫士"。当时更夫的职务，至为简单，不外夜间巡行报更鸣警，以防宵小而已。[44]
第十七条	商人开设店铺等须由领事发放执照、负责检查及禁止。	领事替代华官地位，对商业事项有发给执照及检查权限。	此类权力不属于工部局，而属于各国领事。
第十八条	规定租界内不得为之作为，如不许架造易燃房屋、不得堆积垃圾等。	同第十条，并未明文规定违规者由何方惩办及如何惩办。	此条与第十条不同，并无"商人"字样，似为华洋一体适用。
第二十条	摊派公共建设款项的侨民，得请求领事委派代表监督管理财政。	于第十二条的基础上，进一步规定市民自治的组织形态与内容。	《上海公共租界制度》称，此条为工部局成立的渊源。[45]
第二十二条	章程变革的程序为：或由华洋官员商议，或由众人议决程报领事转与道台商妥。	此条说明租界早期的权力配置，即由华洋官方主导，自治团体仅能"建议"。	
第二十三条	规定领事应预先审究在租界违犯章程者，及决定应否惩罚。	赋予领事"预审"权，唯是否兼及华洋，则语意不清。	尔后成为外人有权裁判华民的法源。

---

[44] 参阅同注[41]，徐公肃、丘瑾璋著，前揭书，第32页。
[45] 同上书，第33页。

第二章　权力关系竞逐舞台的透析

通观前述各条内容,值得注意者有三:

首先,原始的《土地章程》显然是为了"华洋分居"而设计的规范,例如"设栅"之议,以及许多条文均以"商人……"为开头,可知其主要规范对象应是洋人,而非华洋一体适用,华民自应仍归中国官厅管理。换言之,中国官厅并未放弃对租界华民的治权。

其次,从古典权力观分析,章程明白规定了领事及华官同时拥有租界的治权,且各自拥有部分权力的最终决定权。市民自治虽已开始萌芽,但其地位却仍无法逾越"国家",即当时仍是由"国家"或"官员"主导租界的一切。

再次,原始的《土地章程》立法技术显然十分拙劣,致尔后留给了各有所图者宽广的解释空间。特别是与司法权密切相关的第二十三条。

不过须强调的是,此次《土地章程》并非国与国正式订立的条约,只是道台与领事间关于土地租借及租钱等往来公函的结晶,系道台依自由意志草成,仅由上海道台以华文颁布,并经两江总督同意。也就是说,《土地章程》的法效力其实是大有问题的。为何是由上海道台出面?这又与道台上级官员的面子、官威及传统法律文化的影响密切相关[46],却也自此肇致尔后上海道台与领袖领事对口协商的"惯例",亦间接贬抑了会审公廨华官的地位。

不过随着时间及情势的改变,到了后来,不仅外人认为《土地章程》对全租界住民都应一体适用,且反而变成了中国官厅不欲承认此章程,上海大班却死抱不放的逆转现象。

(二) 1854年《土地章程》与寡头政体的成形

1853年9月,上海地区发生了"小刀会"事件,以刘丽川(1822—1855)为首的农民与贫民进占了上海城。面对租界成立后的首次兵祸,英、美、法三国领事遂自行决定改订原《土地章程》,并于1854年7月经由租地人大会通过。此章程又称为《上海英法美租界租地章程》,共十四条。[47] 与1845年

---

[46] 上海道台为前清时代驻治上海的"分巡苏松太兵备道"一种普通的称谓,但见于官书、文札、著述的称谓极不一致,包括沪道、巡道、兵备道、苏松道、苏松常道、苏松太道、江海关道、海关道、关道、上海道等多种。上海道台原不驻在上海,但自上海开埠后,交涉事宜,清廷授权予上海道台掌理,故其事实上又为外交长官。至同光年间,职务更繁。原来自南京条约订立以后,钦差大臣耆英秦请委派各口办事人员,清廷当即准可,上海方面,旨命:"着璧昌(两江总督)、孙善宝(江苏巡抚)、督同咸龄、宫慕久(上海道台),核实办理。"但当英领贝尔福来沪时,璧昌、孙善宝两人认为他的职务过低,"体制攸关",未便玩亵,轻率接见。无形之中,上海租界事务即委由官职最低的上海道台了。详请参阅蒋慎吾:《上海道台考略》,收于上海通社编:《上海研究资料续集》,台北:文海出版社,近代中国史料丛刊三编第四十二辑,第61—71页。

[47] 详细条文内容可参阅同注[41],徐公肃、丘瑾璋著《上海公共租界制度》之附文。

章程相比，1854年的章程作了一些变动，除了扩大及确定了租界的新范围外，也改变了租地程序。[48]

再者，新章程删去原章程不准华人租用租界内房屋，及不许洋人把房屋租给华人的相关规定，承认与接受了华民大量涌入上海租界而致"华洋杂居"的事实；《土地章程》所有规定，也"顺势"一体移置于华人，中国官厅对租界华民的治权也因而丧失大半。

其中最重要的是第十条："起造修整道路码头沟渠桥梁，随时扫洗净洁，并点路灯，设派更夫各费，每年初间，三国事官，传习各租主会商或按地输税，或由码头纳饷，选派三名或多名经收，即用为以上各项支销。不肯纳税者，即禀明领事饬追。倘该人无领事官，即由三国事官转移道台追缴，给经收人具领。其进出银项，随时登簿，每年一次，与各租主阅准。凡有田地之事，领事官于先十天将缘由预行传知各租主，届期会商。但须租主五人签名，始能传集，视众论如何。仍须三国领事官允准，方可办理。"

首先，原《土地章程》的允许雇用"更夫"（watchman），在新章程第十条的英文本却是"设立更夫或巡捕"（establishing a watch or police force）。此一改变尔后即成为租界警政组织的"基本规范"。而在同年的租地人会议上，也通过了组织巡捕的决议，允许巡捕可奉领事之令搜查军械和解除华人武装、协助征税等[49]，更让租界设立"执行公权力"的警察组织，进一步获得了至少是"市民自决"、"自治"层级的强力支撑。其次，"选派三名或多名经收"，英文本则谓为组成"委员会"，即尔后工部局——上海租界自治行政组织的"基本规范"。再次，此条文明规定租地人采行民主集会共决，虽然须经"领事允准"，实际上已等于宣告"市民主权"的诞生。

从个别来看，上海的外人分别取得了警察权、行政权乃至租界治权，但更不可忽视的是三者合并产生的效果，即工部局董事们得以在"市民民主自决"这个难以撼动的权力基础上，逐步取代中外官方的势力，以"少数精英集中决策"的"寡头统治"方式治理上海租界，并凭借着强势的巡捕房力量促使其决策法令更具实效。类似的观察，大概没有比霍塞更为直接露骨了：

> 这次的《地皮章程》载有使上海成为世上没有先例的市政区的根芽条例，其中规定：市政的管理权应操于全部侨民之集体的手中，这便推

---

[48] 即外人"凡欲向华人买房租地，须将该地绘图注明四界亩数，禀报该国领事"，后才移转道台"查核"。

[49] 参阅同注[20]，王立民著，前揭书，第173页。

第二章 权力关系竞逐舞台的透析

翻了条约中所规定土地的主权依旧归于中国政府之原则。上海租界从此成为一个自有主权的、自治的、国际的政治体系。它简直就是一个独立的民治国。[50]

……这部《地皮章程》(好似始终未经中国政府所承认过)异常重要性和无比的智能之中,有一点是极为显明的:照原来的解释,管理侨民的权力是操于个别的领事馆之手中的,这批领事馆起初系对本国的外交部直接负责,后来则对成立于北京的外交团直接负责。但现在这个新政体则已从这批守旧的、过于负责心的外交官手中把管理权夺了过来,而付之于造成上海的人——即大班们——的手中。在理论上,领事团依旧是握有上海租界的最高权力者,就是对工部局也可以向领事法庭提起诉讼,但在实际上,则工部局董事会实已高踞租界之王座,而成为这自有主权的、财阀的、民主的政府之最高统治人了。

这部《上海宪法》实是一组最自私自利的、最示预兆的、最现实主义的法典。这批眼光远大的上海先生们,利用中国政府的缺乏能力,替未来的上海先生树立了这个市区之特殊的法律基础,而使后人得在其中自由活动,使这上海滩逐渐滋长而成为一个供人以发财机会、不尚感情的、乐观的、门户开放的城市。[51]

而从其他关于租界自治、治安及管辖的有关规定,我们更可看出"新章程纳入华人"的重大转变。如第八条关于"转租"的规定[52]、第九条对华人特别设立的禁制规定[53]、第十一条关于租界华民停棺的规定[54]等,均明白点出华人必须受租界自治行政组织规范的事实。[55]

---

[50] 参阅同注⑭,霍塞著,前揭书,第32页。
[51] 参照同注⑭,霍塞著,前揭书,第32—33页。
[52] 第八条:"……其洋房左近不准华人起造房屋草棚,恐遭祝融之患。不遵者,即由道台究办。大美国衙署之北至吴淞江一带,未奉领事官二位允准,不许开设公店,违者按后惩办。"
[53] 第九条:"禁止华人用篷寮竹木及一切易燃之物起造房屋,并不许存储硝磺、火药、私货、易于着火之物,及多存火酒。违者初次罚银二十五元,如不改移,按每日加罚二十五元。再犯随时加倍。如运硝磺火药等物来沪,必须由官酌定,在何处储存,应隔远他人房屋,免致贻害。起造房屋札立木架及砖瓦木料货物,皆不得阻碍道路,并不准将房檐过伸各项妨碍行人。如犯以上各条,饬知不改,每日罚银五元。禁止堆积秽物,任沟渠满流,放枪炮,放辔骑马赶车,并往来遛马,肆意喧嚷滋闹一切惹厌之事,违者每次罚银十元。所有罚项,该领事官追缴,其无领事官者,即着华官兼追。"
[54] 第十一条:"外国人及华民坟墓:界内分开地段为外国人坟茔。租地内如有华民坟墓,未经该民依允,则不能迁移。可以按时前来祭扫,但嗣后界内不准再停棺材。"
[55] 《上海公共租界制度》称,英译条文并无"华人"字样,显系华洋一体适用。参阅同注㊶,徐公肃、丘瑾璋著,前揭书,第38页。

相较于由中国地方官厅主导的第一次《土地章程》，此次章程纯为外人间自行订定的章约，中国政府因乱世之故，根本无从插手。且因"上海大班"们认此为外人间"私事"，毋庸与中官吏商议，仅以"既成事实"通知华方而已。㊱而其更深层的意义在于，一个几乎完全与传统中国甚至外国政府脱钩的租界寡头政体已具雏形。

不过，所有的发展不见得总是照着寡头政体的意愿进行，包括最基础的各国租界合并问题。此次章程修订后，由于法方未得政府批准，致法租界单独分出。上海租界的一分为二，也造成大上海形成"三界四方"、及"多轨异质"的社会㊲，原本已因华洋纠结肇致的法制紊乱及社会问题，更是雪上加霜，也注定了上海公共租界终须面临其无法以自力弥补的重大治安盲点。

（三）1869年《土地章程》与寡头政体的确立

霍塞描述上海租界第二次修改《土地章程》、几近为上海宣布"独立"的小说式笔法或许有些夸张，但尔后却差点成为事实，甚至连上海县城也在计划"独立"的范围内。

1862年太平军乱波及上海，华民再次大量涌进租界，清廷官员又再一次的几乎完全失去其对租界的治权。面对第二次租界外的动乱，费唐这般描述上海大班们的反应：

> 工部局及其所代表之社会，处所牵涉之困难之压迫下，曾受激动，而有一种建议，即为全部上海，包括公共租界、上海县城及近郊在内，设立一代表中外业主之政府，行使一种最广大之职权。一八六二年，英美两租界实行合并之后，此项建议，称为"自由市之议"㊳。

虽然上海大班们此种近似宣告独立的建议，终在英国政府的强烈反对下宣告失败。不过，工部局的寡头们显然不是省油的灯，他们转而将力量摆在修改章程的工作上，利用修正章程的方式具体落实在"自由市之议"运动中的主张，包括强化外人对租界的管理、加强公共租界的自我防卫能力及维护治安能力、避免受到疫疠之害、引进西方法治观念等。

㊱ Kotenev, Shanghai: Its Mixed Court and Council, p.9.
㊲ "三界四方"系指上海城市由公共租界、法租界和中国地界（南市、闸北）构成；"多轨异质"是指，在上海这个仅有六十平方公里的城市中，拥有三个政府、三套立法和决策机构、三种警察和武装力量、三个互为近邻又彼此独立的城区。参阅苏智良、陈丽菲著：《近代上海黑社会研究》，浙江：浙江人民出版社，1991年，第29页。
㊳ 参照同注㉓，《费唐报告》，第173页。

第二章 权力关系竞逐舞台的透析

1865年3月11日,董事会举行特别会议,决定设一委员会专事修改章程。1866年3月租地外人会并在与上海领事团会商后,通过该委员会草拟之修改草案。此次修改章程的要点如下:

1. 改租地人会议为西人纳税会议,使其成为公共租界的主要决议机关。并且放宽选举资格,不限于租地人,凡租赁房舍年付合格捐税,亦得有选举权。

2. 把工部局的组成人员由三人或三人以上增至九人,并规定为定期选举。

3. 于新章程之后,附有《附则(律)》(by-laws)四十二条,并规定工部局得增订《附则》,惟须得纳税人大会通过,与上海领事团、北京公使团批准。

4. 赋予工部局征收捐税之权。

5. 规定工部局得为原告或被告,设立"领事公堂"(Court of Foreign Consuls),审理以工部局为被告之案件。这也是在中国土地上首见的行政法庭。

学者王立民分析,改租地人会议为西人纳税会议,实乃扩大统治基础,有更多的洋人可进入议决队伍,同时也增强了纳税人会议的有效性,更利于自治政府的活动;工部局得增订《附则》,则等于是让工部局取得立法权;而工部局有征税权,等于取得了经济权。王氏进一步指出,工部局本身是行政机关,具有行政权,再取得立法权与经济权后,工部局即拥有极大的权力,使得租界中的任何机构都无力与其匹敌。[59]

本书大致赞同王氏的分析,但须进一步指出此次章程之修订对于上海租界政制发展的根本意义,实代表着工部局董事们的权力基础因此愈加稳固,寡头政体就此在上海租界定型;领事公堂的设立,也隐含着此寡头政治并非意欲走向寡头专制,而有着权力制衡、权力分立的意味。

不过,此次章程仍然存有法效力上的重大瑕疵,即虽经北京公使团的修改及"暂且批准",但始终未经中国政府及上海地方官厅的正式承认,也未曾由领事团与上海道台会商,只于公使团批准后,由领事团通知道台而已。后来曾引起英、美等侨民质疑此章程的效力,但1875年美国总领事在其领事法庭受理某项案件时,曾维持此次章程的效力;1881年英国枢密院则颁布一项新令,以消除英国侨民对此次章程的疑虑。[60] 不过即使效力遭到质

---

[59] 参阅同注㉑,王立民著,前揭书,第178—179页。
[60] 详请参阅同注㉓,《费唐报告》,第109—110页。

疑,此次修订的章程仍主导了尔后上海租界数十年的发展。

(四)《土地章程》的效力与实效

通观《土地章程》的三次兴革,多半是先有了因应现实而生的"惯例"后,再对章程作相应式的修改,明显缺乏国际法或条约的依据,似难以通过法效力的检验。但就法的实效言,我们却不得不承认外人对《土地章程》的重视程度,并且依据《土地章程》衍生次级规范如《附则(律)》等,这些章程与规范不仅成为尔后工部局寡头们管控上海租界治安的依据,也是会审公廨中外会审官员裁判的重要法源;而受管控的租界华民,实际上也相当程度的依循与配合《土地章程》,进而使寡头政体与华民得以在《土地章程》的基础上,开展坚实且绵密的权力关系。

其次,相较于外国政府的对上海租界自治的"顺其自然",甚至通过法院判决或颁布新令方式确认《土地章程》的法律效力,中国官厅"忽视"《土地章程》的态度实颇让人讶异。例如,在1893年11月28日的《工部局董事会会议录》即载称,上海会审公廨谳员曾要求工部局给他一份《土地章程》,以便将它译为中文。[61] 显然在章程经二次修订近三十年后,华方仍然没有一份攸关上海租界成立基础、早已被外人视为"上海宪法"的《土地章程》。

再次,同样从法效力的角度来看,工部局的寡头们显然也心知肚明,先例、习惯与自然发展,甚至是中国官厅的"忽视",并不能全然转换为上海大班们取得租界治权的法理依据。例如在1893年12月28日的工部局董事会会议记录中,即透露出外人对《土地章程》欠缺法律基础的"心虚"。哲美森(即负责将《土地章程》译成中文给中国官厅者)致函工部局称,他已完成了《土地章程》的翻译工作。根据英国总领事和英国领事们的建议,他"略去了序言和会议记录备忘录"这两部分,因为"假使由中国当局用他们自己的文字认真阅读,它们包含的内容,几乎肯定会引起争议"。[62]

综观《土地章程》的修订始末,当然,我们并不能排除华方刻意抵制《土地章程》的可能性,但显然历史的进程与租界法制如日月星河般的长年运转,早已不让华方有任何筹码无视于《土地章程》的存在,而必须认真审视外人在《土地章程》的基础上所斩获的权力,以及上海寡头政体与租界华民间愈加稳固的权力关系。

---

[61] 参阅《工部局董事会会议录》,第十一册,1893年11月28日会议记录。
[62] 同上。

第二章 权力关系竞逐舞台的透析

第三节 寡头政体立法[63]、行政与司法体制剖析

上海租界的法制发展,几乎全建构在《土地章程》所架构的"自治"基础上,上海会审公廨的成立与尔后的权力运作,也深受《土地章程》的影响。因而,研究上海会审公廨,实无法与上海租界的自治割裂。而上海租界的自治,其实也就是租界走向独立、企图落实"市民主权"的实质展现。以下谨从立法、行政与司法三个面向,深入剖析上海租界政法体制:

一、实质以工部局为重心的立法体制

（一）纳税外人会的立法权与否决权

上海租界的政制被视为寡头政体,而非专制或民主,原因即在于其虽拥有依直接民主制度运作的决议机关"纳税外人会"[64],及依直接民主程序选出的权力核心"工部局董事会",却因层层限制投票人资格[65],致租界内住民人数最多的华人并无投票权,使其成员始终仅局限于少数中上阶层的外人。纳税外人会除了监督工部局外,最主要的功能即是议决租界事务,依章程同时也拥有相当的立法权,兹详述如下:

凡合格纳税的外人居住于公共租界范围内,均为纳税外人会的会员。[66]

---

[63] 本书所讨论之"立法权",几乎均属于"告示"或"示谕",在清末民初的法律位阶又是如何？根据《北洋政法学报》1906年第12期,载《我国现行法制概论》一文称:"我国之成文法可区分为三种,（一）律。（二）例。（三）示谕。"至于示谕之意义,即由官吏对于人所发之行政命令,为律例以外之一种命令,而又使人民有必欲遵奉之义务。故该文认为"示谕亦可为法律渊源之一也"参阅《东方杂志》,第三卷第三号,1906年4月18日,第87—96页。

[64] 纳税外人会（Foreign Ratepayers' Meeting）也称为纳税人会（Ratepayers' Meeting）,原通称为"纳税西人会",但因日后来该会议中有许多日人参加,故有学者认为改为"外人"较妥,详同注㊶徐公肃、丘瑾璋著,前揭书,第80页。《费唐报告》称纳税外人会为"大会"（Assembly）,并称工部局总董 Pearce 所著之 How Shanghai is Governed 一书称为"议会"（Parliament）。本书考试委员黄静嘉教授指出,从纳税外人会的英文名称来看,即可知当时至少各国政府均将上海租界视为一地方性质的政府,其所纳者乃地方性税赋。亦即,上海租界成立之初,显然缺乏独立自治之意图。

[65] 原仅"租地人"具投票权,1869年修订的《土地章程》,曾放宽了工部局董事会董事的选举人资格,由"租地人"扩大为"纳税人",原租地人会议变成纳税人会议,但华人并未被纳为选举人。纳税人会议至1920年始在华人争取下演变为二,一为"外人纳税会"或"纳税外人会",一为"华人纳税会"或"纳税华人会"。但重大权力始终由外人纳税会掌控,华人纳税会除间接选出一部分董事外,权力实至为薄弱。

[66] 章程第九条有关纳税人资格规定为:"此第发议事之人,必所执产业地价计五百两以上,每年所付房地捐项,照公局估算计十两以上（各执照费不在此内）,或系赁住房屋,照公局估每年租金计在五百两以上而付捐者。"

所以纳税人会实系少数外籍住民间的直接民主,而非采代议制度。其主要会议形式及内容为:

1. 年会(annual meeting)

每年 4 月初举行一次。依《土地章程》规定,纳税人年会的职责为:一、通过预算。二、通过待征税捐。三、通过决算。四、选举地产委员。

2. 特别会(special meeting)

系依《土地章程》规定,临时以特别事故召集的会议。

纳税外人年会与特别会的最大差别,在于议事的内容。年会讨论事项的范围,均见于章程规定,故其议决无须再获得其他上级机关的批准;特别会的讨论,则可以超出章程规定⑰,包括"关于市政的任何事件"、"商议与租界内公众利益相关之事"、增补地产委员和制定专项预算,及"批准"(pass and approve)工部局董事会所决议之规例(如《附则》)等,唯须再报请各国领事批准,方可实行。⑱如此即让纳税人会议拥有相当的立法权,及对工部局所决议的法令规章具有否决权。不过,由于工部局本就是大班利益的集合体,纳税外人会罕有不同意者。立法权在这般配置下,使得纳税人会议不仅沦为工部局的"橡皮图章",甚至也是工部局推卸责任的挡箭牌。⑲而此模糊地带,即成为工部局扩张其立法权限的场域。

(二) 工部局的立法权

上海租界实质的立法工作,尤其是一些关于违警、卫生、交通的行政法令,几乎均由工部局负责。工部局通常以命令、布告甚至刊载报纸的方式发布法令,而这些法令,均得成为会审公廨的裁判依据。不过,工部局全面掌控立法权,却是经历长期"努力"的结果。

1. 工部局的立法否决权

在大量华民涌入上海租界初期,华民仍受到中国官厅在租界张贴的告

---

⑰ 章程第十五条有:"倘系章程未经提及与大众攸关者,会首必将此事报明各国领事官等,俟其酌定批准之后方可施行。"等语。

⑱ 此即章程第十一条规定:"局董照章酌定之例,除专指局内及所用上下人等事件,必奉有约各国领事官驻京钦差(或其中已有大半位数批准,及特请众位执业租主(此实指纳税人)齐集会议)应允,方可照办。"

⑲ 观诸表面,似乎工部局仍受到层层节制及监督,但《上海闲话》作者姚公鹤的观察或可说明一切:"工部局受权于纳税西人会,不知纳税西人会又受权于何人,而有此广大无垠之立法权也。故凡工部局意计中所欲为之事,除纳税西人会中有别国明白事理之会员消极抵制不令足法定人数以致不能开会外,有不提案,提案必通过。及实行有窒碍,而窒碍之责任,则由纳税会负之,而与工部局无关也。"参照姚公鹤:《上海空前惨案之因果》,《东方杂志》,二十二卷十五期,1925 年 8 月 11 日,第 13 页。

第二章 权力关系竞逐舞台的透析

示约束,且华方的告示权并不受工部局任何拘束。当时工部局董事们似乎只有"被告知"的份;且更值得重视的是寡头政体也认为"华民应归华方管理"。⑩

但到了 1876 年(清光绪二年),华官在租界所贴告示,却已须先由工部局加盖图章才能发布,否则皆会被由工部局掌控的巡捕房撕去。不过,此事也引发了工部局、领事团与中国官厅的三方权力竞逐,会审公廨谳员陈福勋⑪即曾以其所出告示被巡捕撕去,责问领袖领事即英国领事麦华陀(Walter Henry Medhurst, 1823—1885)"工部局有何权力可以发出撕去华方告示的命令"? 后来,华洋乃商定华方告示须经会审公廨外籍陪审员签字,麦华陀亦致函工部局要求其训令巡捕房,竭力保护经会审公廨外籍陪审员签字的华方告示。⑫ 但工部局却不同意,并称如果要巡捕房保护,就非要有工部局的图章不可。最后各方妥协的结果是:凡中国官厅告示,经领袖领事签字后,即交与工部局,由工部局巡捕单独或会同衙役张贴。⑬

表面看来,工部局不过取得了"张贴权",实际上自此以后,华方官厅告示非但须受领事团检查,且常有经领事团查准,工部局却拒绝张贴的事情,工部局实际上已取得了对华方告示的否决权。

到了 1894 年领袖领事与工部局又为华方告示再起争议。领袖领事认为工部局的职责只是将公告交巡捕房张贴⑭,遂去函工部局董事会要求解释"为什么采取这种不正常的程序",甚至领事们还指控"本届工部局僭取了过多的租界控制权"。⑮ 不过工部局认为"条约国领事们无权干涉工部局及其受委托的事务",因为依据《土地章程》的《附则》,工部局有管理道路之权,并指出:"盖工部局印章以保护告示很有必要,这样就布告华人凡有破坏者必受巡捕房逮捕,工部局并不要求华人遵守告示,只是禁止他们破坏告示。这在 1876 年之前及其以后都是正常程序,现任工部局不过遵循其前任习惯作

---

⑩ 例如在 1861 年 9 月 4 日的工部局董事会会议记录中,领袖领事兼英国领事麦华陀即转来盖有上海道台官印的告示共三百份给工部局,内容是禁止居住在租界内的人于日落后点放鞭炮爆竹、敲锣打鼓。麦华陀并称,如果白天作此类活动的喧闹程度达到需要再发布禁令时,他"会要求道台另行发布官印公告"。参阅《工部局董事会会议录》,第一册,1861 年 9 月 4 日会议记录。

⑪ 史料载"陈福勋"、"陈福勳"者皆有,本书从《上海县续志》,台北:成文出版社,中国方志丛书·华中地方·第十四号,据吴馨等修、姚文枬等纂,民国七年刊本影印。

⑫ 参阅同注①,汤志钧编,前揭书,第 332、333、335 页。

⑬ 参阅同注㊶徐公肃、丘瑾璋著,前揭书,第 404 页。转引自《领袖领事六月二十三日致工部局函》,载《一八七六年工部局报告》。

⑭ 参阅《工部局董事会会议录》,第十一册,1894 年 1 月 9 日会议记录。

⑮ 参阅《工部局董事会会议录》,第十一册,1894 年 1 月 16 日会议记录。

法而已。"⑯

其实工部局与领事团之争，不过只是寡头政体内"茶壶里的风暴"，若从整体观察，中国官厅对租界华民的告示权至此已完全受寡头政体钳制。因而到了1906年，公廨谳员关䌹之（1879—1942）⑰ 曾对公告发布程序发出"不平"之鸣，认为华方告示须经领袖领事及工部局董签字盖印，而工部局所发告示则无须与华官商妥，或让华官签字盖印，显有碍中国主权。⑱ 但结果仍不了了之。

1911年辛亥革命后，华方完全失去了对租界华民的发布告示权。不过，工部局及新成立的上海革命政府，显然均意识到告示权的重要，因其象征着中国政府与租界华民权力关系的存续与否，双方遂进行过短暂交锋。⑲ 后来，董事会更决议将发布公告定位为"用来宣布有关本地政府的重要事情"⑳，实亦证实辛亥革命后，华方已无法径自在租界发布布告。

2. 工部局的主动发布告示

工部局除了积极取得告示否决权外，另一方面，则是通过自行发布告示的方式，积极形塑其与租界华民的立法权力关系。

早在1854年工部局成立伊始，即曾下达过多起命令及决议，但多系针对特定人与特定事项而为的命令，且几乎都是对外人而为。但1860年的"编写门牌号码"一事，却是《工部局董事会会议录》所载工部局针对华民并"主动通知华人居民"的首例。㉑ 1861年2月22日的会议记录中，则首次出现董事会发布刑罚惩处公告的记载，即鉴于有人在租界马路训练马匹，以致经常对妇女和行人造成重大伤害，工部局因此布告：从3月7日起除从黎明至上午9时外，不准照旧牵马通过租界，违反规定者将受到拘押和起诉。㉒ 虽然公告并未指明系针对华或洋，但事实上，因外人多雇请华民担任马车夫，实已不证自明。

---

⑯　参阅同注⑮。

⑰　关䌹，字绸之，史料常误为关䌹之。关曾三任会审公廨谳员，首任于1903年，1905年再任，辛亥革命后三任。

⑱　参阅《东方杂志》，第三卷第五号，1906年6月16日，第39页。

⑲　当时革命政府透过交涉使送了一份革命政府所发出的公告给会审公廨，要求在租界内张贴。但董事会一致认为"此请求惟一目的乃在取得某种形式之承认"，因而未予允准。参阅《工部局董事会会议录》，第十八册，1911年11月29日会议记录。

⑳　参阅《工部局董事会会议录》，第十八册，1912年7月3日会议记录。

㉑　参照《工部局董事会会议录》，第一册，1860年3月16日会议记录。

㉒　参阅《工部局董事会会议录》，第一册，1861年2月22日会议记录。

第二章 权力关系竞逐舞台的透析

1861年6月12日，董事会决议通过《北华捷报》(North China Herald)发布有关公告。㉝将公告发布与正在租界兴起的平面传播事业相结合，相较于传统的"张贴"公告方式，实意味着一项更契合于新兴都市人口集中特征、即更为有效的发布命令方式已然生成。不过，由于《北华捷报》是一份英文报，也显示此时寡头政体与租界住民的新兴立法权力关系，可能尚未全面扩及租界华人。但在一年之后，董事会即指令"印刷一些中国官印文告张贴在每家华人房门里侧，要求他们负责保持他们住所附近的街道干净整洁"。㉞至1864年6月9日，工部局更谕示：

> 本局所出一切告示，自今以后载于《上海新报》者，俱系真实之语，尔等毋得藐视，其各凛遵，切切特示。㉟

《上海新报》是由字林洋行出版的上海第一份中文报纸，此结合现代中文传播媒体的谕示背后所隐含的意义与重要性，实不言而喻，代表着自此以后，寡头政体已开始与华民建构了不同于传统的立法权力关系，新法令不仅只具公示性而已，更具备了普遍及立即性。

工部局主动对华人发布的告示，多与交通、建筑等事项有关㊱，于今视之，较像是一些违警罚、行政罚等禁制规定。由于会审公廨本就具违警法庭色彩，故这些规定也一直是会审公廨惩办租界华民的重要法源。更重要的是，从史料可知，工部局发布的法令，除非以《土地章程》及其《附则》为上层规范，否则即常被视为是效力有问题的法令，而不被会审公廨等租界内的法院采纳。㊲

工部局极少数不依照法律位阶原则发布告示的"例外"，是当租界遭逢严重治安或军事威胁时。例如1919年华人在上海租界发起全面抵制日货行动，严重影响租界治安，代理督察长即建议，在发生骚扰时，宜立即宣布戒严法，宣告处于"紧急状态"。董事会则指出，"工部局没有被授予宣布戒严

㉝ 参阅《工部局董事会会议录》，第一册，1861年6月12日会议记录。
㉞ 参阅《工部局董事会会议录》，第一册，1862年6月11日会议记录。
㉟ 参照同治三年五月初八日《上海新报》。
㊱ 例如1896年9月15日董事会讨论人马夫驱车急驰问题，决定发布公告，告诫公众必须严格遵守交通法规；1896年9月29日董事会依督察长建议发布公告，规定天黑以后一切自行车必须与其他车辆一样携有车灯，违者将予惩罚。
㊲ 例如《工部局董事会会议录》曾记载了一起以大米牟取暴利案件指出：会审公廨对该案的判决为，"目前没有禁止投机牟利行为的法律，因此工部局第二七九二号通告无效"。董事们因而同意法律顾问的建议，即根据《土地章程·附则》第三十四条向米店发放执照。参阅《工部局董事会会议录》，第二十一册，1921年2月23日会议记录。

法的实际权力",但在不久前的学生罢课时,工部局发出的一份告示,"其措辞实际上和发布戒严法很接近",并称如有需要,工部局将"毫不犹豫地越权行事"。⑱ 实道尽了工部局的信守"法律位阶",其实是有底线与条件的。

3. 工部局对立法权的全面管控

工部局掌控租界立法权的企图及动作显然是铺天盖地的,除了自行发布告示,在辛亥革命寡头政体全面接管会审公廨前,工部局也经常"要求"会审公廨谳员配合发布告示。⑲ 这些告示,多与新兴都市必然会面临的卫生、交通问题有关。但对有关捐税事务的谕示,华方却常采取强硬的立场。⑳ 同样是涉及权力的得丧主从,华方态度为何却有天壤之别?此可能与谁宰制了新兴都市的统治技术有关,在涉及疫病、卫生等问题上,通常不熟稔此方面知识或技术的谳员都会乖乖照办;但在捐税事项,需知华洋基本上是没有什么知识或技术上的高下差异的。

再者,除了发布告示外,工部局并以发放"执照"、"通知"等多种形式行使立法权,并搭配着移送会审公廨法办的强力宣示,以达禁制华民的目的。例如在1887年3月17日,工部局董事会讨论了茶馆歌女卖唱时涉嫌唱淫荡歌曲的问题,即有董事指出,颁发给茶馆老板的执照"即已明令禁止一切淫荡或下流的表演";会议并决定指示巡捕房将违法歌女拘送会审公廨。㉑ 隔周工部局并发给茶馆老板们"通知":"工部局特发此通告晓谕各茶馆老板,必按照所颁执照规定,严格禁止卖唱淫荡歌曲。捕房业已奉命,凡违反此项规定者,一律予以拘捕,并押送会审公廨。"㉒

---

⑱ 参阅《工部局董事会会议录》,第二十册,1919年12月29日会议记录。
⑲ 例如在1889年7月,董事会注意到在静安寺路上一些马匹累得筋疲力尽的状况,遂决定指示巡捕房督察长"要求会审公廨谳员发布一分告示,禁止马夫过度役使马匹",参阅《工部局董事会会议录》,第九册,1889年7月9日会议记录。又如1896年12月租界内发生牛瘟,原因是华人牛奶棚奶牛往返甚勤,故蔓延甚广。会议决定依卫生官建议,要求会审公廨发布"未得通知前禁止奶牛流动"的规定,参阅《工部局董事会会议录》,第十二册,1896年12月20日会议记录。
⑳ 例如在1896年12月,工部局曾要求会审公廨谳员发布布告,规定自隔年起手推车税增至每月六百文,但谳员回函称手推车车夫大都是穷人,因此只建议增税至五百文。会议决定坚持增至六百文,并再次要求谳员发布布告。不过虽然会审公廨谳员曾经反对,但最终显然并无法撼动工部局,至1897年1月会审公廨谳员仍依工部局的要求发了增税布告。参阅《工部局董事会会议录》,第十三册,1897年1月12日会议记录。
㉑ 参阅《工部局董事会会议录》,第九册,1887年3月17日会议记录。
㉒ 参阅《工部局董事会会议录》,第九册,1887年3月24日会议记录。

二、以工部局董事会为核心的行政体制

虽寡头政体费尽心力掌控租界告示权,但寡头政体得自于行政的权力显然更完整于立法。1854 年 7 月工部局与巡捕房的成立,是上海公共租界治安史上的一个重要关键,寡头政体从此拥有了掌控租界华民的组织及利器,并逐渐让中国官厅在租界内只能扮演"花瓶"般的陪衬角色。

(一)行政权的核心——工部局董事会

1854 年时,由于小刀会事件致使清政府无暇顾及租界治安,美、英、法三国领事便以租界需要保护自己为由,自行决定改订《土地章程》,并于 1854 年 7 月 5 日经由租地人大会通过。[93] 随后,代表租界最高行政当局的工部局成立,而其权力核心与决策机构——董事会,也立即开始运作。

在 1854 年 7 月 17 日工部局董事会第一次会议中,除决议有关工部局董事会的组织及程序事项[94],还包括:

1. 总董致函缔约国各国领事,表示值此动乱时期,要求海军从三山会馆至苏州河码头一带设防,直至恢复持久平静,否则巡捕组织一定大大超出全体居民能力所能负担。

2. 决定发通告刊登广告,招聘一名督察员(the superintendent of police)、一名副督察员及三十名巡捕(policeman),以及一名工部局董事会秘书。

3. 函文通知三个缔约国事,要求他们正式与中国当局交换意见并通知其向界内中国居民发布告等,并告之有关工部局董事会任命事项及作出任命的目的等。

4. 决定界内中国行商,每家每年要为码头基金"捐款"[95](pay)五十元。[96]

从上可知,寡头政体施政的主要目的即是为了维系公共租界治安,故须

---

[93] 参阅同注㉑,王立民著,前揭书,第 172 页。
[94] 在程序方面,董事四人出席即达法定人数,总董可投决定性的一票,在总董缺席时,出席会议的董事可自行选出会议主席。董事会每月召开两次,但若经任何三位董事要求,可召开董事会特别会议。工部局董事会年度终止期为每年的 3 月 25 日,会计年度终止期为每年的 6 月 30 日。在组织方面,则议决成立道路、码头暨警务,以及税务暨财务小组委员会。参阅《工部局董事会会议录》,第一册,1854 年 7 月 17 日第一次会议记录。
[95] 参阅同上注。
[96] 参阅同上注。

建立由其掌控的巡捕组织,即须取得警察权。因而在第一次会议中,工部局即率先组成了"道路、码头及警务"委员会。

(二) 工部局的行政利器——巡捕房

工部局在《土地章程》的基础上取得行政、立法等权力,或许在形式上可解决法律效力的质疑,但就法律实效而言,仍得视其所制定的法律是否能有效在社会施行,即必须要观察寡头政体与华民间,是否存有形塑、维系权力关系存续的动因。在成熟的法治社会,或与人民是否主动生成法律意识密切相关;但在上海租界,却得系于工部局巡捕房的权限与力量。

虽华方始终认为租界外人只能聘"更夫",但显然在工部局董事会成立时,外人即已聘雇了具有相当公权力的"警察"(policeman)。此可从第一次董事会即决议刊登招聘一名督察员、一名副督察员及三十名巡捕的英文广告词中获得验证。⑰ 在1854年8月19日董事会第四次会议中,董事会并决议在每名巡捕的左臂上佩戴印有"工部局巡捕"(municipal police)的徽章。⑱ 不过,当时在形式上中国政府仍是租界警察组织的共同拥有者,中国政府除支付了营建巡捕房房舍的款项,也拥有房舍的产权,在必要时更须支应巡捕房开支。⑲

工部局对警察权的掌控相当积极,在巡捕房成立两个月后,即出现工部局董事会"纠正"巡捕办案的事例。⑳ 并且,董事会也要求,巡捕若有不端行为事例,应向董事会董事报告,董事也将轮流查问逮捕、不予受理案件及将罪犯解送有关当局受审的理由。㉑ 工部局更于1854年12月拟定了《巡捕房督察员职责》(Duties of the Superintendent of Police)十七条,不仅详细规范了巡捕们的权力,也显露工部局意欲独揽公共租界治安的企图:

1. 工部局董事会对巡捕房拥有绝对命令权力

捕房督察员直接受工部局董事会指挥,并服从董事会的需要(第一条);雇用、开除巡捕的最终决定权,也属于工部局董事会(第一条、第二条);且须经董事会总董同意,巡捕房督察员才可与其部属"帮助"地方官或缔约国领

---

⑰ 参阅同注㉔。
⑱ 参阅《工部局董事会会议录》,第一册,1854年8月19日第四次会议记录。
⑲ 参阅《工部局董事会会议录》,第一册,1854年9月21日第五次会议记录。
⑳ 由于工部局董事金能亨的投诉,董事会决议警告巡捕房督察员克莱夫顿,在拘拿他认为可能有违反租界法律行为的"有身份的人"时,要持非常谨慎的态度;并指示他在任何情况下开始采取激烈手段前,应先通知董事会的董事;且若无十分充足的理由,不得侵犯"有声望人士居住的华人私宅"。参阅《工部局董事会会议录》,第一册,1854年10月28日第八次会议记录。
㉑ 参阅《工部局董事会会议录》,第一册,1854年10月28日第八次会议记录。

事(第五条);巡捕房应立即服从董事会任何一位董事的书面命令,并应视该命令为充分有效的授权证或根据(第十五条);董事会并对巡捕房督察员有紧急指示权(第十六条)。

2. 董事会可通过巡捕房影响司法案件去向

巡捕房督察员无权施加刑罚,且须在从拘押嫌疑犯之时起二十四小内,向主持该星期会议的董事会董事报告所有因涉及嫌疑而被拘押的当事人,并依指示把拘押的当事人移交给中国地方官或外籍领事(第十四条)。若搭配前述董事会或董事对巡捕房的绝对命令权力,工部局的寡头们显然可以决定租界内所有刑事司法案件的去向。不过,要求巡捕房在二十四小时内向董事会报告人犯羁押情形,以及受董事会指示将人犯移送至其他机关,其间所涉及的权力流动与分配概念,对传统中国社会显然更具重大意义。

3. 趋于细致的禁制华民规定

《巡捕房督察员职责》详细规定了巡捕房督察员的权责,督察员可以使用他指挥下的警力,保持租界平静,巡视租界,保证市容清洁、照明情况良好,消除有害社会的事务,防止抢劫案件,制止乞丐的乞讨活动,在发生意外事故时提供帮助,清除在公共道路和码头旁的障碍物,阻止喧闹吵架,逮捕可疑分子,保持警觉注视阴暗角落的荒淫和不道德行为,发生重大犯罪行为时应努力侦查并捉拿罪犯归案。并应照董事会要求,找回潜逃的外国海员(第三条)。⑩

分析《巡捕房督察员职责》,除了有依法行政、权力分立的法治意义,从被管控的华民角度言,更代表着禁制行为的规定将日趋繁琐,稍有逾矩即可能受到惩罚;并且,规约行为的权力根源已不再只是威吓或天理伦常,而是在大马路上处处可见的巡捕、如锁链般层层相扣的法规,以及所隐含的惩罚必然性意义。再者,我们更不能忽略因工部局巡捕的职权扩张而呈现的权力关系新形貌。巡捕房的组织及运作,已相当接近现代警察制度,与中国传统的捕快、衙役大不相同。除了前述的绵密岗哨与站岗监视,包括便衣警

---

⑩ 此外,督察员必须要求他的部下特别注意从水陆或陆路涌入的陌生人,注意他们是否流民(第六条);在持续敌对状态期间,督察员应迫使所有携带武器的当地人停下来,解除他们的武装,以及应注意并防止在租界内存放武器和军火(第七条)。更甚者,督察员还应查禁在租界内公共信道燃放爆竹、敲锣打鼓大声喧闹,或者异教徒的列队行进等等行为(第八条);甚至星期日基督徒做礼拜之际,督察员也应避免这种场合被肩挑担子的苦力的吵闹声所干扰(第九条);若发现"坏女人"勾搭过路人,也必须出面警告,并不能容忍任何败坏良好道德的事情(第十条)。

察、侦探等英国警务体制,均陆续的引进上海租界。[103] 一种现代的、预防的、执勤者受法律约制的管理治安思维与方式,已然被引进租界。

不过,缘于华洋住民间的阶级差别待遇[104],致巡捕与华民间,经常存在着一种并非依法治而产生的警民权利义务关系,亦即,对租界华民来说,就算巡捕执勤与犯罪侦查方式异于传统差役,但华民与巡捕间,却也有着类同于华民与传统巡捕衙役间权力关系的特色。例如在《点石斋画报》所载"惊散鸳鸯"[105] 一图中(参阅图2-3),即证实了傅柯所提出的"权力是具象而非占有"的权力关系理论——案件当事人面对问案的外籍巡捕,仍然得再三叩首,即使画中并未出现任何的刑具,即使律法并没有"接受巡捕讯问时要下跪"的规定!

三、乱中有序的司法体制

寡头政体通过立法与行政权,均得以形塑其与租界华民的权力关系,并间接影响到了司法权力关系。但在间接影响外,其实更充斥着外人对司法权的直接干涉。除部分涉及领事裁判权问题,我们更不能忽略其与租界自治的密切关联。

(一) 领事裁判权的辨正

在论及寡头政体与上海租界司法体制的关系前,一个必须厘清的问题是,"领事裁判权"与租界司法体制的关系为何?

学理上对领事裁判权的定义为:"一国人民居于他国领土内,不受驻在国法律的管束,仍受自国法律裁判之谓。主裁判之责者,常为领事,故称领

---

[103] 1888年1月3日的工部局董事会会议记录载称,根据警备委员会的建议,决定在预算内每月拨款五十两白银作为"特务基金",以偿还探员们在茶馆与鸦片烟馆执行任务时不得不支付的费用。显见类似"卧底办案"的方式已然被租界警务当局采行,亦凸显巡捕房探员侦查权力之庞大。

[104] 例如宵禁的实施即是显例。在1862年7月9日的董事会中,曾提示了一封外籍住民汉考克写给总办皮克沃德的信指出:"我将不胜感激你能立即下令巡捕房巡官释放我所雇用的一名苦力。这名苦力系于昨夜在极不合理的情况下遭到逮捕,当时他带有通行证,而且我有充分理由相信他还带有一个小包,很可能是要带给我的。我认为这是一起最为专横的举动,是一起无法证明属于正当的举动,因为在我看来居民的仆人只要带有一张通行证(即使这张通行证已过期一天),巡捕就没有权力逮捕他们。实际上这是一种荒谬的超越权限的行为。"从这件事清楚可知,巡捕对华洋住民的"歧视"不仅来自心理,也来自不平等的制度,这也是本书认为租界法制根本无法达到法治社会的重要原因。参阅《工部局董事会会议录》,第一册,1862年7月9日会议记录。

[105] 收于《点石斋画报》,元十一,台北:天一出版社,1978年。

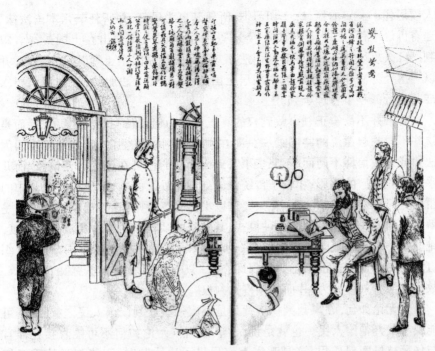

图 2-3 巡捕房没了刑具,甚至是个通达街衢的侦讯场域,但涉案华民仍如面见青天大老爷一般下跪。在帝国势力压迫外,其实更隐含着法律文化转型的必然阵痛。

事裁判权。"⑩ 当然,除了学术上的用语外,我们更不可忽略被殖民国家对于领事裁判权的痛恨与愤慨。但领事裁判权真的是罪恶渊薮,还是有其功能性的意义?或许我们必须从领事裁判权的源起去寻觅解答。

关于领事裁判权的源起说法并不一致,一说是在中世纪后半期欧陆即有"领事"(consul)一职出现,始于意大利、西班牙、法国,且自始即与裁判权不可分割。当时的领事多由旅居他国的本国商民所选举,其任务是裁判商务上的争执,称为(judge consuls)。在十字军东征期间及以后,此制即逐渐移植至东方,且经由缔结领事条约(capitulations),而逐渐扩大领事权,除保护其本国商民的生命、财产、特权外,更拥有对本国商民民刑事的司法管辖权。另一说则认为,领事裁判权源起于土耳其,当时土国限制至该国的欧洲

---

⑩ 参阅叶祖灏著:《废除不平等条约》,台北:正中书局,1967年,第39页。但因有权裁判者不仅只有领事,亦有公使特设审判官裁判之情形,故叶祖灏认"领事裁判权"之称谓,并不恰当。

人须居住于一定的区域,一切习惯,听任其自为风气,并听任其用本国法律。遇有诉讼事件,土国审判官概不受理,各由他国人民选出在土国最久者审判。日久事增,遂由领事兼理司法事项。⑩ 而其原因系土耳其信奉回教,并以可兰经为法律;但欧陆国家旅居土国之人民,并无法服从,土国便依要求准其自行派领事管理审判。⑩

本书并不欲辨正领事裁判权的真正源起为何,值得我们注意的,反而是这些不同的起源说的共同处——即在领事裁判权源生之初,多系驻在国因法律或宗教信仰不同而"不愿多事",或因相对的也可在他国行使该权,而几乎无"不平等"的色彩;相较于传统中国处理化外人的方式,更可发现其中的雷同处。即使从现今的观点,只要秉以平等互惠原则,领事裁判权未尝不是解决异国人民法律争端的一种模式,其本身的"罪恶感"或违逆法治的程度,绝非如一般人刻板印象中的深厚。但为何领事裁判权到了中国,却是交织着民族的悲愤与血泪?主要原因即在于"只有他国能单方享有"的不平等,故民初学者刘彦称为"片面的领事裁判权"。⑩

然无论如何,领事裁判权毕竟只是某国领事裁判该国人民之权,绝不可能及于裁判他国人民。也就是说,领事裁判权无论如何不可能直接在洋官与华籍被告间起作用,这是观察上海租界司法体制时,不能忽视的重要概念。曾与北京政府洽商会审公廨问题的上海律师公会代表李祖虞也明白指出,"会审公廨问题与领事裁判权问题完全不同",收回会审公廨"为要求中国人间之诉讼不归领事审判",而领事裁判权的撤废则"为要求侨华外人须受中国官之裁判";并且,领事裁判权之存在"尚有条约之根据",而上海领事团之占管公廨"本属违背条约、逾越权限之行为"。⑩ 李祖虞的见解,实乃一针见血。

不过在领事裁判权引进中国后,竟有少数国家领事,允许居住在中国的中国人入籍,并许可在中国的中国商家及地产,向领事馆登记保护。经由此"不正常管道",外国领事遂得以将许多中国人的身体、财产、商业,纳入自己的管辖范围。但由此亦可反证,领事裁判权无论如何扩张解释,均不能及于一般华民。

---

⑩ 参阅同注⑩,叶祖灏著,前揭书,第39页。
⑩ 参阅于能模著:《废除不平等条约之经过》,台北:台湾商务印书馆,1951年,第3页。
⑩ 详请参阅刘彦著:《被侵害之中国》,台北:文海出版社,沈云龙主编,近代中国史料丛刊三编第二十五辑。
⑩ 参阅《法律评论》,1924年第五十期,第9页。

第二章　权力关系竞逐舞台的透析

(二) 领事裁判权在上海租界的发展

1. 各国"领事法庭"(Consular Courts)

领事法庭系根据中国与各国的条约而组织,凡享有领事裁判权国的人民在中国境内若为民刑诉讼的被告,不论系何国人民所控,即归由该法庭审判,并依该国法审理,并不受中国法庭的管辖。[111] 清末民初在上海租界设有领事法庭者,前后计有英、美、德、法、俄、比利时、丹麦、意大利、日本、荷兰、挪威、葡萄牙、西班牙、瑞典、瑞士、巴西、秘鲁、奥地利、匈牙利、墨西哥等二十国。[112] 除意、日两国的领事法庭特设审判官外,其他各国均以领事或副领事充任之[113],美国则以司法委员兼任。[114] 上海租界的领事法庭法警最初由各领事署自设,以管理本国侨民,执行法庭拘提等命令。工部局巡捕房成立后,则改由巡捕执行,只有日本始终由其自己的警察执行。[115] 各国领事法庭的管辖权限都另有明文规定,一般并无权审判重大的刑事案件。例如英国领事法庭不能审判主刑在徒刑一年以上或罚金一百镑以上的刑事案件;法、日两国领事法庭不能审判涉及重罪的刑事案件。[116] 再者,除英、美两国侨民的案件外,有领事裁判权国人民在租界内犯下重大刑事案件,大多不能就地结案,必须解送到海外的本国法院接受审判。在民事及刑事轻罪案件中不服领事法庭裁判者,也可以向海外的本国法院上诉。[117]

2. "英国高等法院"(Supreme Court for China)与"英国上诉法院"(Appeal Court)

(1) 英国高等法院

英国自1854年7月在上海设立领事法庭以后,至1865年以前,英国在领事署内犹设有领事法庭。1865年英王敕令在上海公共租界英国领事署旁设立英国高等法院,并派洪卑(Edmund Hornby)为审判官(按察使),以取代原有的上海领事法庭。当时并兼管英人于日本所涉的民刑案件,称为"英

---

[111] 参阅同注㊶,徐公肃、丘瑾璋著,前揭书,第127页;及同注㊷,上海市档案馆编,前揭书,第293页。
[112] 参阅同注㊷,上海市档案馆编,前揭书,第293页。
[113] 参阅同注㊶,徐公肃、丘瑾璋著,前揭书,第127—128页。
[114] 参阅同注㊷,上海市档案馆编,前揭书,第294页。
[115] 参阅同注㊷,上海市档案馆编,前揭书,第294页。
[116] 参阅同注㊷,上海市档案馆编,前揭书,第294页。
[117] 如法国人在法租界内犯有重罪,将被押送至设在越南西贡、河内的上诉法院,由这些法院预审及审判。不服法国领事法庭判决、诉讼标的在三千法郎以上的民事案件,以及多数的刑事轻罪案件,也可以向西贡的法国法院上诉,并以设在巴黎的法国大理院为终审法院。参阅同注㊷,上海市档案馆编,前揭书,第294页。

王在中日高等法院"(The Supreme Court for China and Japan.),后因日本已废除领事裁判权,故改名为"英国高等法院"(Supreme Court for China),俗称"大英按察使署"。[⑱] 该法院受理在华英人一切民刑案件,即属于地方法院者,亦得受理之;而离婚谋杀等特定案件,为其专属管辖。该院设有正推事(审判官)一人,副推事(副审判官)若干人,均由英王任命,必须曾在英格兰、苏格兰、爱尔兰律师公会中享有七年以上的资格者方得被任命。[⑲] 英国高等法院的裁判并非终审,若有不服可上诉伦敦枢密院。

(2)"英国上诉法庭(院)"

继英国高等法院后,英国又在上海设立上诉法院,以法官三人组成,受理民刑上诉案件,但遇到紧急状况时,可以由一至二名法官组织审判。该法院行使英国上诉法院的权限,凡地方领事法庭判决的民事案件,其诉讼价值在二十五英镑以上者,得向该法庭上诉;其下者,须得地方领事法庭或上诉法庭的许可。唯刑事案件,则无论轻重,均得向该法庭上诉。对于上诉法庭民事判决有不服者,只有诉讼标的在五百英镑以上者,方得于法定期限内,上诉于英国枢密院。至于经上诉法庭判决的刑事案件,则必须得到枢密院的许可方得上诉枢密院。[⑳]

英国高等法院及上诉法院,原则上以判例、习惯为判决主要依据,无相类似判例时,也援引成文法为补充。法院所用诉讼法,由法院法官自行呈请英外交部核准施行,内容与英国国内郡法院相似。

3. "美国在华法院"(The United States Court for China)与"美国司法委员法院"(United States Commissioner for China)

(1) 美国在华法院

1906年义和团事件后,在华美国人急剧增多,案件也随之增加。1906年6月30日,美国国会通过《关于设立美国在华法院及其审判权限的决议》,同年12月15日,美国在华法院在公共租界黄浦路36号美国驻沪领事馆内设立,又称"大美国按察使衙门"(United States Court for China),并于1907年1月2日正式开始工作。"美国在华法院"地位与该国地方法院相等,由法官一人,检察官一人,执达吏一人,书记官一人及委员一人组成。法

[⑱] 参阅同注㊷,上海市档案馆编,前揭书,第295页;及同注①,汤志钧编,前揭书,第213页。
[⑲] 参阅同注㊶,徐公肃、丘瑾璋著,前揭书,第128页;及参阅同注㊷,上海市档案馆编,前揭书,第295页。
[⑳] 参阅同注㊷,上海市档案馆编,前揭书,第296页。

官由总统任命,任期十年。第一审受理不属于各地领事法庭及上海美国司法委员法院管辖的民刑案件,即诉讼标的在五百美元以上的民事案件、一百美元以上罚款或六十天以上监禁的刑事案件;但凡得向领事法庭起诉的案件,亦得向该法院起诉。第二审则受理关于各领事法庭及美国司法委员法院判决的上诉案件。凡不服该法院判决者,得向美国旧金山高等法院上诉。倘再不服,则可上诉于"美京大理院"(美国最高法院)。该法院常驻于上海,但每年至少须往广东、汉口、天津等处,开庭一次,遇必要时,得随时随地开庭。[12]

(2) 美国司法委员法院

1920年,美国政府废止原上海美领事法庭,改设上海"美国司法委员法院",其地位与美国在华其他各处领事法庭相同。当时美国在华其他各处的领事法庭,以各地领事或总领事,或主持领事馆的副领事为当然法官;但在上海则以司法委员为领事法庭法官。该法院受理上海一切较轻的民刑案件。凡民事案件如其诉讼价格在五百美元以上,刑事案件其主刑在一百美元以上,或拘役二月以上,或罚金与徒刑并科者,该法院不得受理,应解送美国在华法院审理。[12] 经过司法委员法院判决的罪犯,如系轻犯,即在上海监狱执行;徒刑超过三个月以上,前期送往菲律宾马尼拉监狱执行,后期改送美国执行。

(二) 配合上海公共租界生成的法院

领事裁判权不可能及于以他国人民为被告的民刑事案件,但在上海租界,却产生了两个"甲国领事得审判乙国人民,外国领事得审判中国人民"的法院,即"领事公堂"与"会审公廨",显然非领事裁判权的概念所能含括。

1. "领事公堂"(Court of Foreign Consul)

清末外人因不愿受中国司法管辖,故通过条约取得领事裁判权。但工部局为租界的特设机关,又为各国侨民共同组成,一旦因工部局的公务而被控,事实上不可能受任何一国领事法庭或华方的管辖,因而产生了各国领事混合组成的领事公堂。

早在1869年的《土地章程》第二十七条,即详载了领事公堂的管辖及审理程序:"公局(即工部局)可以做原告控人,亦可以被人控告,均由公局之总理人(按即工部局实际行政首领)出名具呈,或用'上海西人公局'(Council

---

[12] 参阅同注[41],徐公肃、丘瑾璋著,前揭书,第128页。
[12] 同上。

For The Foreign Community of Shanghai）出名具呈。……公局若系被告,所受被告责任,亦与寻常之人不殊,惟将应受之责任,专归于公局之产业,不与经手之各董事及经理人等相干。凡控告公(工部)局及其经理人等者,即在西国领事公堂投呈控告,系于公历年首有约各领事会同公议,推有几位,名曰领事公堂,以便专审此等控案。"⑫ 不过,领事公堂却迟至1882年方正式设立,原因是在此之前的工部局总董及董事率皆英籍,殊少例外,故如欲控告工部局,即在英国高等法院控告总董及董事。

1882年1月,领事团推选英、德、美三国领事为领事团代表,充当法官,组织领事公堂。同年7月10日,领事团批准《领事公堂诉讼条例》,此后,每年由领事团选出领事三人充当领事公堂法官,组成领事公堂,以后又增加当年的领袖领事为领事公堂法官。1931年1月起,领事公堂法官增为五人,由领事团每年推选五国领事充任。⑭

本书于此并不欲深探领事公堂的组织及程序⑮,而着重于领事公堂所呈现的权力分立的法治意义。领事公堂虽系由各国领事代表组成,但审判的案例不一定每次都是工部局获胜,也有不少不利于工部局的判决⑯;更重要的是,领事公堂的存在显示,寡头政体仍有着相当的权力制衡意识与体制,

---

⑫ 参阅《上海通志馆期刊》,一卷三期。

⑬ 参阅蒯世勋:《会审公廨与领事公堂》,刊于《上海通志馆期刊》,一卷三期。

⑮ 关于领事公堂简述如下:领事公堂受理以公共租界工部局为被告的诉讼案件,可缺席审判。领事公堂审案须公开进行,当事人负有举证责任,公堂则必须使证人到场。诉讼结果如果是工部局败诉,以工部局的产业承担,与承办的董事与经理无关。

领事公堂审案必须合规定的起诉条件和诉讼程序。一般先由原告(可委托诉讼代理人或律师)向领事公堂递交起诉状,记明当事人概况、诉讼请求和所根据的事实和理由、证据和证据来源,然后公堂对起诉状进行审查,如果确属受案范围才予受理。

案件成立后,领事公堂通知被告应诉。被告应在收到起诉状副本后,在规定的十四天时限内由律师呈上答辩状。公堂法官通过对原、被告提供的起诉状、答辩状和各种证据资料进行审查,了解原告的诉讼请求和理由,以及被告的应诉要求和理由,再审查被告提供的作出具体行政行为的事实根据和依据文件。在此基础上,领事公堂开庭审理,并磋商表决,公布判决书,判决书由各法官签名盖章。如果当事人不服一审作出的判决,在六十天期限内有权递交上诉状,载明上诉案由、请求和理由向领事公堂提出上诉。领事公堂对上诉作出的判决,则是终审判决。

因各国法律不同,领事公堂既不适用中国法律,也不适用任何国家的法律,多只可沿用《土地章程·附则》的规定。竭力为租界及工部局辩护的费唐则指出:"租界内一般适用之法律,厥惟地皮章程及附律之规定。关于未为此种规定所逐一包括之事端,公堂得依一般原则,以公堂认为公平而适合特殊案件之裁判解决之。"

对于发生的纠纷,领事公堂只能依照一般原则仲裁。领事公堂成立后,审理的案件很少,每年审理案件约一至数件,也有整年没有诉讼的情况。详请参阅同注㊷,上海市档案馆编,前揭书,第297—300页;及同上注,蒯世勋,前揭文。

⑯ 参阅同注㊷,上海市档案馆编,前揭书,第300页。

而非凭少数独裁决定案件结果。⑰

2. 会审公廨

就法院发展的过程来看，会审公廨反而与领事公堂较为类似，是租界自治后随着租界而成长演化的司法裁判机关，并非依据"国与国"的条约而产生的司法机关，更不完全隶属、听命于单一国家，不仅迥异于传统中国的司法裁判机关，也不同于其他国家依领事裁判权所设的司法机关。郭泰纳夫(Kotenev)即言："(会审公廨)是由于上海公共租界内经济和政治力量的发展，由于负责租界内居民利益的人民，避免中国内部动荡局势的影响，而不断努力创建了一个独立法庭的结果。"⑱

既是"会审"公廨，则不能不论及"会审"与"观审"混淆的问题。所谓"会审"，意指同时涉及华洋的民刑诉讼，领事不能劝息的，由中国地方官与领事会同审判。即使华人为被告的案件，外国领事亦得会审。⑲ 而"观审"则是"旁听"，凡同时涉及华洋的民刑诉讼，被告所属国的领事或官吏，得在法庭上观审，以便监督诉讼进行。如观审员认为办理不当，可以逐项辩论，并得添传复讯证人，承审员对于观审员应以相当之礼对待。观审员在法庭内虽可自由发言，但不能与承审员居于对立、对等的地位。⑳

"会审"的前身，可能需溯源至《五口通商章程》的"会同公断"四字。该章程第十三条规定："凡英商控告华人，必先赴领事署投禀，领事先行劝息，使不成讼；如有华人赴领事署控告英人，领事一律劝息，免致小事酿成大事。倘有不能劝息，即移请华官会同查明实情，秉公定断。其英人如何科罪，由英国议定章程法律，发给管事照办，华民如何科罪，应治以中国之法。"此处的"管事"，英文原文即为"领事"(Consul)，从此英国领事即取得了裁判在华英国国民之权，也就是领事裁判权。有问题的是华洋案件若无法息讼，即由中国地方官与英国领事"会同"查明实情，秉公定断。但是否单指民事案件，

---

⑰ 例如1922年1月25日的工部局董事会会议记录即记载了"华麻子诉工部局案"(Haul Mo Sz V. The Council)，华麻子系工部局编号第1093号的华捕，被工部局电气处卡车撞死。司机后来因过失罪被判罚金一百银元，或监禁一个月。穆安素法律事务所代表已故的华麻子之妻，向领事公堂起诉，要求赔偿三千元。董事们原已指示工部局法律顾问准备并提出答辩书，代表工部局出庭。但因保险公司后来同意将赔偿金由两百元提高至一千元，并送交领事公堂，原告也已收受，该案因此解决。

⑱ Kotenev, Shanghai: Its Mixed Court and Council, preference.

⑲ 参阅同注⑯，叶祖灏著，前揭书，第42—43页。

⑳ 参阅同注⑯，叶祖灏著，前揭书，第42页。

则语意不清；⑬ 另该条后段虽确立了对华洋犯罪者的惩办方式，即华洋被告各由中外官员依本国法裁判，但却未明白指出是否华洋均可参与"会审"或观审。

1858年的《中英天津条约》，则出现了"会同公平审断"六字，也就是"会审"。第十六款称："英国民人有犯事者，皆由英国惩办；中国人欺凌扰害英民，皆由中国地方官自行惩办。两国交涉事件，彼此均须会同公平审断，以昭允当。"但所谓"两国交涉事件，彼此均须会同审断"，是否兼括民刑案件，语意依然不明；更大的争议，则在于中方根本无"会审"之意，而仅是希望"双方公平无私"。⑬

尔后包括1877年的《中英烟台条约》，1881年（光绪六年）的《中美续补条约》，均对"观审"作了更细致的规定，但却未再论及"会审"。但1887年的《中法安南边界通商章程》第十六款，又出现"华人与法人安南人词讼案件，归中法官员会审"之语。⑬

"观审"、"会审"长期以来一直困扰着中外双方，从中外条约的发展、演进过程来看，《中英烟台条约》虽然明确地指出"会同"即"观审"，而观审员权责类似于律师，绝非负责审判的法官，似乎已完全否定了"会审"，显然对华方有利。⑭然而，在上海公共租界，却是从租界生成之初，其对华民的裁判即

---

⑬ 当时中外是否清楚地划分刑民案件，实值进一步研究；更进一步言，领事官即使将刑事案件也"息讼"，又有何妨？中国官厅又能怎样？除非中国官厅已有今日"公诉"之概念，依法必须追诉到底。换言之，本书认为《五口通商章程》不仅早就开启了领事藉"会同公断"裁判华民之口；更重要的是，由于领事先行为案件"把关"的原因，华方实自即已丧失了部分华人刑事案件的侦查权。这部分的失权，严重性实不下于"会审"。

⑬ 关于《中英天津条约》"语意不明"问题，有人认系因条约翻译出了差错，即认为双方开始时并无所谓"会审"之意。根据日文版《中英天津条约》第十六条，系"裁判则双方共当公平无私"，而非"必须会同公平审断"。参阅希白：《领事裁判与会审公廨之权限》，《新民丛报》，第四年第二期。该条款原文如下：

Article 16.

Chinese subjects who may be guilty of any criminal act towards British subjects shall be arrested and punished by the Chinese authorities according to the Laws of China.

British subjects who may commit any crime in China shall be tried and punished by the Consul or other Public Functionary authorized thereto according to the Laws of Great British.

Justice shall be equitably and impartially administered on both sides. 引自〔日〕外务省条约局编：《英、米、佛、露ノ各国及支那国间ノ条约》，1924年3月，第31页。

⑬ 《中法安南边界通商章程》第十六条："其在边关处所，华人与法人安南人词讼案件，归中法官员会审。至法国人及法国保护之人，在通商处所，如有犯大小等罪，应查照咸丰八年条约第卅八、卅九款一律办理。"

⑭ 郭泰纳夫即认为，对上海租界外人而言，《烟台条约》反而治丝益棼。Kotenev, Shanghai: Its Mixed Court and Council, p. 80.

已超越了中外约章,成了副领事或翻译官"会审"华洋混合民刑案件、甚至纯粹华民刑事案件之局,且尔后不论是在洋泾浜北首理事衙门时期,或是会审公廨时期,均未曾再走削权的回头路。虽然华方称之为"陪审",似是介于"观审"与"会审"间,但实际上外籍陪审员不仅是"会审",更是"主审"。

（三）紊乱中的秩序与不公平

综合前述,我们已可为上海租界错综复杂的司法裁判体系,依其对"人"的管辖权而整理出一个简表(参阅表2-2)。

表2-2 上海租界各法院管辖权分析

名称	权力依据	对人的管辖范围	备注
各国领事法庭	依不平等条约的片面领事裁判权	在上海租界被控的该国国民及其保护国、殖民地人民	前后共有廿国在上海设立
英国高等法院（大英按察使署）	同上	不仅上海租界,亦及于全中国的英国人民及其保护国、殖民地人民	取代原英国上海领事法庭
英国上诉法院	同上	在中国各地的英国领事法庭所管辖之人	为英国各地领事法庭的上诉机构
美国司法委员法院	同上	在上海租界案情较轻的民刑案件美国籍被告	取代原美国上海领事法庭
美国在华法院	同上	在全中国各地案情较重的民刑案件美国籍被告	管辖全中国各地美国人所涉案件
领事公堂	《土地章程》	工部局为被告的案件,实际出庭的当事人可能为各国人	类似行政法院,败诉责任由工部局承担
会审公廨	《土地章程》、《洋泾浜设官会审章程》	租界民刑案件被控的华人及无领事裁判权的外国人	各国领事官所派人员与华籍谳员会同审理

从表列得知,虽然上海租界司法体制紊乱、各式法院繁多,但其实仍称得上是"乱中有序",即租界绝大多数的民刑案件,均可顺利找到适当的管辖法院。

只是,当我们仔细剖析各个法院对人的管辖时,将会发现,除去各国殖民地或其保护国人民不论,只有会审公廨与领事公堂会出现"甲国审判官裁判乙国人民"的情形。

且进一步言,由于领事公堂的被告是由工部局具名,其败诉的责任又仅归于工部局,因而在上海租界,实际上只有华民与未享有领事裁判权的外国人,才会受到与自己不同国籍的法官裁判,这是会审公廨与众不同之处,也是租界司法"乱中有序"的同时所呈现的最大形式不公平,也是上海租界法制朝现代法治社会发展时始终无法克服的盲点。

结语:紊乱中的权力关系竞逐

"三界四方"的上海租界,其政法制度的紊乱,绝非三言两语就可道尽,这也是从事上海租界相关问题研究时必然得先破解的大难题。本章采取了不同以往的析论方式,从法律文化、地理位置暨中外心理层面等出发,希望能获得不一样的观察基础。

本书认为上海租界的生成或与外人殖民侵略脱不了关系,但尔后的发展及扩张,却是再添入了华洋双方"华洋分居"共识的变因,让外人得以自行建立其"专属堡垒";尔后,又因为界外乱事等原因,使得租界由"华洋分居"变成"华洋杂处",加以清廷因乱事的暂时失权,而让外人有了掌控租界华民的理由及实际需要。

在上海租界形成初期,华民尚非人口主流。但随着界外华民的流入,上海租界也展开了一场空间解构工程,配合着一些现代都市、社会管控的工具、技术与知识,逐步让已习惯于传统帝国之鞭权力关系的华民,开始同步接受着强调法律规训的寡头之链权力关系的洗礼。上海会审公廨就诞生于这般地理、历史与空间的背景下,不仅早已脱逸不平等条约的范围,更倾向于系一个伴随新兴都市的"自治"或"独立"而生的"治安法庭"。学者马长林即指出:"考诸历史事实,我们确实发现,会审公廨是公共租界发展的产物,或者说,它是'华洋杂处'的产物。"⑬ 换言之,会审公廨与其说属于传统中国法制的一部分,更贴切的说应是"上海自治国"法制的一部分。只是因其"主要演员"包括了华民与华官,而使得会审公廨依然保有些许帝国之鞭的特色。

在传统中国,负责管理地方事务的官员,本应兼括行政、司法、立法等职责,并不单只负责刑民案件的审理。会审公廨既身为"中国衙门",其主事者理应同等有全包式的职责。但由于苏沪地方官员乃至会审公廨谳员"不受遥制"及未具备现代主权概念等原因,终致寡头政体一步步扩权,在各方面

---

⑬ 参阅同注②,马长林,前揭文,第51页。

第二章　权力关系竞逐舞台的透析

排挤了传统中国官厅对租界华民的立法权及行政权。工部局及巡捕房的成立,以及仿英国制的起诉制度,更让寡头政体几乎完全掌控了刑事案件的侦查及决定起诉与否的权力;外籍陪审员的"会同审理",则让租界华民成为租界中"相对特殊的"必须要受外国法官裁判的人民。

　　在上海公共租界法制大舞台曾经同时拥有二十个以上的法庭,会审公廨不过是其中之一;上海会审公廨在这个大舞台中,似仅占了约二十分之一的面积;但会审公廨的实际影响,却不知比其他法庭高出多少倍。然而,却也由于会审公廨的多面向与实质重要性,注定了它终将成为各方权力竞逐场域的命运。但外人权力渗入会审公廨,终非一夕造成,其间亦经过多番折冲拉距。底下谨以1864年会审公廨前身洋泾浜北首理事衙门成立、1869年会审公廨成立及1911年辛亥革命致会审公廨产生重大质变为界,分章叙述中外各自发展对华民的权力关系、乃至相互融合的经过,并兼及评析各时期的重要案例。

第三章 从混沌到妥协
——会审公廨前的权力关系(1845—1868)

经由前章的论述,除了让我们看到了一个与传统殖民侵略武力压迫论述不太一样的上海法制舞台,同时也可知在错综复杂的上海租界法制大环境中,会审公廨的落点、性质与重要性究竟是如何。

然而,会审公廨毕竟非一朝一夕即成,前后实经历了华洋官民间长达二十多年的调和与冲突。这二十多年的酝酿,不仅造就了举世独一无二的会审公廨,外人在这二十多年间攫取的经验与收获,其实更为会审公廨的未来,埋下了脱轨发展的药引。本章主要析论上海开埠至会审公廨生成前,与租界华民相关的法制发展概况。

第一节 "帝国鞭断"后的混沌(1845—1864)

一、帝国之鞭的暂时断绝

"租界治安"(或许更精准、狭义的"外人安全"更为贴切)是外人最关注的焦点,其法规范基础,在于1845年《土地章程》第十二条规定:"……倘有赌徒、醉汉、宵小滋扰,伤及商人,即由领事行文道台,依法裁判,以资儆诫。"第二十三条又规定:"嗣后英国领事,倘发现有违犯本章程之规定者,或由他人禀告,或经地方官通知,该领事均应即审查犯规之处,决定应否处罚。其惩判与违犯条约者同。"但如此一来即产生司法管辖权上的争议:一说认为,上述规定即指违犯《土地章程》者,"不论何国人民",英国领事均有惩戒之权;另一说则依《土地章程》的发展推估,认为当时仅系指"中国以外之他国人",也就是当租界划定之初,清廷的司法权尚及于界内华籍人民,并未遭任何侵夺,华人在租界内犯罪,仍须送上海县审理,外人并未作任何干预。① 不过,这终究只是《土地章程》原始文义之争,揆诸尔后事实,其结果乃是"英国领事有权决定是否将犯案华民移送华方"及"英国领事有权惩戒租界华民"。

---

① 参阅《上海公共租界史稿》,上海:上海人民出版社,1980年,第130页。

这样的发展,其实掺杂了界外动乱的不可测因素,并非后来的华官所能预期的。

早在上海开埠后,由于英、美、法等各国商民很快即前来驻点,1846年江苏督抚遂会奏朝廷,移驻苏、松海防同知于上海城内,专管华洋事宜,其下设"理事"一员,以佐助治理。② 华方此举实凸显了二点,一是上海租界内的华洋事宜并未复杂到必须派遣正式官员长驻在租界内随时照应,也就是说,"上海城内"的华官仍然能相当程度地掌握城外租界的大小情事;二是间接证实华官有意让租界成为"化外之地",即朝"华洋分居"发展,否则既是"专管",又何须将管理机关设在租界外?

如果我们采取的是"结果论",自可痛加批判华官的缺乏远见,但如此批判华官似非公允,他们也有其着眼点。诚如前章所述,早期的上海租界所在的位置,根本是华人足迹罕至的偏远地区,界内住居的华民也屈指可数;加以长期以来中国官厅采"华洋分居"处置的传统,以及"化外人"的法律思维,选择麻烦最少的"困外人于上海滩"自然是华官的首选。

无论如何,租界与上海城厢内外的关系,不可能因为"华洋分居"的政策而彻底割裂,仍有许多华人必须进出或居住于租界。唯早期能够在租界"行走"的华民,多系因华洋贸易而产生的特殊职业——买办,以及外人所聘雇的职员、仆役等,不仅人数受到限制,连行动也受限,并非如同外人一般自由。也因此在租界形成初期,华人犯罪情事并不多见,也未对租界治安构成严重威胁。换言之,中国官厅即使"放弃"对租界华民触犯轻微案件的司法管辖权,或让英国领事裁判涉案华民,其影响也极为有限。

但至1853年后,由于太平天国及小刀会等事件的影响,难民大量拥入租界,原本华人偶尔扰乱租界治安的情况丕变。霍塞笔下安逸悠闲的上海大班们,至此不得不调整步调,将治安问题列为首要处理的重大问题,也成了寡头政体得以全面建立与租界华民权力关系的关键。

1853年9月,以刘丽川等为首的小刀会攻陷了上海县城,建立政权③,华人因而大量拥入英租界,华人违警案也大增。由于清廷力有未逮④,根本

---

② 参阅姚公鹤:《上海空前惨案之因果》,刊于《东方杂志》,二十二卷十五号,1925年8月10日,第13页。

③ 参阅王立民著:《上海法制史》,上海:上海人民出版社,1998年,第326页。关于小刀会与上海法制史的关系,可参同前书,第326—340页。

④ 连上海道台吴彰健都是靠外人的力量,才得以逃出上海城,更遑论能够有效行使司法权了。详请参阅马长林著:《上海历史演义》,浙江:浙江人民出版社,1999年,第20—21页。

无以顾及租界治安,故当时在英租界内违犯法规的华人,都先被解往英国领事署,由领事"设庭预审",轻者判处拘役、苦工等处罚,重者则移送清政府地方官处置。据英国外交公报记载,仅 1855 年,由英国领事署审理的华人案件就达五百余起。⑤

1855 年小刀会事件结束后,上海地方秩序逐渐恢复,清廷也逐渐取回在上海暂时旁落的治权。为因应此一新局,1856 年驻沪领事团规定,在租界中被捕、在英美领事法庭或法国违警罪裁判所预审时查有确切证据的华人,均须送交上海地方官府审判。⑥ 此类案件每天超过廿起,上海官府没有力量翻译租界当局送来的卷宗,往往仅知案由而不明详情,只得听信嫌犯一方口供,许多罪犯因此逃避处罚。当时已略具雏形的寡头政体,即认为华官常对华籍犯人从轻发落或草率处置,以致有不少罪犯再次进入租界犯罪,遂屡次提出要求,希望在租界内全权审理及处置华籍嫌犯。⑦

从前述历史背景可知,自 1845 年上海租界画定界址以迄 1864 年洋泾浜北首理事衙门成立为止,上海英、美租界(即后来之公共租界)华人违法事件,基本上可以 1853 年的小刀会事件为界粗分为两个阶段。在前阶段,清廷对华民的司法权应仍及于公共租界,外国领事多仅行使其对该国人民的"领事裁判权",并不常干预纯粹华人民刑事件;或者是干涉华人的重大案件并不多见,加以案情轻微,如何裁判、由谁裁判其实也无关紧要。但至小刀会事件及工部局、巡捕房成立后,由于清廷官厅力量暂时完全地逸失,寡头政体遂有了扩大及渗入的空间;即使小刀会事件不到二年即已结束,清廷的力量又再次进入大上海,外人却早已在租界另行发展了一套以维持治安为主要目标的法制体系,并开始与租界华民形塑起寡头之链权力关系。在这样的背景下,若要求新兴的寡头政体放弃既得权力,无疑已属缘木求鱼。

二、帝国、寡头政体的权力消长

小刀会事件导致了寡头政体的产生,也让"华洋分居"的基本格局产生了重大变化。以工部局为核心的寡头政体,除了通过掌控巡捕房,全面管控租界治安及违法案件外,更意图干预华方的立法权与行政权,全方位地排除

---

⑤ Kotenev, *Shanghai: Its Mixed Court and Council*, Taipei: Cheng-Wen Publishing Company, 1968, p.45.
⑥ 参阅上海市档案馆编:《上海租界志》,上海:上海社会科学出版社,2001 年,第 278 页。
⑦ 参阅同上注,上海市档案馆编,前揭书,第 278 页。

帝国之鞭的影响力。

(一) 立法权的消长

自鸦片战争期间英人进兵上海城后,英人就曾以发布告示的方式约束华民,不过当时英方的告示仍属战争期间安抚民心的行为,尚称不上是立法权的侵夺。但自1854年工部局董事会、巡捕房成立后,告示的发布权及发布程序却已产生了质变,不仅攸关上海租界立法权的归属问题,更关系到寡头政体与华民间权力关系的发展。

《工部局董事会会议录》所载有关寡头政体主动对租界华民发布"通知"的首例,即是前章所述的1860年3月"钉门牌号码"一事。至于有关"告示"的部分,依据前章所述的1861年9月4日会议记录内容,即由英国领事转来上海道台禁止夜间燃放鞭炮的告示三百份一事⑧显示,至少在1861年,华方若欲在公共租界张贴告示,除必须钤有官印,且必须经由英国领事转附给工部局,如此程序方称完整。此外,也不难察觉英国领事对于华方有相当的发布告示建议权。

在1863年7月8日的董事会会议记录中,则首载工部局主动针对华民习惯而发的禁止布告:英国陆军副官署副署长甘默尔上尉向工部局董事会申诉,华人将装有不同腐烂程度的尸体置放棺材内并停于租界。工部局总董则指称,他曾让总办事处发布布告,"若再有这种令人作呕的事,当事人将受到严厉的惩罚,军事当局将焚毁所有遗弃在英军营房附近的棺材"。更值得一提的是工部局执行布告的强势与迅速。在隔周的会议上,总办即报告称他应英国领事的要求,每天派十二名苦力搬棺材,14日工部局卫生稽查员亲自监督了十八口装有高度腐烂的尸体的棺材搬出租界。

令人讶异的是,如此与华民风俗习惯相违的法令,在公共租界并未受到太大阻挠。对照后来法租界几起因置放棺木而发生的华洋激烈冲突事件⑨,上海公共租界的法令推动,无疑有其特殊之处,另一方面,也验证了寡头之链权力关系于彼时的强度。

总之,在上海租界成立后至洋泾浜北首理事衙门成立前的这段期间,华方不仅早已无法管控租界洋人,甚至连对租界华民的告示权,也显然受到寡头政体层层节制。换言之,彼时在立法权方面即已凸显出上海租界的独立

---

⑧ 参阅《工部局董事会会议录》,第一册,1861年9月4日会议记录。
⑨ 如1874年及1898年在法租界发生的两次"四明公所事件",均因迁移坟、棺问题,造成华洋激烈冲突,并导致严重的死伤惨剧。

性格,从法理学家奥斯汀强调"法律即是最高主权者的命令"这个命题来看,谁才是租界最高主权者,实乃不争的事实。

(二) 行政权的竞逐

在1853年小刀会事件前,由于"华洋分居",租界华民尚少,即使租界全委由外国领事代管,仍不致有太多权力得丧的问题。但至1854年工部局及巡捕房成立后,在华民大量拥入租界的同时,粗具雏形的寡头政体,除了侵夺了中国官厅对华民的立法权外,职掌租界行政的工部局,更不断地在各方面展现其强势的行政权能。

1856年12月15日的工部局董事会会议记录,记载了一则颇耐人寻味的事例,即可明显看出当时中国官厅与工部局的行政权在租界的消长:由于租界内乞丐甚多,且对于巡捕驱赶他们到洋泾浜对岸(即上海城边)根本不当一回事,董事会因而指令巡捕房督察员克莱夫顿把乞丐集中在巡捕房,然后把他们摆渡送往浦东。⑩ 这是寡头政体在行政方面对于华人的一次强力的展现。从法律层面分析,租界当局如此的做法,显然逾越了前章所提的《捕房督察员职责》第三条有关"制止"乞丐的规定,亦显示租界行政当局将"防范租界治安受到威胁"置于法律考量之上,不惜采取了法令并未赋予的"驱逐出境"的手段。同日的会议记录甚至记载,英国领事声称,巡捕"可以去搜捕那些不体面的人,并把他们带到他那里处以刑罚"⑪,更道尽了华官权力在租界的空虚。

不过,上海寡头们不顾法令,还只是此事的表面,更深层的问题则是,在寒冬将缺衣缺食的乞丐、游民驱赶到当时人烟罕至的浦东,是如何不人道。然而,在"维护租界治安"的最高原则下,显然法治与人道精神,并非当时上海寡头们考量的重点。此事亦证实,霍塞所称的上海大班们有着美式自由思想,其实并不及于租界社会底层华民。

在前章论及寡头政体视游民与乞丐为租界治安的潜在威胁时,本书尝举在1864年1月8日一天,上海租界即有五百名乞丐被逮捕⑫ 为例。不过,或许是由于太平天国事件后清廷势力再度进入上海城之故,这些游民与乞丐并非如1856年时一般被"驱逐出境"摆渡送往浦东,而是被"遣返"回上海城内。

---

⑩ 参阅《工部局董事会会议录》,第一册,1856年12月15日会议记录。
⑪ 参阅同上注。
⑫ 参阅《工部局董事会会议录》,第二册,1864年1月13日会议记录。

但不论是摆渡送往浦东或是被送返上海城，既是中国人民，何以仅因被外人认为"身份低贱"或"对治安构成潜在威胁"，就不能待在上海租界？显然当时自华官至庶民，并未意识到外人将乞丐与游民"遣返"、"驱逐出境"的严重性，这已不仅只是涉及市政上的如何处置乞丐与游民的行政权问题，更涉及更高层次的租界主权归属问题。此亦凸显，寡头之链才是租界行政权力的真实展现，即使其并没有坚实的法效力基础；至于帝国之鞭，则已沦落至必须先靠外人有所作为，才得以在界外续接。

(三) 寡头政体对华民司法权的创设

广义的司法权不仅只包括审判，也含括了相关侦查、拘捕、惩罚程序与制度。诚如前述，在上海租界生成之初，中国官厅即已相当程度的丧失了对华民的司法权。本书谨从以下数个面向，来阐述华洋司法权力及权力关系的变化：

1. 苦役(hard labor, 参阅图 3-1)

根据《大清律例》，只有所谓的笞、杖、徒、流、死等五刑，却没有所谓"苦役"的刑罚。英国领事在"华洋分居"初期，虽曾判罚少数租界华民"苦工"，但本书根据《工部局董事会会议录》，认为上海租界"苦役"被华官"承认"，应在 1856 年。该年 7 月 14 日工部局董事们拜访英国领事罗伯逊，罗伯逊说，为了避免麻烦而又要保证处罚不太严重的违法行为，他已征得上海知县的许可，把带到他面前来的华人罪犯"判处或轻或重的筑路劳动"；同时为了安全防范起见，"用铁链把他们一组一组连锁在一起，但租界当局必须要供应

图 3-1　租界华民服"舶来"的苦役。(上海市档案馆提供)

他们食物"⑬。

从苦役的生成过程中,我们尚可见中国官厅对此特殊惩罚制度实施与否,依然拥有否决权;但华官未曾料想到或未曾具备的概念是,在中国的土地上对自己的子民实施一个《大清律例》所未规范的刑罚,其后果是多么的严重。一直要到十余年后有人因为苦役而亡,华方才意识到其严重性。

更重要的是,以铁链锁捆苦役犯从事公共建设,对当时的中国社会而言不仅止是一种新的刑罚⑭,实亦显示寡头之链权力关系已然在上海租界根生。其原因不仅在于苦役的实施场域是在通衢要道,更在于苦役伴随着一视同仁、公平、必然地实施在租界违法华民身上,配合着普遍公示且趋于细致的相关法令,以及裁判与惩罚机构已然分家的结果,并与租界新空间结构的新兴都市统治技术与工具密切结合。因而自苦役施行以后,上海租界华民服从"法"的心理,不再只有传统法律文化强调的敬畏或威吓,更逐渐地产生一种傅柯所构想的"规训"力量。

换言之,租界华民的行为不再只是受限于官威及其视野的可及之处,取而代之的是西方法律文化所建构的"法网";开始局限华民行为的,不是仅止于表相锁链苦役犯的铁链,更在于一条条法规在华民内心绑上的无形之链。

2. 验尸

在司法权的竞逐上,另可从命案相验一事看出帝国与寡头间权力的消长。依据约章,租界发生命案,即使凶嫌系享有领事裁判权国的外国人,华方并无审判权限,但仍应主导或参与尸体相验。唯审视相关史料似乎并非如此,可能仍是依死者是外人或是华人而有所不同。例如在1860年,巡捕丹尼尔·戈登在棋盘街遭到据称是英船"杰罗泽"号的人严重殴伤,未久即死亡。工部局董事会在该年12月19日的会议中,即提具了由外籍医师签发的一份死亡证明书,而非华方的验尸尸格;又如1863年6月24日,督察员拉姆斯拉顿向工部局董事会报告了在租界道路上发现几具外国人尸体,董事会也决定由总办亲自与浦东的"西人停尸堂保管会"联系,安排接受尸体事宜。后来,工部局甚且自行建立了"浦东验尸房"⑮。

由于史料记载并不够详实,我们尚无法确认华方是否也参与了上述验尸工作,但至少可以获得一个"印象",即当死者是外国人时,显然并非由华

---

⑬ 参阅《工部局董事会会议录》,第一册,1856年7月14日会议记录。

⑭ 关于苦役刑与传统中国社会的关联,本书在下节将作深入论述。

⑮ 参阅《工部局董事会会议录》,第二册,1863年12月10日会议记录。

方主导验尸,也就是说,至少在租界,已然有了受过西方现代医学训练的医师或验尸官进行相验,而非由传统的仵作依凭传统中国的验尸程序相验。从后现代主义的角度出发,更可从中见到权力关系的巨大变化,此变化不仅在于"医师/仵作"的"科学/经验"对比,也在于验尸结果被职司审判者乃至命案当事人采信的强度,即在租界的法庭上已开始燃引起权力重分配的火苗。租界华民将逐渐体悟到,有权决定命案结果者,已不再如传统社会般集中于高坐审判席的官吏,更将流动到具有另一种专业、架起另一层"知识之幕"的医师或验尸官。

3. 裁判权、惩罚权、调查权与预审权的四分五裂

依据1845年《土地章程》第十二条规定:"倘有赌徒、醉汉、宵小扰乱公安或伤害商人,或在商人中混杂者,即由领事行文地方官宪,依法惩判,以资儆诫。"故即使采最广义解释,对租界民刑案件有裁判权者唯中国官厅,领事至多仅有决定行文中国官厅与否之权。不过,领事"决定行文与否"之权恣意扩张的结果,就是领事取得了案件的侦查权或预审权。⑯

唯无论如何扩张解释,寡头政体的任一层级,仍不可能对租界华民有任何惩处权,且表面看来中国官厅至少仍有最终裁判权。不过,自1853年的小刀会事件后,外人即不断冲撞这个规定,在若干案件中,不仅领事"有权"处罚华民,甚至连工部局乃至巡捕房,都可惩处华民。

换言之,在1864年洋泾浜北首理事衙门成立之前,租界的裁判(决)权并非专属中国官厅,也非专属寡头政体的任一部门,而是呈四分五裂的状态。例如对于若干类似今日违反行政命令的行为,显然工部局才是最主要的裁罚者。在1862年8月6日的工部局董事会会议记录中,即首见董事会指令卫生稽查员,"把因乱倒垃圾和污物而被控告的所有华人带到董事会受罚"。隔周,又有十三名华人因违反1862年6月印就的规定,听任污物堆放在他们住所对面的公共街道上,而被带到董事会处罚。⑰

但在同年9月24日,三名华人被带到董事会,董事会除要求清除脏乱,却称若再犯将送交中国官府。而在同年10月13日卫生稽查员却报告称,

---

⑯ 例如1863年11月19日工部局董事会会议录即载有一案:董事会获悉老闸捕房译员在两名华人协助下,一直向赌场"敲诈勒索"(levying a tax),并开具伪造巡长朱里姓名缩写的字据为收条。他们被捕后,其中一人曾企图将老闸捕房主管伊根推下水,表示敲诈是在他指示下进行的。但开收条的华人在供词中证明上述指控毫无根据。该案"经英国领事调查(investigated)"后,即将案犯送县城,后来被告并被知县课以二十元罚金。

⑰ 参阅《工部局董事会会议录》,第一册,1862年8月6日、8月13日会议记录。

几名华人因有害于公共卫生,而"被送交英国副领事处受处罚"。[18] 相同的案情,却送至不同的惩处机构裁罚,从法治社会观点言,毋宁是极其怪异的事。

甚且,工部局董事会的裁罚权不仅止于违反行政命令者,更及于刑事犯,当然也可能是因为在当时行政罚与刑事罚的界限仍然晦暗不明之故。在1864年3月25日工部局董事会会议记录即载有一案指出:被关押的一些华人曾长期在老闸地区征收一种税(名义上作为巡捕房保护费),董事会决定对罪犯课以一千元罚金,以警告其他进行敲诈勒索的有关人,并命令将此决定通告租界内所有华人居住区。[19]

除了工部局外,在洋泾浜北首理事衙门成立前,甚至连隶属工部局的巡捕房都具有违警裁罚权[20],而此根本是约章从未提及的。

上海租界裁判权的割裂与混乱,凸显的是帝国之鞭已非当时对租界华民司法权力关系的主干,并象征着裁判权力关系趋于细致与分工,不再是由单一权力主体"全包式"的掌控,这几乎是传统中国法制史上所未曾发生过的现象,却真实地日日在上海租界上演。

4. 现代律师制度的引进

在传统中国的诉讼制度中,虽有类似现代律师功能的"讼师",但大体而言,根本没有任何人可以公然用"讼师"的身份出现在法庭上,更遑论与审判官舌战。[21] 也就是说,传统的"讼师"仍以代当事人书写呈递诉状,即以"文书"为主,而非重于出庭辩护。甚至在第一部将"讼师"加载例文的传统法典——《大清律例》中,"讼师"也被定义为"教唆词讼,为害扰民"的奸棍[22],与现代律师保障当事人权益的正义形象实有天壤之别。

现代律师制度与观念引进中国,与上海租界的外籍律师有相当的关系。但上海租界的外籍律师又是何时开始在租界执业并参与华民涉讼案件呢?郭泰纳夫与学者王立民均指出,外国律师第一次出现在中国境内的法庭上

---

[18] 参阅《工部局董事会会议录》,第一册,1862年10月13日会议记录。

[19] 参阅《工部局董事会会议录》,第一册,1864年3月25日会议记录。

[20] 1860年8月29日的工部局董事会会议记录载称,工部局董事会指示财务员设立"巡捕房奖励基金"之独立账户,要求从该年7月1日起,凡是"由巡捕房处罚所得"的一切款项,以及由巡捕房经手充公得来的一切财产均记入该账户。每隔三个月的月底,征收的犯法案件罚款,其中四分之三将由品行表现最好的巡捕分配,剩下的四分之一将予保留,用于奖励特殊贡献人员。从以上的记载可知,巡捕房已具有若干违警案裁罚权。参阅《工部局董事会会议录》,第一册,1860年8月29日会议记录。

[21] 参阅孙慧敏:《建立一个高尚的职业:近代上海律师业的兴起与顿挫》,博士论文,台北:台湾大学历史学研究所,2002年,第1页。

[22] 引自《大清律例》"教唆词讼"条。

是1866年的事。㉓唯根据学者孙慧敏的研究,早在1862年创办的华文报纸——《上海新报》中,每天都可以看到以下这则广告:

> 余向在本国熟读律例,专习状词。凡有大小案件,利弊无不精通。今来上海,寓居字林对面,设中国育民有与外育争讼者,余可代为出场听审,诉明案情原委,不得稍受冤屈。再有华育欲买欲租外育地亩,或与外育议立合同,均请来寓代为办理。缘华育不明外国例以律,致议写未合,多有争讼。余若经办,日后决无违例事也。同治元年五月十七日,英国状师罗林士谨白。㉔

显然在1866年之前,即有外籍律师在上海活动。但本书除关切上海外籍律师的引进年月外,更关切现代律师概念对于租界侦审华民制度所造成的冲击。自称"熟读律例、专习状词"的罗林士称"余可代为出场听审",实已象征着当时在中国土地上,已然有官吏与当事者外的第三者介入诉讼,而且此第三者还"专习状词",并可进入法庭参与审判。从傅柯"可见/不可见"的观点来说,传统中国法庭与官员建构在专业、知识乃至权威之幕后的隐匿权力,自此已有解构的契机。从另一个角度言,当罗林士出庭时面对的是未专精法律的外籍领事与华官时,这何尝不也是在自己与外籍领事间拉起一道专业(知识)之幕?至此,谁才是法庭上权力的真正拥有者,又有多少人是权力拥有者,实已明白不过。

第二节 帝国之鞭的缓步续接
——洋泾浜北首理事衙门(1864—1868)

"洋泾浜北首理事衙门"为上海公共租界内最早与华人直接产生权力关系的"华洋会审"司法裁判机关,一般均视为上海会审公廨的前身。在小刀会、太平天国事件后,虽然上海寡头们"趁乱",也就是趁华方的失权,取得了对纯粹华人诉讼的预审权,及对轻微犯案者之裁判(决)、惩处权,但毕竟仍是乱世时的暂时作为。至洋泾浜北首理事衙门时期,华洋双方则取得了合

㉓ 郭泰纳夫举了洋人亚当生(Adanson)诉华人金基(Kin Kee)的民事案件为例,该案被告金基的律师是兰尼(Mr. Rennie)。See Kotenev, *Shanghai: Its Mixed Court and Council*, p.61. 王立民则在《上海法制史》一书中指出:"根据会审公廨档案资料记录,外籍律师一八六六年就有在洋泾浜北首理事衙门出庭的记载。"参照同注③,王立民著,前揭书,第320页。

㉔ 引自《上海新报》,同治元年(1862年)五月十七日。

作管理租界华民的共识,并创设了"外籍陪审员"的角色。换言之,洋泾浜北首理事衙门虽然"招牌"是不折不扣的中国衙门,并依照传统中国法律审判一些轻微案件,负责裁判的理事衙门华籍理事也完全受中国官方节制;但却因准许外人"陪审",反而使得华方在"非因乱事"的背景下丧失了部分司法权,也进一步坚实了寡头之链权力关系在上海租界的基础。

一、洋泾浜北首理事衙门成立背景及经过

华洋双方为了因应新局,曾经历多番的折冲,以建立更符合租界需要的司法机制。1862年7月5日英领事麦华陀(Walter Henry Medhurst, 1823—1885)在致上海道台吴煦的函文中指出:"历年以来本领事与贵官厅早经谅解,凡贵国官厅对于居住租界内之华人行使管辖权时,须先得本领事同意。"麦华陀提出"领事因华方谅解而优先享有对华民的司法管辖权"的"惯例说"后,1863年在拘提部分竟"先例变成文",上海道台与英国驻沪领事订立章程,明定华方在租界内拘捕华人的拘票,须先经英国领事加签,且无领事裁判权国人民犯罪均应受英国领事处置。1863年美国领事与上海道台订定协议,其第三款亦载明:"中国官厅对于居住美租界内中国居民之管辖权,吾人当绝对承认。唯拘票非先经美领事加签,不得拘捕界内任何人等。"㉕

在这一连串的华洋协商过程中,华方表面上看来仍然保有对租界华民的司法管辖权,实则由于英、美等国领事相继取得了拘票的审核权,等于是将司法管辖权的核心让与了寡头政体。

至1864年2月15日,上海领事团会议中更有人提议组织"违警法庭"(Municipal Police Court)以受理华人违警案件,并建议设审判员一名,由领事团任命,至于推荐与给薪则由工部局负责。但无约国人民部分,则仍归领事审理。"违警法庭"之议表面上只涉及华人违警案件,实则等同于将寡头政体裁判租界华民的企图给"明文合法化"。但该项提案因遭到英国领事巴夏礼(Harry Smith Parks, 1828—1885)反对而未通过。巴夏礼改提议在公共租界内设立一个由华官主持的司法机构,专门处理租界内发生的华人违法案件,凡案件涉及外人利益时,则由外国领事"参加审理"。㉖

若将巴夏礼的提议与上海开埠之初的约章相对照,显然外人的"会审华

㉕ 参阅徐公肃、丘瑾璋著:《上海公共租界制度》,收于《民国丛书》,第四编第24册,上海:上海书店根据中国科学公司1933年版影印,1992年,第131页。

㉖ 参阅同注⑥,上海市档案馆编,前揭书,第279页。

民"已脱逸领事裁判权的范畴,严重逾越了当时中外约章(即使是不平等条约)的规定,更遑论符合国际法法理了。然而,揆诸当时的时局与租界现实,持平言之,巴夏礼的提议显然比"违警法庭"之议更有利于华方,至少它代表的是"中国依然对租界华民拥有相当的司法管辖权",即帝国之鞭尚未被寡头之链完全取代。

巴夏礼的提议终归得到华洋双方的同意。1864 年 5 月 1 日上海道台应宝时派同知(理事、委宪)㉗一员至英领事馆,与英领事组织一混合法庭,称为"洋泾浜北首理事衙门"㉘,专门审理租界内发生的以英、美等国侨民为原告,华人为被告的民刑案件,但民事案件及商务索赔案件则是刑事案件运作五个月后,才经道台同意增加。㉙清政府委派的首任理事为陈宝渠,首任外国陪审官为英国副领事阿尔巴斯特(Chaloner Alabaster)。㉚ 至 1868 年 8 月 9 日,曾国藩派前海防同知陈福勋携木质关防驻扎,专门办理华洋交涉事件。㉛ 至此,洋泾浜北首理事衙门的华籍理事,终由"委派"改为"驻扎"。不过,直至 1868 年 12 月 31 日,洋泾浜北首理事衙门由英国领事署迁至南京路新址㉜,从此才成为租界内独立作业的官署。

洋泾浜北首理事衙门的组织原有"草案",唯未经中英双方官员签字。但 1864 年 6 月 21 日英国领事呈英使转该国外交部的文件却称:"苏州府业经表示渠对于上海道与领事所合组而成之审理逃犯税则案件之司法衙门,一俟北京总理衙门批准,愿尽力促其成立。渠对于该衙门审理租界内犯罪之华人,及无领事代表之洋人,完全同意。至美领事及上海地方官厅则均已同意于予所欲设之衙门矣。"㉝

虽然洋泾浜北首理事衙门的组织案效力犹有疑议,但华方显然也同意

㉗ 洋泾浜北首理事衙门的华官究竟是何等职官? 官名为何? 实众说纷云。根据本书所搜集资料,共有"理事"(《上海租界志》)、"同知"(此为中外协定之用词)、"委宪(县?)"、"委员(Wei yuan)"(后两说见《工部局董事会会议录》)四说,本书为求统一,以下概称理事。

㉘ Kotenev, *Shanghai*: *Its Mixed Court and Council*, p. 53. 另据同治三年四月初五日《上海新报》载:闻向来洋泾浜外国界内,凡有盗窃索诉斗殴犯等案,均由巡捕将获犯解英署录供,转解县署讯办。唯其间中外人民,供词错杂,恐未能全得实情,致有冤抑。兹经道宪委派陈令每日早期前来英署会审此等案件,照例惩办,庶几案归平允,民无怨尤矣。

㉙ Thomas Stephens, *Order and Discipline in China—The Shanghai Mixed Court 1911—1927*, University of Washington Press, 1992, p. 44.

㉚ 参阅同注⑥,上海市档案馆编,前揭书,第 279 页。

㉛ 参阅汤志钧编:《近代上海大事记》,上海:上海辞书出版社,1989 年,第 249 页。

㉜ 参阅同上注,汤志钧编,前揭书,第 254 页。

㉝ Kotenev, *Shanghai*: *Its Mixed Court and Council*, p. 51. Alabaster 备忘录。

如此的安排。因为三个月后上海道台丁日昌即去函工部局董事会指出,租界内罪犯猖獗,他很担心如果不采取严厉措施,中外居民即会受到华人及外国歹徒的骚扰,因此任命了"地位很高"的"委宪"(We Hien 的音译)。㉞

不过在丁日昌来函提醒工部局注意洋泾浜北首理事衙门理事的"地位很高"之时,更值得我们关注的恐怕是在同一天《工部局董事会会议录》所载的这段文字:

> 总办同时奉董事会命提请领事团注意大量无业外人居留在租界一事,并提出董事会的意见是:"凡不能对逗留此间作出令人满意的交代,无论是中外人士,一律实施监禁和强制劳动,这一制度将是防止犯罪最为有效的手段。"㉟

换言之,不待中国官厅冀求经由新的法制做出任何因应新局的举动,寡头们特出的治安至上思维与政策早已定形矣。在同年 10 月 5 日的董事会会议记录中更载,允许"雇用"被理事衙门判处服苦役(hard labor)的华人囚犯在巡捕的监督下从事公共工程,显然洋泾浜北首理事衙门的新制仍未能改变租界寡头们全方位染指租界华民司法管辖权的事实。㊱ 不过,洋泾浜北首理事衙门至少已是依据"草案"而运作,对租界华民的裁判权也至少不再是四分五裂的混乱情况,其所呈现的权力分配及权力关系也比较清晰、集中且有脉络可寻。

二、洋泾浜北首理事衙门的组织暨权限

(一) 管辖权

依据"草案",洋泾浜北首理事衙门的管辖权如下:一、违警庭审理租界内的违警事件。二、刑庭审理"洋原华被"的刑事案件,及未享有领事裁判权的外国人为被告的案件。三、民庭审理"洋原华被"的民事案件,及洋人或华人为原告而未享有领事裁判权的外国人为被告的民事案件。又该法庭同时兼上诉庭,受理民刑上诉案件。该衙门的管辖权限并受有一定的限制。

㉞ 参阅《工部局董事会会议录》,第二册,1864 年 9 月 28 日会议记录。但是否真如华方所言的"地位很高"?抑或有欺骗外人之嫌?甚让人质疑。盖理事乃系道台所委派,其官职颇低微,不能独立行使权,且须仰承上官之意旨。

㉟ 参阅同上注。

㊱ 这也是洋泾浜北首理事衙门成立后,《工部局董事会会议录》首见经该衙门裁判华人囚犯在租界须服苦役之记载。参阅《工部局董事会会议录》,第二册,1864 年 10 月 5 日会议记录。

纯粹华人违警案件,由工部局巡捕房负责拘解,由清政府所派的理事"单独审理"。刑事部分,洋原华被及无约国人为被告的案件,由理事主审,一名外国陪审员陪审。民事部分,洋原华被案件最初由领事与华官通过文件往来办理,1864年10月以后始与无领事裁判权的外国人为被告的案件,一起同归民庭办理。且由于理事官职较低,此后的民事案件另由道台派海防同知于下午开庭会审,平均每周两次,涉及外人案件由外籍陪审员会审。㊲

（二）裁判效力

洋泾浜北首理事衙门的裁判效力如何？阿尔巴斯特（Alabaster）的备忘录曾有详细的分析指出：洋泾浜北首理事衙门的问题不在于其管辖范围的大小,而在于其"权力"（power）。㊳因为刑事案件除得以轻微处罚外,该衙门仅得陈述其应判以何种处罚的意见,须经知县再审,始可判决执行。所以该衙门的裁判效力相当不确定,自难让人满意。且该衙门的"判决意见"常不能保证一定会被执行,亦经常有讵呈曲说之处。备忘录建议民事案件方面尤其须增加该衙门的"权力",以便于执行,乃因为了外人利益着想,此司法机关不仅要能公平判决,更须能执行判决；但有些外人胜诉的判决案,仍然无执行的程序；即使理事有权拘押债务人于衙门中,但如债务人属于高官厚爵者,理事必称无力执行。㊴

（三）开庭时间及诉讼程序

在未迁至南京路新址前,洋泾浜北首理事衙门每天早晨在英国驻沪领事馆开庭。英国陪审员每星期出庭四次,美国陪审员为二次。诉讼程序并无明文规定,原则上采取西方诉讼程序㊵,但会因陪审员国籍的不同而稍作修改。㊶

（四）上诉案件

凡上诉案件,均移送上海道台审理。与外人利益有关者,则由上海道台与领事会同审理。如系理事衙门理事与外籍陪审员意见不同而未决的案件,亦比照此程序办理。㊷

㊲ 参阅同注⑥,上海市档案馆编,前揭书,第279页。
㊳ 《上海公共租界制度》译为"权力",本书认为更完整的意义系指"既判力"、"确定力"及"执行力"。
㊴ Kotenev, *Shanghai: Its Mixed Court and Council*, p.58.
㊵ 参阅同注㉛,徐公肃、丘瑾璋著,前揭书,第133页。
㊶ Kotenev, *Shanghai: Its Mixed Court and Council*, p.61.
㊷ Id.

(五) 判决书格式

判决书由法庭名义宣示,但格式颇不一致。普通判决书,开始时必为"本法庭意见为"(The Court is of the opinion),有时判决书由衙门理事盖印,再由理事与陪审员签字。有时判决书所称为"我们(即衙门理事与陪审员)的意见为"(We find),判决书末则由双方签字。有时竟载有"陪审员之意见,理事亦表同意"(Reason of Foreign Assessor for Assenting to Judgment),有时陪审员认为判决书须加以解说时,在判决书上注有"外国陪审员赞同判决书之理由"。判决书用华文书写,但陪审员则负责翻译成英文。㊸

(六) 处罚

关于刑事案件,可处以百日未满之监禁,十四天以下之苦役或枷锁,或一百以下之杖笞,或代以百元以下之罚金。华籍人犯均羁押在工部局巡捕房的监所,由工部局负责看管,中国官厅丝毫不过问。㊹但工部局为因应新增囚犯而扩建监狱时,曾请求道台"捐助"此款㊺,显然华方虽须负一定的"责任",却不一定因此而拥有实质管控的权力。

除了一般的罚款、枷杖外,诚如前述,工部局还"允许雇用被理事衙门判处服苦役的华人囚犯在巡捕的监督下从事公共工程"。虽言"雇用",实则"强迫",工部局唯提供食物及管理经费也。该政策执行一年后,工部局警备委员会即评估称:"我们认为在租界行窃的华人,迫使其修建马路的做法是十分可取的,不要把他们送交县城官府,因为他们在那里可以花钱逃避处罚。"㊻ 显然寡头政体十分满意于以苦役从事公共建设的政策。

(七) 验尸

在洋泾浜北首理事衙门时期,租界的验尸问题似乎仍然未被华方重视。洋泾浜北首理事衙门的设立,虽重新划分了中国官厅对租界华民的司法管辖权,但并未同时明文授予理事衙门理事验尸权。换言之,上海租界的命案相验工作,仍应属上海知县的权责。

但在 1865 年上海道台应宝时却致函英国领事抱怨:"听说理事衙门还

㊸ Kotenev, *Shanghai*: *Its Mixed Court and Council*, p.66.
㊹ 原草案外人建议为三十天以下之苦役或枷锁,后改为十四天以下。Kotenev, *Shanghai*: *Its Mixed Court and Council*, pp.53—54.
㊺ 参阅《工部局董事会会议录》,第二册,1865 年 11 月 10 日会议记录。
㊻ 参阅《工部局董事会会议录》,第二册,1864 年 10 月 5 日会议记录。

接管了验尸官的任务。"⑰ 若理事衙门纯属中国官厅掌控,则应宝时的抱怨,不过是中国官厅内部权责职掌划分的问题,在帝国政法制度与帝国之鞭权力关系形态下,应宝时"自行解决"即可,何须向英国领事抱怨?故应宝时的抱怨,实已透露出寡头政体已通过会审体制,趁势侵夺了原属于上海知县的验尸权责。

(八)理事职责

洋泾浜北首理事衙门的华籍理事,是否单纯地只负责案轻微件的审判任务?参照《工部局董事会会议录》,显然理事不仅身负司法裁判的职责,亦负有若干行政职责。例如1864年10月上海道台丁日昌曾致函巴夏礼称,他已指示理事衙门理事和上海知县"汇报加宽黄浦滩及拓宽江边道路的能性"。⑱ 但理事是否亦有发布或副署布告的"立法"权限?则尚待进一步考证。

三、帝国与寡头的扞格

《近代上海大事记》中,曾载了这么一则事例:

> (1864年11月3日)署上海道丁日昌密令在公共租界内计生擒上海著名土豪陆胜祥(陆光和尚)。陆近年在工部局充头目,家内豢养中外匪徒一百余人,专事抢劫。是夜三更,丁日昌亲自提讯后,即传王宗濂(上海知县)将陆押赴照壁前正法,以防外国人插手纠缠。⑲

史料鲜活的记载了丁日昌的强势作为,无疑也凸显帝国之鞭在上海租界的余劲犹存,甚至,丁日昌还犹有余裕批判寡头政体的"不力",并捐廉交由寡头政体作为整饬治安的专款。⑳

不过,丁日昌的强势,终究遮盖不住中国官厅对于租界治安的深忧——由于外人的干预与包庇,单凭中国官厅之力已无法根除租界之恶,而必须要

---

⑰ 参阅《1865年11月8日道台致领事函》,《工部局董事会会议录》,第二册,1865年12月13日会议记录。

⑱ 参阅《工部局董事会会议录》,第二册,1864年10月27日会议记录附件。

⑲ 参阅同注㉜,汤志钧编,前揭书,第208页。

⑳ 在1865年7月4日,丁日昌即照会各国领事称:洋泾浜五方杂处,藏匿中外匪徒最多。本道莅任一年间,严办者百余人,递解回籍者数千余人,地方稍为安静。现在抢劫之事,外国流氓居多。本道愿捐廉三千元送交各国领事及巡工董事办理资遣各国流氓之用。不敷之数则望贵事襄成。此后倘仍有流氓肆行劫夺,本道已饬受害百姓照中国格杀勿论之条,当场击毙,以保全百姓财物,亦保全外国声名。参阅同注㉜,汤志钧编,前揭书,第221页。

与寡头政体妥协。

另一方面，寡头政体显然也无法认同丁日昌将租界治安败坏之责全推给他们。在丁日昌愿意捐廉协助租界整饬治安的三个月后，工部局董事会即反击指出："最近发现了一个庞大而组织严密的敲诈组织，这个组织已在租界内存在数年，看来有一些人凑成团伙，不时去妓院敲诈一定的钱财，并说这是奉官府的命令。本委员会现正在调查，看来许多与县城衙门有联系的华人参与了此事。"并称，歹徒们能敲诈这类钱财，这表明提高警惕、保护租界里的华人是多么必要。[51]

1865年11月10日，警备委员会向工部局董事会的报告的下述案例则更值得我们注意：

> 本委员会……曾提请董事会注意一名华人因被指控"敲诈"英租界妓院而被捕之事。已对此案延期审理，以便进行调查并拘捕其有关人员。自那时起，已拘捕了其他两名和敲诈勒索有牵连的男子。上月二十一日理事衙门审理该案，判处其中一人四个月的监禁苦役，其他两人为三个月。他们现在和被铁链锁在一起的囚犯队在租界工务处下劳动。虽然尚提不出证据，但是有充分的理由可推断这些已被拘押和处罚的人与县城中的一些衙门有牵连。

本案值得关注的重点有二，一是洋泾浜北首理事衙门显然已大幅逾越其管辖权限，甚至可判四个月的监禁苦役，根本未依照当初华洋双方的协议。二是理事衙门华籍理事若非未受到中国官厅太多的拘束，就是华籍理事根本并非洋泾浜北首理事衙门的主导者。

毕竟，若如外人所言"敲诈勒索"者与县城衙门有关，理事于法甚至是在传统权力关系运作下，理应将全案移送知县处理，岂能自行审理并且还"重判"之？

换言之，华洋双方虽在洋泾浜北首理事衙门成立后持续在权力争夺上产生扞格，但权力变化的真实面却是，理事衙门的华籍官员根本不因华方自称"地位很高"而能突破寡头政体的层层压力，甚至连"草案"的最低底线都保不住。

---

[51] 参阅《工部局董事会会议录》，第二册，1865年10月10日会议记录。

第三节　权力关系变迁案例评析

在会审公廨设立前,上海租界法制虽混沌不明,却处处显现着洋方的"恣意",与华方的"无视"。在1854年工部局成立、寡头政体雏形粗具后,虽然代表着上海租界当局对华民的管控,已逐步走向了现代社会的机关化,却又无可避免的遭逢了适应的阵痛。1864年成立的洋泾浜北首理事衙门,则象征着帝国与寡头政体不得不的妥协,也为尔后会审公廨的设立奠下了基础。从以下三个案例,我们将清晰可见在会审公廨成立前,上海法制发展的混沌与曲折,以及华洋政体超脱约章之外的权力消长情形,并进一步证实,一个与帝国之鞭截然不同的权力关系已然在租界产生。

一、轿夫争夺地盘案

（一）事实

1862年10月,上海公共租界发生了一起牵连甚广的轿夫争夺地盘集体骚动案。

当时在租界内有好几个轿行,每个轿行都有自己的地盘。骚乱起因是,在山东路的"文图拉"(音译)轿行(由"宝顺洋行"意籍厨师文图拉挂名开设)自封的地盘,遭到石路的"俞泽"(音译)轿行的侵犯,文图拉轿行业主及轿夫,因而采取了集体报复行动,一名葡籍巡捕及"宝顺洋行"的若干名外人,到俞泽轿行将俞泽及另一名轿夫抓走,并带到宝顺洋行内私自拘押,俞泽轿行的轿夫甚至遭强碱毁容,同时文图拉轿行的轿夫也袭击了俞泽轿行。

隔天,美国牧师柯林斯便与巡捕房督察员拉姆斯博顿一同前去文图拉轿行,在轿行门口看见了一张某意大利人自称拥有包括石路在内"轿行地盘"的告示,而该轿行两名轿夫则被认出与暴行有关,遂被巡捕房拘留。

第三天,英国副领事马安要求巡捕房让文图拉轿行两名轿夫交保,马安并指控,俞泽轿行轿夫所犯下殴打文图拉轿行轿夫的罪行更为严重。

第四天,柯林斯把两名文图拉轿行轿夫带到马安处,马安承认他有偏见,因此仍把两人送交上海县城受审。后来柯林斯又前往葡萄牙领事馆,控告涉嫌凌虐俞泽及其轿行轿夫的巡捕。但在同时该名葡籍巡捕又被派遣去拘捕俞泽轿行的另一名轿夫。柯林斯因而向石路华人保证,外国人极力希望做到公正不阿,那葡籍巡捕将受到管束。

第五天,葡萄牙领事开庭审理,传讯了相关人等。葡籍巡捕并不否认俞泽轿行轿夫的指控,但否认动手泼强碱。葡籍巡捕并称,此事源于之前俞泽方面曾有两、三百名轿夫袭击文图拉轿行。最后,葡籍巡捕被葡萄牙领事判处罚款十元。

但柯林斯则向工部局董事会证称,他请了一位精通中文的公正外人挨家挨户的打听,结果所有住户都表示没听过文图拉轿行前曾有任何骚乱,因此他坚信葡籍巡捕所称的暴乱是虚构的。巡捕房督察员拉姆斯博顿的证词,也大致与柯林斯相符。

另一美国牧师史密斯则声明,文图拉轿行的真正负责人其实是华人"越权"(音译),文图拉轿行应该叫越权轿行。越权之前即曾攻击过竞争对手的轿夫,并在该名轿夫向捕房巡捕提出控诉之前,以一百元行贿巡捕,但被巡捕拒绝。后来巡捕曾向英国副领事马安提及越权行贿巡捕一事,但马安的回答是"不算什么",因为越权也曾向他"提供"过两百元银洋。

史密斯称,知县衙门的记录可以证明,越权是怎样受审、怎样被判有罪并受到严厉惩处,以及一个经周密策划以垄断洋泾浜地区轿业的阴谋是如何及时被发现及制止。但越权在宝顺洋行工作的意大利人的保护下,又开始做同样的事。此外,包括工部局译员晏玛太、工部局卫生稽查员豪斯等的证词,也对文图拉轿行不利。

董事会仔细考虑上述证词以后认为,轿行私画地盘并行垄断,是一种严重的罪行,董事会作为租界安宁和福利的维护者,因此决定发布告示如下:

一、凡是在英租界限范围内以出租为目的的公用轿子,其业主必须向本局提出申请,领取执照,并把执照号码标在轿子上。㊷

二、所有领到执照的轿夫都有资格在租界的任何地区从事他们的行业。

三、今后不准设立公司或行会来划定经营地区或垄断租界内轿子行业。

四、如果已领取执照的轿夫在从事他们的业务中遭到干扰时,可以向本局提出申诉。

五、在未向本局领取执照之前,不准轿子出租,所有违反下述规定者,除其他处罚外,还将吊销其执照。㊸

㊷ 这可能也是租界首次采取"车辆"执照管理制度。工部局后来并称,迫于事态的紧急性,不得不立即实施发放执照制度,以改善各方面的管理。

㊸ 以上请参阅《工部局董事会会议录》,第一册,1862 年 11 月 12 日会议记录。

(二)评析

1. 本案是一起在传统社会常见的轿夫争夺地盘案件,然而,却由于渗入了"寡头政体"这个巨大变因,使得原本系由中国地方官厅或是行会所扮演的抚平纷争、调解的角色,几乎在上海租界消逝不见,最后竟是由工部局这个纯粹由洋人创设的自治组织瓜代,并且改以"公权力"的强势介入,置换了传统以平息纷争为主要目的的安抚与调解机制,这也是本书所欲凸显的帝国与寡头政体间不同的维护秩序思维与策略。

2. 从权力关系的角度来看,我们几乎可以断定,在洋泾浜北首理事衙门的会审机制创设前,中国官厅与华民间可能并不必然产生司法权力关系,其中多了一道由外人控制的检审机制,如果外人不愿将人犯移送上海县、华官也不坚持,即使案情再严重,华方也不见得能够介入裁判。毕竟,本案实堪称严重影响租界治安的重大案件,有相当多的华籍轿夫作为的违犯了刑章,但却未见中国官厅主动介入调查及裁判此案。究竟是中国官厅息事宁人的一贯态度使然,亦或是根本已将租界的治安职责放手交予寡头政体?在这起轿夫争夺地盘案中,其实明白透露了租界早期的权力关系实况。

3. 外籍人士于此案所扮演的角色及解决纷争的手段亦值讨论。首先是工部局董事会,其以类似听证会的形式判断是非、调查实情,进而形塑出未来的具体法令政策,让各方以充分的"说理"论断是非,最后的决定也非由一人独断。如此新颖的法规范形成方式,对于传统中国社会而言,毋宁是相当罕见的。其次是两名美国牧师、葡籍巡捕与英国副领事马安,显然在这次冲突中各自成为冲突两造的代言人。葡籍巡捕因自身利害冲突,马安因有权决定将谁移送上海县衙,其卷入纷争尚不让人感到意外。但美国牧师柯林师的角色与所做的事,像极了受当事人委任的律师,实值一书,虽然当时租界内虽已有外籍律师,但似乎律师尚未成为诉讼纷争中的重要机制,而有着其他人员替代了律师的功能。

4. 工部局、巡捕房的积极介入,以及美国牧师柯林斯向华人保证"外国人极力希望做到公正不阿",也凸显了寡头政体与华民间权力关系的二大特色,即严密执法与公平执法。不过,这终究是片面观察下的结果。如果我们将视野拉宽,即可同时看见葡萄牙领事近似"包庇"的判罚葡籍巡捕,而此即涉及领事裁判权所肇致的华洋不平等问题。此层面的华洋不平等,尔后数十年一直是上海租界法制一个难解的变因。

二、戴中其(音译)疑服苦役致死案

(一) 事实

在轿夫争夺地盘案中,我们看到了中国官厅在租界权力的不张。但随着洋泾浜北首理事衙门的建立,中国官厅势力再度进入租界华人圈,司法权的竞逐也渐渐搬上了抬面。在洋泾浜北首理事衙门期间最值得关注的刑事案件,也是中外为司法权交战最烈的案件,应是1865年10月发生的戴中其疑服苦役致死案。

1865年10月26日,两名华人戴中其与高福唐(音译),由于收买了工部局董事汉璧礼所有的五把门锁赃物,而被洋泾浜北首理事衙门判服两个月的苦役。两人在服苦役期间,双双罹病,戴中其疑因身体虚弱,加上受巡捕凌虐,虽经送医治疗,仍告不治。后来,高福唐与戴中其之子戴昌富(音译)一起到上海县衙门投诉。自此,引发华洋两方之重大争执,兹整理争点如后:

1. 管辖权的争执

华方的说法是,依据《中英天津条约》,如案件只涉及中国人,就应由中国地方当局来解决。虽然外籍陪审员可参与审讯,但对华人的一切惩罚应由中国官厅执行。上海知县王宗濂指控,现在"所有华人囚犯都被外国官员判服苦役,而且案情从不报告知县。在中国的法典中没有像苦役这样的惩罚,并且用外国法典中的惩罚办法来惩罚人,这也不符合条约的精神。因此,应该永远停止让华人服英国的苦役刑法"[54]。王宗濂并建议:"从今以后,应由理事衙门的华人法官对华犯作出判决,假如要受惩罚的话,应送交知县衙门实施。"[55]

但工部局方面则辩称,董事会从不和条约发生关系,而严格地限于工部局的事务——看管犯人;甚至称,假如有任何违背条约的事情,"这一定是判决犯人并把他们交给工部局的理事衙门中的华人干的"[56]。

2. 对苦役的不同评价

王宗濂从实体法出发,指称"在中国的法典没有像苦役这样的惩罚"、

---

[54] 参阅《1865年11月8日道台致领事函》,见《工部局董事会会议录》,第二册,1865年12月13日会议记录。

[55] 参阅同上注。

[56] 参阅同注[54],《工部局总董致英国驻沪领事温斯达函》。

“应该永远停止让华人服英国的苦役刑法”。但工部局董事会则指出，实行苦役的好处已日见明显，罪犯现在知道犯了罪就会受到真正的惩罚，“他看到其他人正在受到这种惩罚”，因此，感到犯了法不会像以前那样仅“送进县城”。董事会并称，接受赃物的人以及对租界内的居民进行敲诈或“勒索”的人现在感到他们的这种行径更危险了，因为不是被“送进县城”，行贿一下就被释放，他们害怕被用铁链锁在一起。董事会因而总结指出，有争议的不是服不服苦役问题，而是“剥夺那些贪污腐化官员和县衙门食客非法勒索租界内居民钱财权力的问题”、“苦役必定取代县城里行贿求释的弊端，这使某些中国官吏感到震惊”。董事会甚且直言，“假如不是那些六年来在妓院里敲诈勒索、大发横财的人现在铁镣挂身在赎罪的话，知县也不会发什么怨言了”(57)。

3．不同的人道标准

王宗濂转述戴中其之子及其友人的指控称，戴中其只因用六十个铜钱买了一个门把就被判服苦役。但戴中其身体虚弱、无力干活，在服苦役期间，主管巡捕经常推他、拖他、打他。这种虐待持续了好几天，而且天气又刮风、又下雨，戴中其就病死了。王宗濂进一步指控，苦役包括开沟、敲石子、修筑马路、挖河泥填到岸上等类活；犯人被铁链锁在一起，二、三十个人一组，主管巡捕对他们很凶狠，假如犯人因劳累歇一歇，或者没有听懂意思，主管巡捕就向他们挥舞木棍。不管雨下得多大，也不停工。就吃的而言，一日三餐，每顿一小碗冷饭，只有到晚上才喝到一点凉水。这种待遇比上枷还严厉。(58)

工部局则举证指出，苦刑绝非华方所想的是外人施加于华人的残酷行为，甚至还允许犯人吸食朋友带来的鸦片；此外，也有医生对犯人进行医疗检查，如有病人，就立即被送往仁济医院。工部局董事会并说明，干活的时间是从上午7时30分至下午5时左右，同时已指示主管犯人的华捕和欧捕，不得以任何方式殴打犯人，除非迫不得已。(59)

4．更高层的态度

道台应宝时觉得上海知县的建议符合条约精神，而且是为了民众的利益，应采取措施停止对中国人处以苦役的刑罚。应宝时并指示知县通知理

---

(57) 参阅同注(56)

(58) 参阅同注(56)。

(59) 参阅同注(56)。

事衙门理事,理事衙门对华人的判决应由理事来宣布,并又请英国领事按照条约下达类似的指示。

英国领事温斯达的态度,表面上显得尊重条约,实际上却是站在寡头政体的角度上思考此事。他于1865年11月11日致函工部局总董,虽称:"……中国官厅裁定及监督对华人罪犯实施惩罚措施的权利在条约中明白无误,所以对于这种权利的承认,我是无法过问的。因此,我认为我有责任立即指示理事衙门的英国陪审员,在尚无法进一步的指示之前,不要向中国知县建议或强调实施法院可能宣判的苦役。"但其心中真正所想,却表现在下文:"毋庸说,我对中断试行这一法律手段感到非常遗憾,因为我发现试行这种手段能够很有效地抑制当地人的违法行为。我意欲尽一切努力使道台相信,放弃这种非常有益而公正的补充教养措施,是不明智和不得体的。"

(二) 结果

1865年11月14日,英国总领事温思达、副领事阿查利、美国总领事西华、道台应宝时及翻译秦右等曾就苦役问题在上海道台衙门进行协商,最后商定,这种惩罚制度应根据即将草拟的某些规则继续实施。这些规则的重点包括:

一、进行有效的医疗检查以使病犯免于工作。

二、制定伙食标准,规定食物品种和重量。

三、规定犯人服苦役刑罚的年龄和罪行类别。

四、规定随季节变动的工作时间。

五、规定防止犯人于工作时逃跑的方法,以免过度残酷或造成不必要的病苦。

六、规定犯人工作的种类和性质,这类工作必须无损于健康。

七、规定防止看守者虐待或使用武力对待正在工作的犯人,对于顽抗的犯人则送交理事衙门。

八、规定犯人的衣着和铺盖。[60]

(三) 评析

1. 本案值得观察的首先是关于租界华民司法管辖权的争执。华方主要是依据条约,工部局的主要依据显然是诡辩。亦即,面对涉及租界治权归

---

[60] 参阅《1865年11月18日英驻沪领事复工部局总董函》,见《工部局董事会议录》,第二册,1865年12月13日会议记录。

第三章　从混沌到妥协

属的条约的争议与不利，工部局采取了"不要问我，我不是订约当事人"的回避手法，将球又抛还给了华方与各国领事；与此同时，更不忘直指华方的痛处——官员昧于时势，或不明条约，竟致糊里糊涂地就把自己所裁判的华籍犯人交给了工部局惩处。董事会上述辩证，实明白道出彼时帝国之鞭的空虚，更进一步佐证寡头之链乃根生于传统权力关系的自我退缩或消逝。

其次，在董事会上述辩证中，实透露了一个帝国之鞭与寡头之链的重大差异——裁判与执行惩罚的权力已然割裂，不再集中于单一权力根源，对传统中国法律文化乃至华民来说，这毋宁是令人耳目一新的展现。除了权力的分配趋于细致外，更隐隐然与傅柯观察惩罚历史演变后提出的"责难也被重新分配"命题相符。也就是说，在权力趋于细致与分散的同时，裁判机制已不必要像以往集权时一般，完全担负起惩罚失当或激起民变的效果[61]。

2. 华方是否真的昧于时势？在本案，我们的确可见中国官厅对于案件管辖的消极态度。上海知县王宗濂自称是"听取"了理事衙门理事的口头报告才了解案情。理事则是在巡捕向秦右(Benjamin Jenkins，美领事署翻译、理事衙门陪审员)报告后，才在秦右的要求下前往相验尸体[62]。理事不愿意去查看尸体原因可能有三：一是验尸属知县之职责，理事不能越权；二是理事认为"多一事不论少一事"；三是根本已将租界大小情事委诸于外人。因而，更须批判的反而是知县并未前往相验尸体及了解案情，而仅是听取理事衙门理事的报告，也不得不让人质疑华方在租界权力运行的实况，凸显了中国官厅的被动。

3. 上海知县称"在中国的法典中没有像苦役这样的惩罚"，工部局1865年的年报也称，"苦役是一个创新的制度，中国法律并未提供如此的惩罚，它是一个经中国官厅正式授权认可实验的一个制度。"[63]但苦役真的与中国社会格格不入吗？传统中国所谓的"服刑"，究竟是否只是单纯的自由刑？

从《秦律》中可知，刑罚大致分为死刑、肉刑、作刑、流刑及财产刑等五

---

[61] 传统中国"斩首示众"之类的刑罚，虽然与苦役一样具有公示性，但诚如傅柯所言，"斩首示众"的盲点在于其隐含着浓厚的君权被侵犯后的"报复"，且必须在犯人身上施加比犯人的罪行更大的"权力"，才能达到威吓他人的目的。但在此同时，惩罚本身存有的残忍、不仁道的"耻辱性"，也连带的作用于君权之上。详请参阅傅柯著：《规训与惩罚——监狱的诞生》，刘北成、杨远婴译，台北：桂冠出版社，1992年，第7—14页。

[62] 参阅《1865年11月8日道台致领事函》，见《工部局董事会会议录》，第二册，1865年12月13日会议记录。

[63] 参阅 Municipal Council's Annual Report for 1865, 转引自 Kotenev, *Shanghai: Its Mixed Court and Council*, p.59.

种，似无仅剥夺自由之刑。以其中最接近现代"徒刑"的"作刑"来看，显然劳役刑的概念主导了古代中国刑罚的思想。不过自秦以后，从传统法律关于笞、杖、徒、流、死五刑的规定来看，显然劳役刑并不在本刑的范围内，也与王宗濂的说法相符。但究其实质显非如此。《唐律疏义》曰："徒者，奴也，盖奴辱之。"学者张晋藩指出，徒刑"是在一定期间内剥夺犯人的人身自由并强制其劳役的一种刑罚"。㉞ 判徒刑的犯人，在京师，则男犯送将作监劳作，妇人送少府监缝作；在地方，则"供当处官役及修理城隍、仓库及公廨杂使"，"妇人亦留当州缝作及配舂"。㉟ 上述规定并延续至清，仅稍有变化。《大清律例》第四十五条"徒流迁徙地方"规定："徒五等，发本省驿递。"《清史稿·刑法志》称："徒罪发本省驿递，其无驿县，分拨各衙门充水火夫各项杂役，限满释放。"但至乾隆五十二年（1787 年），《大清律例》第四十五条增附一例，规定徒犯仅须严行管束而已，并不需拘役。㊱唯依《六部处分则例》，徒犯亦有流拨各衙门充当夫役者。㊲

综上所述，显见传统律法中"徒刑"其意甚广，不仅只剥夺人犯的自由，也包括了服劳役，只是未采将服劳役明文定为主刑或附加刑的立法方式而已。若单从《大清律例》"五刑"的字面解释，以及乾隆五十二年定例，似乎王宗濂之言颇有所本；但观照整部《大清律例》及透过历史解释，王宗濂之说却与传统法律文化概念有所出入。本书认为，至少从庶民的眼光，实不太可能认为徒犯只是单纯地被剥夺自由而已，必然也包括了身体劳动力也被剥夺。因而，苦役虽然是不折不扣的外国刑罚，却阴错阳差地与传统中国接了轨，这或许是苦役未引起租界华民激烈抗争的重要原因。

4. 本案另值得重视者，是寡头政体坚持须实行苦役的原因之一，系为了有效遏止行贿求释的弊病，及官吏在租界内敲诈勒索的恶行，凡此均与帝国之鞭有密切关系。并且，寡头政体也视苦役为"教养措施"。就刑法学论，刑罚本即系具有目性的法律制裁手段，依据通说综合刑罚理论的见解，刑罚本应兼具报应、威吓与教化等目的。唯从法律社会学的角度分析，则显示寡头们不仅利用苦役来制压犯罪者，更在于利用"理事衙门会审"这个公开审

㉞　参阅张晋藩著：《中国法制史》，台北：五南图书出版公司，1992 年，第 295 页。
㉟　《唐六典》，卷六，《尚书刑部》。
㊱　该例规定："民人在京犯该徒罪者，顺天府尹务于离京五百里州县定地充配。至外省犯罪人，该督抚于通省州县内，核计道里远近，酌量人多寡，均匀酌派。俱不拘有无驿站，交各州县严行管束。俟徒限满日，释放回籍安插。"
㊲　参阅《六部处分则例》，卷七四二，第 24 页。

判的机制,弱化了苦役惩罚的恶性⑱;再配合上海租界这个新兴都市的新空间结构,尤其是"宽广的现代化马路"这个场域,深化了惩罚的效果;更重要的是,苦役不论身份的公平施与在所有租界华民身上,让法律变得更为明确。⑲ 凡此种种,均有助于展现现代法律的权威性,让法的观念在华民心中产生内化作用。而此,即与傅柯所称的规训作用的根生不谋而合,实有助于让寡头政体与华民间的权力关系朝规训权力关系演变。

5. 在中国继受西方近现代法律与文化的过程中,多的是外人批判中国狱政的不人道。王宗濂从人道观点(或是今日的人权、法治观点)去批判寡头政体采取苦役的政策与欺凌囚犯的作为,相当耐人寻味。不过,华方的人道观点显然是主观的,例如批评吃冷饭、下雨仍然作工、凶恶的主管等,这也是一般人通念中的不人道。但解析工部局认为"苦役并非残酷"的辩词,显然倾向采取客观的鉴别方式,例如现代时间观念以及现代医学,已然在"惩罚"与"鉴别是否人道"中占据重要地位。

以"时间"为例,根据研究,传统中国民间使用钟表大约是在 1862 年以后⑳,工部局的辩词则代表着至少在 1865 年,钟表即被引进中国土地并用于"惩罚"。学者黄金麟指出,传统中国社会是依阴阳五行而区辨吉凶,并决定了该为或不为;但"就钟点时间而言,它是没有吉凶或好坏的区别"、"中国人在时间的使用和计算上,正有着一个由重质到重量的戏剧性改变"。㉑ 并且,上海租界开始使用"世界时间",也象征着上海租界的脱离传统及与现代接轨。再者,诚如韦伯(Max Weber)所认为的,西方资本主义不可或缺的要件之一,就是建立在对劳动身体的时间计算能够精准进行的条件上㉒,加以引申的结果就是,寡头之链的特色之一,就是建立在对被惩罚者身体的精准时间计算。工部局所称的苦役时间"从上午七点卅分开始",其意义绝对不仅

---

⑱ 傅柯认为,在18、19世纪可谓刑事司法的新时代,重要的变化之一是"公开展示的酷刑消失了,但英国却是公开惩罚仪式消失得最迟缓的国家之一"。傅柯推测其原因在于英国的陪审团制度,因为公开审判制度和对人身保护法的尊重使其刑法具有一种楷模形象。也就是说,经由公开且公平的审判而实施的公开惩罚仪式,其实并无损于朝规训社会迈进。详请参阅同注㉑,傅柯著,刘北成、杨远婴译,前揭书,第7—14页。

⑲ 傅柯即指出,规训权力的抽象惩罚,其效力源于它必然后果,而不是源于可见的强烈程度;受惩罚的确定性,而不是公开惩罚的可怕场面,必然能阻止犯罪。参阅同注㉒,傅柯著,刘北成、杨远婴译,前揭书,第9页。

⑳ 参阅潘懿著:《钟表浅说》,台北:台湾开明书店,1956年,第36页。

㉑ 参照黄金麟著:《钟点时间与身体》,收于氏著《历史、身体、国家——近代中国的身体形成(1895—1937)》,台北:联经出版社,2001年,第182页。

㉒ 参阅同上注,黄金麟著,前揭书,第200页。

在于表面的取代了传统时辰制,更在于一个在"时间上"至少公平的惩罚机制,已然在租界运行。

三、华籍差役违法勒索案——以陈炳、张模案为例

在洋泾浜北首理事衙门时期,不断发生华民或华籍差役向租界内赌场、妓院、鸦片馆或商家"敲诈勒索"的案件,表面上是影响租界治安的刑事案件,更深层的问题则是捐税的"地下化"与"地上化"的问题,或者是帝国政体与寡头政体利益直接冲突的问题。而其代表案件,则是陈炳与张模案。

（一）事实

1866年4月16日和17日,包括陈炳与张模在内的知县衙役班里的差役,手持经英国领事盖章签字的逮捕状,至租界芜湖路一家茶馆抓人。但差役们却被控拐走一名女孩,并殴打、抢劫一名男子,及向屋主索贿。

当时租界巡捕房并没有在第一时间抓走逮捕状上登载的陈炳与张模。但陈炳于4月19日被巡捕房逮捕,并被带到英国领事那里。领事认为此案应由理事衙门审讯,便将陈炳移送至理事衙门。陈炳在理事衙门否认犯行,他说逮捕状是一个名叫"强茂华"的人弄来的,而逮捕状上也载有此人名字。

理事衙门立即进行了调查,查出名叫"强茂华"的地址。但据租界巡捕房的调查,"强茂华"已经死了好几年,而且不叫"强茂华",是叫"强正海",曾受雇于知县衙门。经过调查了解,巡捕房督察长彭福尔德认为逮捕状上提到的犯罪事实纯属捏造。⑬

1866年5月3日理事衙门判决:陈炳,监禁十四天;张模⑭,笞刑一百下并处枷刑十四天。

（二）评析

1. 在洋泾浜北首衙门时期,中国差役在租界"收取捐税"或"敲诈"的行为,一直被寡头政体视为是租界所面临的最大的治安困扰之一。在前述的戴中其案中,工部局即已明指苦役存在的重要理由,即是为了惩办这些在租界"收取捐税"或"敲诈"的衙役。

早在本案发生前半年的1865年10月10日,工部局警备委员会即已向工部局董事会报告称:"最近发现了一个庞大而组织严密的敲诈组织,这个组织在租界内已存在数年了。看来有一些人凑成团伙,不时去妓院敲诈一

---

⑬ 参阅《工部局董事会会议录》,第二册,1866年5月8日会议记录。

⑭ 《工部局董事会会议录》未提张模何时被捕。

定的钱财,并说这是奉官府的命令。本委员会现正在调查这些情况。目前,看来许多与县城衙门有关系的华人参与了此事。……歹徒们能敲诈这类钱财,这表明提高警惕保护租界里的华人是多么必要,而且,所有的外国侨民一旦注意到有敲诈迹象,就应该通知捕房。"⑮

1866年时,捕房督察员彭福尔德甚至向工部局作了相关案件汇报,以凸显其严重性。彭福尔德甚至下了这般结论:

> 中国官员不错过一点机会、以鸡毛蒜皮的借口继续对居住在租界内的华人居民进行拘捕或课以不合法的捐税。⑯

在《工部局董事会会议录》中,经常载有类似案例,显然寡头们根本不能接受华方"敲诈勒索"或假借名目征收"税捐"的行为。当时寡头政体又是如何处置类似行为的呢?1865年9月5日警备委员会向工部局董事会报告,"巡捕惠兰因敲诈勒索而被告发,并被判处关押六个月"。委员会并责令督察

表3-1 彭福尔德报告的华籍差役劣迹⑰

时间	地点	事由或差役劣迹
1866.9.7	广东路	两名妇女被未持逮捕证的差役逮捕。差役将一人移送理事衙门,并私行拘禁另一人。
1866.11.1	芜湖路	汉口路中国巡警署两名巡警及其帮手,企图向一名被清廷逐出上海者敲诈十元,被租界华籍巡捕逮捕。
1866.11	虹口玉浦路	五十名中国士兵和巡警,逮捕了七名被怀疑涉及窃盗的广东人。但工部局事先未知悉,华方也未请巡捕房协助。
1866.11.23	福建路	一名中国妇女因"弃夫逃跑",而被衙役持逮捕证逮捕,并被扣在县城一家栈房六天,经交付十元才获释。本案并未经上海知县裁判。
1866.12.9	广东路	两名中国人因在吴淞涉及窃盗罪,被巡警捆绑准备带往县城。经租界巡捕拦阻,改送往理事衙门。两人指称疑因巡警索贿未遂才被绑。理事衙门审理后,即以罪证不足将两人释放。

---

⑮ 参阅同注㊼。
⑯ 参阅《工部局董事会会议录》,第二册,1866年12月11日会议记录。
⑰ 参阅《捕房督察员彭福尔德德报告》,载《工部局董事会会议录》,第二册,1866年12月11日会议记录。

员将所有这类案件提交公堂(court)审理。[78] 相较于华方的纵容,实可见早期工部局寡头们对官吏借机敲诈勒索的深恶痛绝,及并未袒护其所属的巡捕。寡头政体初时的公平及对于华籍衙吏惩罚的必然性,实亦深化了租界规训权力关系的强度。

2. 不过,当时恐怕并不为寡头政体所知或所能接受的实情却是,清代的国家政治机制只将县级以上官员纳入俸禄体系,县级以下的吏员,虽有国家赋予的合法权力,却未领有国家的俸禄。在这种俸禄结构下,衙门吏差因而得到"不合法的正当理由",利用行政接触的方便,普遍向百姓收取规费,尤其在诉讼方面更是花样繁多,例如递状、准驳、牌示、传讯、堂讯等程序,都留给吏役许多讹诈的空间[79],三班衙役们均得"各凭本事"。因而,外人对勒索敲诈之深恶痛绝,显然有着与中国传统社会习惯相冲突的潜因存在。若欲以官吏"敲诈勒索"的处遇对比来非难中国官厅或赞扬工部局,恐非妥适。真正值得吾人重视的关键点,反而应是底下所探讨的"捐税"合"法"化与否的问题。

3. 为了解决租界华人被官吏假借捐税"敲诈勒索"的问题,工部局警备委员会在1866年7月颁发了一则布告:

工部局布告

工部局以往经常颁发布告,严禁未经批准的人员在每年的节日期间向英、美租界内的华籍居民强行索取钱财。

值此端午节即将来临之际,一些目无法纪的人很可能再次从事他们的罪恶勾当。

本工部局非常关心所有居民的利益,认为有必要发另一则布告。

目前,本工部局只向华人征收五种捐税,这些捐税的项目是:

  中式房屋房捐 年度税款为百分之八

  鸦片馆税 根据营业情况征税

  当铺和出售洋酒 每季度三十元

  舢板税 每月半元

指定征收工部局捐税的人均系身着工部局捕房制服的西捕,每种税缴纳后都给收据,收据用中、西两种文字印制,正式签字并盖有工部

---

  [78] 参阅同注[51]。
  [79] 参阅苏硕斌:《台北近代都市空间之出现——清代至日治时期权力运作模式的变迁》,硕士论文,台大社会学研究所,2002年,第75页。

局公章。[80]

此布告乃《工部局董事会会议录》所载,租界当局首度且正式的宣告,严禁中国官厅吏员假借各种名目征收捐税,以及或明或暗的索贿。取而代之的则是以官方公权力为依据的"依法征收"税款,无疑是上海租界法制变迁的一个重要里程碑,这也是上海迈向近现代化国际大都市的必经之途。

而与此同时,租界当局的另一项施政,亦深拓了"捐税合法化"在传统中国社会生根茁壮的可能,也让公权力得以更有效的渗入租界华人社群,此项施政,即是"重编门牌号码"。1865年12月13日工部局董事会会议录即载:

> 本委员会(即财政、捐税及上诉委员会)给所有房屋编门牌号码是件非常可取的事情,对外国居民中不熟悉上海的人来说,编了门牌号码会带来很大方便,而且整个租界普遍正确地编上门牌号码将便于收税,对巡捕房也有好处。因此,本委员会建议给每条街道房屋都编上门牌号码,东西街从黄浦滩开始,南北街从苏州河开始,第一号总是在右边。在华人居住区,门牌上有街名的第一个字,而在外国人居住区,门牌上有街的全名。

当然,我们并不排除在正式的捐税规则外,尚仍有外人依循清朝吏员的"敲诈勒索"的老路,唯须注意者,中外的"敲诈勒索"其实有着本质上的重大差别,即所处的社会文化乃至权力的掌控者是否"容许"的问题。就现代西方法律文化言之,经由明示的法规范,权利义务是极其明确的,捐税的课征,本就须法律明定,否则即是违法;但传统中国社会的法律文化并非着重权利义务观念,反而着重于整体社会的"和谐"与各阶层官民的"守分"。只要不起乱子,谁又会去追究吏员究竟做了什么事?再就权力掌控者的角度视之,观诸中国官厅与工部局对于所属官吏涉及"敲诈勒索"处置的悬殊,权力掌控者的"容许态度"差异是显而易见的,乃因领国家俸禄的官员们,有依赖向庶民"敲诈勒索"的吏员的现实需要,以稳固其对地方的统治权力;但就寡头政体言,其所面对的是"违法"的下属,而"包庇违法"本身更是违法,反而将直接冲击其权力的基础,这也是寡头政体不见容租界敲诈勒索的深层原因。不过,对于租界华民来说,不论是合法或非法的捐税,其负担只怕没什么不同。

---

[80] 参阅《工部局董事会会议录》,第二册,1866年6月8日会议记录。

结语：规训权力关系的开展

上海开埠以后，虽然外人系以胜利者、殖民者的姿态前进上海租界，但大体而言，开埠之初租界华民违法案件尚少，由谁裁罚尚无关紧要。然而小刀会事件及太平天国事件后，却由于大量拥入的华民，连带产生大量的案件，也使得原本不该成为问题的华民管辖权问题，终于"成了问题"。

为了因应突然拥进租界的华民、游民与乞丐，寡头政体只得在粗糙不堪的法制基础上摸索因应之道，甚且不惜在毫无法律、条约依据的情况下自行扩权，加以中国官厅权势不再，根本无以治理租界，终致在寡头政体各个层级、机构的外人，顺势各自取得了对华民的司法、立法与行政权。其中负责维护租界治安、主掌租界行政的工部局，更是高举治安大旗，脱逸于约章之外对租界华民进行裁罚，试图同时干涉立法、行政、司法三权。从集权的角度来看，工部局所扮演的角色反而更近似于传统中国地方官厅，差别仅在于其乃由少数寡头集体决策而非一人独断，且并未受到中央政府的直接管控而已。

小刀会及太平天国等事件，除肇致清廷权力在大上海地区的暂时消失，更产生大量难民、游民与乞丐拥进租界，为租界带来了难以逆料的影响治安因子。而两者相互影响的结果，就是外人顺势在既有的行政权基础上，进一步取得了立法权，及完全替代了清廷对租界华民的司法管辖权。而此，根本已非领事裁判权的意义所能含括。

上海租界虽然因界外的动乱而经历了一场"权力重分配"，其结果却是更加混沌不明。不过，这毕竟是导因于乱事的必然结果，当局势稍定，清廷又回复对苏沪地区的掌控权后，配合着国际公法乃至现代主权观念的引进[31]，有识之士自然会惊觉租界司法权乃至主权的沦丧，一套因应新局的规章与制度，也就因此有了创设的必要。

在乱事之后，华洋政体面对租界快速发展的现实，而不得不于妥协后产生的洋泾浜北首理事衙门，虽然象征着华方尚对租界华民拥有管辖权，却也

---

[31] 传统中国何时开始有了国家主权与国际公法的概念？一般咸认由惠顿（Henry Wheaton）所著、丁韪良（W. A. P. Martin, 1827—1916）翻译的《万国公法》（Elements of International Law）一书，是个重要的关键点。该书于1864年（同治三年）由京都崇实馆出版，恰是洋泾浜北首理事衙门诞生之时，不得不让人讶异于时间上的巧合。

开启了上海租界外人参与"会审"的先例,寡头政体因而得以将影响力"合法"地扩张至上海租界华民。

不过,寡头政体显然十分不满意理事衙门理事的微弱权限。郭泰纳夫即指出,理事不过"候补县官"(Expectant Magistrate),"在必要时即会受到主宰行政及司法权的县官所拘束"。而从理事衙门理事使用的木质官印也可知,其并未如县官一般持有代表独立权责的铜印。㉒另一方面,从中国官厅定位为"洋泾浜北首理事衙门"(the Yamen of the Official North of the Yang-king-pang)而"非法院"(not a Court)㉓,更可知,理事衙门仍存有地方官厅"大小通包"的特色,并且须受上级的节制,并不讲究现代法院独立审判精神。也因此使得理事衙门一如其他中国地方官厅,其行政色彩高过司法色彩,也促使理事衙门成为了一个权力竞逐而非发展法律原则的场域。

但通过理事衙门相互竞逐权力的两个政体,毕竟不是根基于相同的法律文化基础上,也因此使得两者通过理事衙门的实质呈现、即与租界华民发展出的权力关系,各有不同的特色。其更深层的意义则是,在根源于西方的寡头政体的引领下,租界已然开始形塑以现代西方法律思想为基础的租界法律文化,搭配着新兴都市"权力多元"、"空间解构"等特征,让华民能够更有效地"被透视",再配合一视同仁的公平执行,以及惩罚的必然性等原因,进而让一个根源于西方法律制度,得以更顺利地在长期受着传统中国法律文化熏陶的华民心中,产生了"法律规训"的作用。而此,即是裁判租界华民的中外审判官虽然权力不若传统知县,也并未在公堂上施加刑求,更得面着倍增的游民乞丐,却仍能相当程度地维系租界治安的重要原因之一。

当然,审视洋泾浜北首理事衙门时期的一些重要案例,我们也可发现中外权力竞逐过程中所产生的冲突,以及因应新兴都市成长而生的法规命令与传统中国社会习惯的扞格。在"轿夫集体骚动案"中,我们看到了强势公权力介入了小团体冲突,并通过类似"听证"的方式研判是非曲直,进而形塑出新的法规范,这种模式对传统中国社会是相当新奇的。而"戴中其服苦役致死案",则让我们理解到在上海公共租界内权力配置的复杂程度,以及一旦遇事各股权力间相互指责的本性。当然,"苦役"是本案的一大重点。事实上苦役的争议最值得关注的,绝非苦役的法效力问题,而是其隐含着与传统中国法律文化截然不同的惩罚思维与体制已然生成,至少偏重教化与制

㉒ Kotenev, *Shanghai: Its Mixed Court and Council*, pp.53—54.
㉓ Id.

约的法律已开始与偏重威吓、敬畏的法律并存。至于"中国吏员假借捐税敲诈勒索案",凸显的是截然不同的政体与法律思维在同一块土地上同时运行,因权力的互斥而必然会产生的扞格,实无谁是谁非的问题,对于权力关系的一方——庶民而言,可能只不过是捐税公开化与地下化的差别而已。

　　再者,经由以上的透析可以发现,若干近现代西方法制的形貌与内涵已然在上海租界华民圈中生成,也与规训权力关系的生成有若干关联,例如刑事、民事分庭的概念,违警犯与刑事犯的区别,司法管辖权的概念,公开明示的判决书类,重视已公布的法律命令等。

　　唯中与西、传统与现代的接轨,本非一蹴可及。在生成的过程中,思维根源于西方的寡头政体亦不乏违逆现代西方法治思想的事例,例如工部局的企图渗入司法裁判领域,苦役与处置游民乞丐的不符人道精神,甚至由外籍陪审官主导的裁判结果往往逾越了约章所赋予的权限,已属"违法裁判"等。中外双方基于其本位立场,自是不可能满意于洋泾浜北首理事衙门四年的成果,法制的兴革之门,也因而有了再次开启的必要。

第四章 权力不对等下的纠葛

——辛亥革命前的会审公廨(1869—1911)

在对华民的司法裁判上,上海租界华洋政体依凭"草案"走了四年后,随着上海租界日新月异的发展,以及华洋案件的日趋复杂,终于到了不得不改弦更张的时刻,寡头及帝国政体均"暂时认可"的《洋泾浜设官会审章程》也因而诞生。自此,上海租界的会审,隐隐然已然取得了来自"国家"层级的法律依据,并在租界内有了专属的会审机构——会审公廨。

然而,根源于会审公廨的中国衙门血统及华籍谳员的地方父母官"通包式"职责,却又使得华洋产生了权力重叠的扞格。面对已然在租界扎稳了脚跟的对手,帝国之鞭显然混染了无力、无奈与无助,只能借着帝国的落日余晖,苟延着残存的余威。

第一节 订立《会审章程》的社会动因

一、空间结构去疆界化的影响

经历过小刀会与太平天国等影响租界人口流动的重大事件后,上海租界从"华洋分居"的"外国大班的私人花园",逐步走向一个"华洋共居"、"华洋杂居"进而"华民大盛"的新兴现代都市。华洋打破藩篱后更为密集的接触,使华洋政体均不再能采取见招拆招乃至"拖"字诀的被动态度。

审视历史背景的差异,清季会审公廨时期与洋泾浜北首理事衙门时期乃至上海开埠初期不同的是,租界自此而后直到辛亥革命前,均未再面临界外的兵事,因而使得此时期华洋政体得以倾全力因应界内的治安问题。

清人葛元煦在光绪初年所撰的《上海繁昌记》中曾描述称:"工部局所设巡捕,……衣有中西号数,左右圆圈内有中西号码,使人易识。昼则分段查街,夜则腰悬暗灯,西捕挂刀,华捕执棒,通宵巡绰,故洋场盗贼潜踪,市肆安谧。"① 显然当时租界的治安的确有值得让人称颂之处。葛元煦所称的巡捕的衣着、执勤方式等因应租界新兴都市的发展而起的重要变革，不过只是促助规训权力关系的一些小事例而已。

但上海租界的治安显然并未因规训权力关系已然开展而自此一帆风顺，原因是租界空间结构又起了重要的变化，此时期租界已不单只是块状合并，更加入了"越界筑路"的线状扩张。

1899年的租界大扩充(参阅图4-1)，使得上海租界不仅从名义上的"英美租界"变成"国际公共租界"，寡头政体以往在界外所筑的道路及所区划的地块，也因此次扩充而包入租界。② 租界面积大幅扩张③，不仅反映在华民的暴增④，更值得关注的是对治安造成的重大影响。亦即，原先类似筑栅、站岗即可有效管控的"十里洋场"，至20世纪初已变成了一个以十里洋场为中

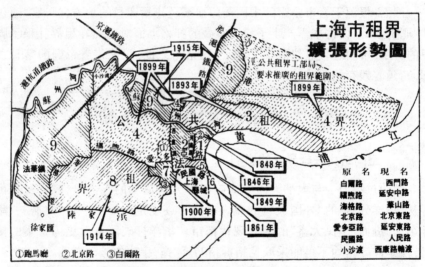

图4-1　上海市租界扩张图。(引自吴圳义：《漫谈上海租界》，
《历史月刊》第四十一期，1991年6月，第48页)

---

① 参照清葛元煦著：《上海繁昌记》，台北：文海出版社，近代中国史料丛刊三编第四十二辑，第112页。
② 参阅上海通社编：《上海研究资料》，台北：中国出版社，1973年，第141页。
③ 1893年时，租界面积为1309英亩，1899年则扩充至5583英亩。
④ 1865年租界华洋人口为92884人，1870年却减至76713人。不过自此以后，租界人口有增无减，至1895年人口为245679人，1900年则增至352050人。详请参阅《上海研究资料》，第139页。

心而向外辐射的现代化大都市。⑤

换言之,一个半密闭式、棋盘式道路布置的穿透式空间结构,已然随着"越界筑路"而起了微妙的变化。虽然寡头政体依然有意无意地搭配着各种现代技术,持续深化奠基于1860年代左右的规训权力关系⑥,但"越界筑路"却已为租界治安的良窳,埋下巨变的关键伏笔。

二、立法背景——新兴现代都市下的主动与严密

华洋藩篱的解构不仅在于可见的空间,也在于无形的文化与心理。于此,就不得不提及1869年上海道台应宝时发布的这个告示:

> 今中国既与西洋各国立约通商,共敦和好之谊,不当仍沿旧习,称西洋各国之人为鬼子。兹准英领事照会请禁,除札会审委员一体谕禁外,合行出示晓谕,嗣后凡遇各国之人皆当就其所居之地呼之为洋人,不得加以别样称呼。如违,定即提案示惩。⑦

应宝时要求华人对外人采取中性的"洋人"称呼,而禁格带有贬抑、敌视意味的"鬼子",实则蕴涵着一层重要意义——至少在上海中国地方官厅,已开始扬弃"化外人"隐含尊卑高低意味的传统法律思维。⑧

但显然"口惠"是不足以满足寡头政体的;事实上,面对日趋复杂、日益增多的案件,洋泾浜北首理事衙门的"被动式"、不够正式及松散的机制,注定了必得转型的命运,取而代之的,也必然是一个程序、组织更为密实的机构。因之,1869年改洋泾浜北首理事衙门为会审公廨,其实有着来自社会的巨大动因。

三、1869年《洋泾浜设官会审章程》

与洋泾浜北首理事衙门时期相较,上海会审公廨有着成文的法律依据,

---

⑤ 参阅附图4-1。
⑥ 例如1907年巡捕房曾告示称,凡在界外设有自来水管处居住者,均归巡捕房保护,参阅《东方杂志》1906年第八期《中外交涉汇志》,第70页。当自来水管可以成为决定权力关系有无的原因时,实已明白昭告一个新统治技术的到来。
⑦ 引自汤志钧编:《近代上海大事记》,上海:上海辞书出版社,1989年,第254、255页。
⑧ 应宝时出示该告示三年后即1872年,英国驻华公使威妥玛即要求清廷改正户部则例中之"夷商"字样,并删除《大清律例》中的禁教条文,进一步显示中国从中央到地方官厅,已开始全面更易其对外人的法律态度。参阅同前注,汤志钧,前揭文,第285页。

即1868年制定、1869年实施的《洋泾浜设官会审章程》。⑨ 若说《土地章程》是决定上海租界地位的"宪法",《洋泾浜设官会审章程》则如同上海会审公廨的组织法、审判程序法与法官权责规范。并且,该章程与《土地章程》不同,并未经过太多的变革,仅在1902年、1906年时略为修正补充。

1867年,英国领事与上海道台应宝时会商会审法庭组织,应宝时提出《会审公廨草案》十款,当时经双方曾分别呈请总理衙门与驻华公使核准。但因应宝时所提出的章程草案与中外条约及法租界司法习惯并不一致,法国遂拒绝参加,于是另设"法租界会审公廨"于法国领事署内。⑩ 英美公使后来略加修改草案,取消第十款有关公堂讼费的规定,改为"凡原告有诉词诬控本人之事时,应严行罚办",故仍为十款。又草案第一款规定谳员⑪有按照中国法律公平裁判之权,第五款并规定谳员有权拘捕逃避租界的中国罪犯,不必用县票亦不必用工部局巡捕。

华洋双方议定章程内容后,华方于1868年(同治七年)底由清廷总理各国事务衙门咨行;外人方面,1869年4月20日英、美、德领事公布修正章程,并于是日起生效,原洋泾浜北首理事衙门,也从是日起改组为会审公廨。《洋泾浜设官会审章程》原本仅是为期一年的临时章程,然而其实效却持续至1927年会审公廨解体、上海临时法院成立⑫,前后长达近六十年。

四、《洋泾浜设官会审章程》的补充及修正

1902年(光绪二十八年)6月10日,因法租界会审公廨与上海公共租界会审公廨的管辖权问题,由驻沪领事团订立《上海租界权限章程》(又称《会审衙门追加章程》)四款,以利执行两公廨的会审事务,并对租界内的中外会

---

⑨ 学者倪正茂研究指出,《中外旧约章汇编》辑有《上海洋泾浜设官会审章程》,其"附注"中指出:"本章程的签订日期未查明,暂以总理衙门咨行日期为订立日期。"而总理衙门的咨行日期是"1868年12月28日"。此后,所有论及《洋泾浜设官会审章程》的文稿,都以该日为订立日期,还有一些文稿则以之为施行日期。但上海近代法制史研究课题组研究员姜屏藩,却在上海档案馆《全宗号138·卷号1》中查到,该章程是由英国驻上海领事麦特赫斯脱于1869年4月20日宣布生效的。参阅倪正茂:《上海近代法制史料管窥》,收于《法律史研究》编委会编,《法律史研究》丛书,第一辑,西安:陕西人民出版社,第478页。

⑩ 1869年4月13日,法租界会审公廨经署总领事达伯理与署上海道杜文澜协议成立。是日第一次开庭,会审华洋讼案。

⑪ 上海会审公廨华籍裁判官的称谓,见诸文献者包括委员、谳员、廨员等,为求与洋泾浜北首理事衙门委员作出区分,除尊重史料原文外,以下概称"谳员"。

⑫ 参阅同注⑨,倪正茂,前揭文,第478页。

审制度作出具体规定。⑬

1905年上海领事团以会审公廨案件骤增为由,请求修改会审章程,经北京公使团商决《续订会审章程》,其中添加了诸如"会审公廨传讯华人,应由领袖领事画押并发给提传票"等规定,并大幅提升会审公廨之裁判权限。同年1月30日,清廷外务部批准。但后来因内容不利中方,加以未久又发生了涉及会审公廨权限争议的"黎王(黄)氏案"⑭,是以未能施行,并再度开启双方的谈判。

1906年3月14日,北京驻华公使团与清外务部达成协议,重新承认《洋泾浜设官会审章程》,缩小会审公廨权限,并放弃自1868年以来领事团私自所订一切章程和规定,却引起上海领事团的强烈反对。1906年4月23日,清外务部与各驻京公使再达成新协议,规定公共租界会审公廨诉讼程序仍维持原状,刑事案件的审判权限则改为五年⑮,这也是数十年来《洋泾浜设官会审章程》在章程文本上最大的变动。

五、华洋政体于章程外的真实态度

会审公廨的运作,表面上看似有章程依循,且只不过略作更动,唯从事实面观之,会审公廨早已逾越《洋泾浜设官会审章程》规定。⑯

早在《洋泾浜设官会审章程》订立后未久,外人即欲有所更张。1875年领事团召集外籍陪审员开会,英副领事阿尔巴斯特即认为除非根本改正章程,予陪审员较大权限,并制订新刑法,否则改良无望。此次会议后,虽未更动章程,陪审员间却形成共识,予罪犯较严的处罚,且非至不得已不将罪犯

---

⑬ 其主要内容为:"纯粹华人"的民事案件采用"以原就被"原则,原告应在被告居住的租界内起诉。华人违犯租界章程,即在犯事的租界内受审。原告是法国人的华洋案件,不论被告的华人住在那个租界,均归法租界会审公廨管辖。原告是其他外国人的华洋案件,则均归公共租界会审公廨管辖。如此一来,在这两个租界内,只要"原告是外国人"的华洋混合案件,就以原告的国籍来决定审判权的归属,即采"以被就原"原则,而有悖于现代诉讼法所采的"以原就被"原则。但该年6月11日,上海道台袁树勋仍无条件表示同意。

⑭ 以往一般研究者均称为"黎黄氏"案,唯根据大陆学者熊月之的考证,以当时黎王氏夫家同乡组织厂肇公所出面所写的两文《厂肇公所商董致外、商两部电稿》、《捕房指为拐犯黎王氏之来历》,均称"黎王氏"而非"黎黄氏",认为应以"黎王氏"较符实。参阅熊月之:《大闹会审公堂案解读》,收于《关䌷之先生诞辰一百二十周年纪念文集》,第14页。关于黎王氏案,详见本章第五节案例评析六"黎王氏案"。

⑮ 参阅同注⑦,汤志钧编,前揭书,第613页。及夏东元主编:《廿世纪上海大博览》,上海,文汇出版社,1995年,第74页。

⑯ 参阅夏晋麟编著:《上海租界问题》,收于《民国丛书》,第四编第24册,上海:上海书店根据中国太平洋国际学会1932年版影印,1992年,第42页。

移送内地定罪。后来，凡在租界内的华人刑事、违警案件，其纵与外人无关，到后来变成只要是经工部局会提，即由外国领事派员会审。⑰ 1883 年发生了一起"工部局巡捕曹锡荣杀人案"，其后租界寡头政体即确定了所有案件皆须经会审公廨预审的"原则"；至 1902 年工部局甚且发表声明："凡租界内捕人一律先审后罚。"⑱ 表面看似与保护界内居民权益的程序正义有关，实则是排挤中国官厅审判管辖权的高招。凡此种种，均是寡头政体绕过章程取得的较重要的隐形权力。

至于华方又如何看待《洋泾浜设官会审章程》呢？学者马长林剖析："当会审公廨初创，会审章程正在修改审订等待批准时，清政府无论是中央机关总理衙门，还是像南洋大臣这样的封疆大员，都没有予以足够的重视，认为这只是有关上海一小块租界地内寻常的华洋交涉之事，根本看不到如何处理这块租界地中的华洋交涉，是关系到中国的司法主权问题。《洋泾浜设官会审章程》一经正式公布，清政府官员便以为万事大吉，而租界当局和外国领事却完全相反，想方设法来侵夺中国的司法主权，破坏会审章程。"⑲ 显然工部局在苦役争执中对华官"自废武功"的直率批评，仍然适用于会审公廨时期。

第二节　会审公廨的组织、权限及程序

本书不仅以会审公廨为主要研究对象，亦将会审公廨视为权力关系的载体。但无论如何，"了解事实"是一切论述的根基，以下谨概述及分析会审公廨的实际运作情形。

一、人事组织

（一）华籍官员

1. 谳员

《洋泾浜设官会审章程》有关会审公廨人事的规定，系第一款"遴委同知一员专驻洋泾浜，管理各国租界内钱债、斗殴、窃盗、词讼各等案件"，及第八

---

⑰　参阅《刑部奏复位上海会审公堂刑章折》，刊于《东方杂志》，第三卷第五号，1906 年 6 月 16 日，第 35 页。及《外国侵害中国司法之事实》，刊于《法律评论》，第一百五十期，1926 年 5 月 16 日，第 22—23 页。

⑱　参阅同注⑦，汤志钧编，前揭书，第 561 页。

⑲　参照马长林：《晚清涉外法权的一个怪物——上海公共租界会审公廨剖析》，刊于上海市档案馆主编《档案与历史》，1988 年第四期，第 55 页。

第四章　权力不对等下的纠葛

款"委员应用通事翻译书差人等，由该委员自行招募，并雇洋人一二名看管一切"。中外双方协议⑳派设"同知"长驻上海租界，却同样面临了洋泾浜北首理事衙门时期，中外争辩"是否负责的华官权责太低"的问题。

依清代官制，最基层的地方司法审判机关为州、县、厅，州设知州(从五品)，县设知县(正七品)，厅设同知(正五品)或通判(正六品)。知州、知县、同知、通判均为正印官，有权受理民词。㉑中方既规划派设正五品的同知长驻，似乎显示相当重视上海租界。而会审公廨华官可招募职员甚或洋人，更赋予该员相当的应变与人事权限。㉒甚且，清廷还曾以尽心洋务为由，予上海会审公廨谳员、江苏候补知府陈福勋以知府用，并赏加三品顶戴。

但上海租界会审公廨的"同知"，真的那么风光吗？"同知"在清代官制的地位虽仅略低于知府，然实际上却远不如实授的知县。㉓何况，派"同知"出任会审公廨谳员，根本只是章程"说说而已"，历来谳员多只是"候补同知"。更且，依章程第四款规定，"华人犯案重大或至死罪或至军流徒罪以上，中国例由地方正印官详请臬司审转，由督抚酌定奏咨，应仍由上海县审断详办。倘有命案，亦归上海县相验，委员不得擅专"，实道尽谳员"有名无实"、地位远不如上海知县。

也难怪就在陈福勋三品顶戴加身之日，两江总督刘坤一也上奏清廷：

> 上海会审公廨谳员，既非实缺，无俸满升调之期，即不能与实缺官员一同迁转，致劳绩久着于成例，无阶可升。除现在委员陈福勋任差十二年，异常出力，经臣专折会奏恳恩奖励外，此后会审公廨委员，无论同通州县选派是差，请均作实会审同知，名曰差缺，由臣会同抚臣奏明委，并自到差之日起，扣足六年，期满办理无误，照出洋异常劳绩例项目保奖，其廉俸等项，仍不照实缺开支。㉔

---

⑳ 1904年，公共租界会审公廨谳员张炳枢因事撤差，上海道台改派法租界会审公廨谳员孙建臣代理。英、美、德三国领事曾出文干涉，要求："嗣后更换谳员，必须先行知照，矢本领事照允，始可办理。"参阅《上海公共租界史稿》，上海：上海人民出版社，1980年，第168页。更将"协议"曲解为"否决权"。

㉑ 参阅那思陆、欧阳正合著：《中国司法制度史》，台北：空中大学，2001年，第316页。

㉒ 洋员的主要工作系为了"传提管押"无领事管束之洋人，有些类似现代法庭之法警或狱警，推断其目的可能是为了语言沟通，以及"以夷制夷"心态使然。

㉓ 民间通俗小说称"同知"为"摇头大老爷"，乃因"同知"没有实权，县官与之碰面表面上仍会行礼如仪，但背后却摇头不已。参阅二月河著：《乾隆皇帝——夕照空山〈下〉》，台北：巴比伦出版社，1997年12月初版四刷，第193页。

㉔ 参阅同注⑦，汤志钧编，前揭书，第369页。及吴馨等修，姚文枏等纂：《上海县续志》(二)，台北：成文出版社，中国地方志丛书·华中地方·第十四号，第808页。

刘坤一此奏经部议后,"清廷允之"㉕。唯终大清一朝,始终未能赋予谳员等同于知县的权力。㉖

不过,谳员或于官场上的地位与权限皆不如上海知县,但就实际面言,中国官厅显然并未过多约束会审公廨谳员的裁判权。亦即,帝国之鞭"不受遥制"的特色其实也存在于谳员与上级。在1906年奏驳《上海会审刑章》的给事中左绍佐即指出,《洋泾浜设官会审章程》虽有徒流以上交县管束等规定,其实除窃盗外,早就不移上海县,"通融已久,一旦纷更,外人岂肯允从,势必空文争执,徒费笔大话"㉗。再者,就中国官方言,谳员的能力及操守问题,一直是会审公廨的隐忧。㉘ 唯谳员幕后最大的支撑,可能不在于传统的"鞭长莫及",而在于寡头政体的强力背书。

表 4-1　会审公廨历任谳员表

姓　　名	上　任　年　月
陈福勋	1868(自理事衙门委员起续任)
黄承乙	1883 年 11 月
罗嘉杰	1885 年 9 月

㉕　参阅同注⑦,汤志钧编,前揭书,第369页。

㉖　北京英国公使馆的西尼·巴顿于1919年3月在《中国社会及政治科学报》上发表"上海会审公廨"一文指出:1869年的章程在很多方面是很奇怪的,这些章程并非来自外国当局。原来的建议来自中国当局,经各种修改后,终由中外官员议定暂行一年。原来的用意——此层可从当时的来往文书中看到——是要在上海外国地界内成立一个中国县,这样就可以任命中国县知事一人,带有官印,在当时中国行政制度下这样也就是说具有某些明确规定的权力。当时也曾指出,所派县知事应有适当的手下人员和有适当的薪酬,可惜最后采行的协议对这些事项都未规定。大概是因为发现了在当时行政制度下,成立一个新的县区是不可能的,因此从来未曾任命过实授的官员,作为该县的首长,并享有一个同一官级中国官员所应具有的权力。有县长一人由该省的总督任命,这被解释为同于皇帝的任命,授给木质印章一颗,据解释木质印章可认为与大印相同。

主持会审公廨的中国司法官比上海知县的地位低,更不用说比有些诉讼当事人的地位低,这个事实大大妨碍了该法庭的办事效率。以上引自王健:《西法东渐》,北京:中国政法大学出版社,2001年,第290页。

㉗　参阅《刑部议复左给谏奏驳上海会审刑章折》,刊于《东方杂志》,第三卷第九号,1906年10月12日,第90页。

㉘　例如谳员张柄杻卸职是因言官参其渎职枉法、办事不力,上海道袁树勋遂以其年老体衰为由将他调离上海。驻沪美国总领事古纳曾多次向两江总督魏光焘及上海道袁树勋请求继续留用张,但未获应允。唯张离沪时,上海绅商送其万民伞和德政牌以示敬意,参阅同注⑮,夏东元主编,第42页。1905年2月23日,两江总督周馥亦以黄煊贪污而将其撤职。参阅同注⑮,夏东元主编,第61页。

(续表)

姓　　名	上 任 年 月
蔡汇沧	1886年7月
宋治芳	不详
屠作伦	不详
翁笠渔	不详
张辰	1900年11月
张柄杻	不详,1903年5月离职
魏纯(草字头)坞(襄谳)	不详
孙士麟(建臣)	1903年5月
邓文堉(鸣谦)	1903年10月
关䌹之	1904年2月
黄煊(耀宿)	1904年3月
屠作伦(兴之)	1905年3月
关䌹之	1905年7月
宝颐	1907年6月暂代、10月接任
王松丞	1907年11月
李荨仙	1909年10月
德胜臣	1910年2月
宝颐	1910年?月
关炯(䌹之)	1911年11月

2．其他华籍职员

大体而言,会审公廨组织与传统内地州县衙门略同,设有文案、书办、收发、差役各项人员,但尚未成立如现代法庭一般的司法行政机构㉓,也就是说,清季会审公廨的内部作业程序并未法规化、制度化,而全由谳员主导,当然,也给了谳员、衙役相当的讹诈空间。

根据美国学者威罗贝(W. F. Willoughby, 1867—1960)的研究,清季会审公廨收案及内部组织未制度化的弊病,即在纯粹民事案件收案与否的"弹性"太大。由于此类民事案件管辖尚归华方掌握,惯例是对任何案件初次提

㉓　参阅《法权讨论会秘书戴修瓒视察上海公共会审公堂之报告(续)》,刊于《法律评论》,1923年第八期(合刊),第126页。

出诉状时决不开审,"只有对有钱的起诉人或特别坚决的起诉人无法不开审时,才进行审讯,以期减少会审公廨的事务"㉚。不过,这恐怕并非是会审公廨独有的弊病,而是传统衙门的特色之一。再者,我们也不可忽略,传统中国实仍有另一套解决所谓民事纠纷的机制。

(二)外籍陪审员暨相关职员

1. 陪审员

会审公廨既名"会审",则必然有与谳员地位对等的外籍陪审员。依据第二款规定,"凡遇案件牵涉洋人必应到案者,必须领事官会同委(谳)员审问,或派洋官会审"。第三款规定,"凡为外国服役及洋人延请之华民,如经涉讼,先由该委员将该人所犯案情移知领事官,立将应讯之人交案,不得庇匿至讯案时。或由该领事官,或由其所派之员,准其来堂听讼"。㉛显然得任陪审员者不仅只领事官,其从属官员亦得在会审公廨上,与谳员居于同一地位"会审",如此即可能贬抑谳员的地位。见诸尔后实际审判,几乎均系各国总领事委派的副领事甚或翻译官为陪审员。㉜并且,虽然谳员在名义上及形式上均居主要地位,但堂谕的决定实际上多半仍迁就外籍陪审员之意。例如1889年外籍陪审员查理斯氏即在报告中指出,"蔡谳员(蔡汇沧)之判案也,无刑律可为依归,盖无陪审官能容中国刑律之施行也"㉝。因此,若仅从会审公廨审判官的配置及实况分析,会审公廨显已非"中国式衙门",反而更带有浓厚的"国际法庭"味道。

至于在《中英烟台条约》引起争议的"观审"、"会审"之争,到了会审公廨却又呈现另一番风貌,即关于工部局华籍职员、巡捕被控案件,不仅有外籍陪审员"会审",更不乏工部局董事为"确保审判公正"而同时莅庭"观审"的事例。《点石斋画报》中,即鲜活呈现了会审、观审同台的画面。㉞

㉚ 参阅威罗贝,《外国在华法院及其法律适用》,收于同注㉕,王健编,前揭书,第294—295页。

㉛ 唯需说明者,并非涉及所有外国人之案均依此两条办理,而系只有享有领事裁判权的外国人,方依此两款办理。此为会审公廨极少数与领事裁判权有所牵连之部分。

㉜ 姚公鹤即称:"不知来廨之洋官,尊之曰副领事,实则均翻译官耳。"参阅姚公鹤著:《上海闲话》,上海:上海古籍出版社,1989年,第8页。

㉝ 参阅同注⑯,夏晋麟编著,前揭书,第46页。

㉞ 根据《点石斋画报》编号利八《私刑定谳》图说,华籍男子陈周被巡捕韦阿尤、傅阿金等人私刑拷打,经巡捕房督察长查验证实,即将韦、傅等人解送会审公廨,由华籍谳员与英籍副领事会同审讯,并邀请工部局董事观审。见《点石斋画报》,利八,台北:天一出版社,1978年。

第四章 权力不对等下的纠葛

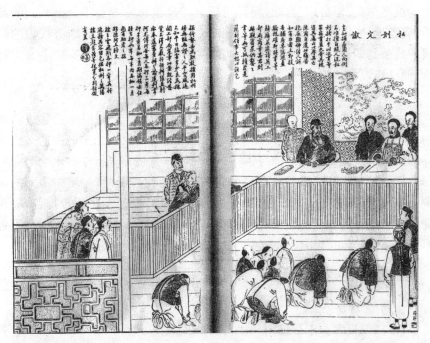

图 4-2 外人同时观、会审的情形。(引自《点石斋画报》利八《私刑定谳》)

2. 翻译

既是"会审",自必有语言沟通的问题,因而会审公廨翻译人员如何布置,亦深富玄机。㉟ 就现代诉讼法精神言,法官应中立听讼,绝无在听讼时同时兼任检控之责,在法庭上陈诉被告罪状。

不过,根据《工部局董事会会议录》载,直到 1897 年 3 月,此问题才获得重视。当时会审公廨英籍陪审员告知工部局,今后捕房在会审公廨应自备译员,因为他"不再为巡捕房翻译"。巡捕房督察长麦肯齐也显然意识到职司起诉的巡捕房找陪审员担任翻译并不妥适,因而建议在向会审公廨提出诉讼时均应自带译员。㊱ 从此事可知,显然会审公廨仍存有不少不符近现代法治精神的程序及人员配置问题;寡头政体确也已意识到其不合法理处,并着手进行调整。

㉟ 姚公鹤曾从国权沦丧之角度申论,认为会审公廨既为中国官厅,加以外国陪审员多系翻译官,"何劳我另派习洋文之会审官以迁就之乎?……徒令当事之华人,于法庭上不闻中国语言,专便外国律师及西捕耳。此亦历任丧权之一原因。"参阅同上注,姚公鹤著,前揭书,第 8 页。

㊱ 参阅《工部局董事会会议录》,第十三册,1897 年 3 月 2 日会议记录。

虽然如此,但会审公廨的翻译问题显然严重影响着会审公廨裁判的品质,或者是,决定了因"语言"这个"知识"或"技术"而产生的隐匿权力的归属。姚公鹤即评曰:"即会审华官亦在不求甚解之列,但由会审领事心领神会,便已定谳矣。"㊲

3. 检察员

会审公廨的各项文书及差役等,早期均由华方负责。但随着寡头政体的扩权,例如刑事案件被告多已改由巡捕房提讯,经会审公廨判决后又须由巡捕房人员发交西牢或巡捕房执行,故至清末时,巡捕房已在会审公廨派驻一名低阶警官(捕头)出任检察员(书记官),负责会审公廨与巡捕房间的协调工作,并职掌会审公廨的签票处(俗名牌票处),以签发民刑传拘各票,并兼管收押及发解人犯的职务。㊳工部局派出检察员长驻会审公廨,实已宣告寡头政体在陪审员之外,又凿通了另一个干涉会审公廨的管道。

二、管辖及处罚权限

(一) 管辖范围

《洋泾浜设官会审章程》有关"人"的管辖规定,散见于一、二、六、七等各款。简言之,会审公廨有权裁判华人为被告的民刑案件,以及无约(未享领事裁判权)国人为被告的民刑案件,又可再细分为:一、华洋诉讼,即外人为原告、华人为被告的民、刑事案件。但关于法国人的案件,则归法租界会审公廨管辖。二、纯粹华人间的民刑案件。三、无约国人民的案件,即无约国人民相互间的民刑案件;华人及有约国人民为原告、无约国人民为被告的民、刑事案件。

至于其裁判权限与范围,依章程第一款规定,系管理各国租地界内钱债、斗殴、窃盗、词讼等案件,无论如何不可能及于其他租界或居留地的案件,但《洋泾浜设官会审章程》"以原就被"的原则很快即被打破。因为自上海会审公廨设立以来,外人即以内地中国官厅不容"会审"为由(除上海会审公廨外,在其他中国衙门,外人只能"观审"),故凡遇"洋原华被"案件,不论被告的华民是否住居上海租界,均要求一概归会审公廨受理。对此,民国初年司法部的报告曾有一段至为沉痛的论述:

㊲ 参阅同注㉜,姚公鹤著,前揭书,第95页。
㊳ 参阅《法权讨论会秘书戴修瓚视察上海公共会审公堂之报告(续)》,刊于《法律评论》,1923年第八期(合刊),第126页。

第四章 权力不对等下的纠葛

原告洋人为便利己身权利而有此计,固无怪其欢迎此举,而中国官员何如哉? 历任廨员不明法律,甘弃主权,其尤甚者,且欲幸该管机关之得扩充权限也,乃盲然赞同违法受理,前清上海县令更以不谙条约,深恐办理不善,酿成交涉,反致获谴,更从而放之,久而久之,遂造成一种牢不可破之例外,而领事团在今日乃坚称以原就被之办法,仅适用于两造华人之案矣。㊴

除了一般民、刑事案件管辖权的规范外,我们也不能忽略了占会审公廨案件最大宗的违警、租税及违反行政命令案件。一般而言,犯行轻微的违警犯均当庭裁罚;租税类的案件多是工部局向会审公廨声请传讯未缴交捐税者,并由会审公廨裁决应缴的税款㊵;至于违反行政命令案件,会审公廨的裁判也常"因案置宜",并无一定的处罚方式。㊶

(二) 处罚范围

1. 徒刑范围

依《洋泾浜设官会审章程》第一款规定,会审公廨须置"枷杖以下刑具","并准其将华民刑讯管押,及发落枷杖以下罪名";第四款规定,"华人犯案重大或至死罪或至军流徒罪以上,中国例由地方正印官详请臬司审转,由督抚酌定奏咨,应仍由上海县审断详办"。若只看章程,会审公廨的处罚范围及方式,较洋泾浜北首理事衙门时期更朝传统中国法律靠拢,也没有了苦役的外国刑罚。

至1902年(光绪二十八年),慈禧下诏变法改订刑律,废除早为外人所

㊴ 参阅《司法部对于上海租界会审公堂(廨)调查报告书(续)》,刊于《法律周刊》,第十二期,1923年9月16日,第16页。

㊵ 例如1893年的"善钟马房执照税案",工部局即向会审公廨谳员声请传讯经营马房的华人善钟,要求善钟缴交7月份执照税六十六元,谳员最后裁处善钟应付五十一点五元,以及不退还他所谓的对5月、6月份多收的十八元。参阅《工部局董事会会议录》,第十一册,1893年7月25日会议记录。

㊶ 例如发生于1895年的"运送粪便苦力罢工案",会审公廨即将一名雇用运粪苦力的老妇传讯到庭,命她在一个星期之内给她的苦力装备新式规定的粪桶。在上海租界尚未有新式抽水马桶前,向来系以木桶运粪,且并未使用盖子,工部局为了卫生起见,而于1895年设计了新式有盖之铁桶,要求运粪商使用。但因铁桶成本高出木桶甚多,不利倾倒;由于工部局在桶上书写华文,华人认为把文字写在粪桶上是对"天书"的大不敬,因而在1895年中进行一场运粪苦力的罢工。工部局则调查发现此事的主谋是为几家大房产主雇来运送粪便的一名浦东老妇人。该年7月2日,会审公廨将她传讯到庭,并判决她要在一个星期之内给她的苦力装备新式规定的粪桶。参阅《工部局董事会会议录》,第十一册,1895年3月5日会议记录。

诟病的"五刑"中的笞、杖、流刑,亦是重点之一,并率先在上海租界等地试行。㊷ 1905年的《续订上海洋泾浜设官会审章程》也配合此趋势,改为以刑期五年以下为限,刑期在五年以上的重案,则移送上海县办理。民国初年司法部的调查报告也称:"终清之世,亦仅限于五年以下徒刑之案件"。㊸

不过上述说法至多只是"原则"或"官方说词",事实上会审公廨判五年以上的案件所在多有。㊹ 在1906年的《刑部议复左给谏奏驳上海会审刑章折》中也明载:"新廨历办各案,罚锾有千金以上者,监禁有十年二十年者。"㊺ 显然章程早成具文。

2. 枷笞刑的存废争议

会审公廨裁判用刑更大的争议在于枷笞等刑的存废。承前述,清廷修律大臣于1902年开始修订新律后,上海租界因缘际会,曾先行试行一部分的新律㊻,最后经中外协商,于1905年10月31日废弃笞杖等惩罚方式,㊼但没想到后来引起寡头政体强烈反弹。在1907年3月20日举行的纳税外人会议上,工部局即直指监狱内罪犯充塞的原因是废除笞杖等刑,要求恢复,与会外人也一致赞成;甚至连会审公廨谳员关絅之也致书端方及上海道台瑞澄,认为上海租界"以前居民视为安乐窝,今则盗贼以为遁逃薮",故主张"非复(笞)刑不足以示惩戒而保治安"。后端方虽呈文清廷法部,要求复用笞刑㊽,但清廷始终未曾应允。这是在会审公廨数十年的历史中,华方难得的未依寡头政体意愿行事的事例。

㊷ 笞杖等刑何时绝迹于中国,恐怕并无法单从清廷中央的记录评断。至少在上海地区,迄1911年辛亥革命前,仍有笞杖等刑,甚至江苏省巡警道,还曾严饬上海警局"永远停止笞杖、鞭挞、枷锁等刑讯"。参阅同注⑮,夏东元主编,前揭书,第136页。

㊸ 参阅同注㊳,前揭文,第17页。

㊹ 例如惯窃张阿生在1905年时涉嫌撬窃五千余金,1906年会审公廨审理后,即判处张阿生二十年徒刑。参阅同注⑮,夏东元主编,前揭书,第72页。

㊺ 参阅《刑部议复左给谏奏驳上海会审刑章折》,引自《东方杂志》,第三卷第九号,1906年10月12日,第91页。

㊻ 参阅《刑部议复左给谏奏驳上海会审刑章折书后》,引自《东方杂志》,第三卷第九号,1906年10月12日,第85页。

㊼ 参阅同注⑮,夏东元主编,前揭书,第68页。至于在上海租界等通商口岸率先废笞杖、试办新律的原因,仍是为了收回法权。伍廷芳即谓:"将来新律告成,范围全国凡领土之内法权在所必行,正宜乘此时机先于通商各口试行裁判诉讼之法,以为基础。"参阅《光绪卅一年修订法律大臣伍廷芳等奏疏》,引自吴馨等修,姚文枬等纂:《上海县续志》(二)卷十四,台北:成文出版社,中国方志丛书·华中地方,第十四号,第813页。

㊽ 参阅同注⑦,汤志钧编,前揭书,第632页。

第四章　权力不对等下的纠葛

3. 罚款（金、锾）

会审公廨对于轻微罪犯，另可判处数额不等的罚款，甚至到清末"罚锾有千金以上者"⁴⁹。但会审公廨及相关史料似未因刑事、行政、违警罚的不同，而区别罚款的用词。

根据《民立报》载《关诹员收回公堂权利》一文，在辛亥革命前的会审公廨的各项罚款，向来是五元以下者归巡捕房所有，五元以上者则由公廨与巡捕房对分。⁵⁰ 至于罚款的用途，则相当广泛，包括提供囚犯衣食、盖监狱等。⁵¹

1896 年的"亨特为华籍马夫抗辩案"⁵²，则显示会审公廨裁罚罚款的权限已被巡捕房"稀释"，本案并透露了许多关于租界违警或违犯行政命令的惩罚程序的珍贵信息，包括：一、在巡捕房逮捕嫌犯后，可以先行裁定嫌犯的"出庭保证金"数额，显然巡捕房仍持续拥有自洋泾浜北首理事衙门时期自行创设出的裁罚权。二、巡捕房裁定的"保证金"就等于是罚款，如已先行缴付罚款，即无须再被移送至会审公廨接受审判。唯此仍系"惯例"，并没有成文规定。三、巡捕房对于若干轻微案件该如何发展实具有相当的决定权，且除非有人向工部局举发，工部局才会再作检讨或调查。其中第三点最值得重视，即轻微案件裁罚权的监督与制衡，并非仰赖司法机关，而是能任

---

⁴⁹ 参阅《刑部议复左给谏奏驳上海会审刑章折》，引自《东方杂志》，第三卷第九号，1906 年 10 月 12 日，第 91 页。

⁵⁰ 参阅《民立报》，1911 年 11 月 20 日。

⁵¹ 从《工部局董事会会议录》中所载的下述案件，或可清楚知悉罚款运用的情形：1888 年 9 月 11 日，工部局董事会同意会审公廨谳员盖女子收容所的"申请"，并从工部局收取的会审公廨罚款中支出。该次会议中并提到，会审公廨的罚款"多用来为囚犯提供食物及衣服"。1894 年 2 月 20 日工部局董事会上曾讨论"巡捕基林申诉案"，更详实呈现了会审公廨罚款运用的情形：基林去函工部局董事会称，1892 年 4 月间他在汉口路逮捕一名涉嫌贩售假彩票的印刷工人董兴（音译），会审公廨后来判处董兴两百元罚金，其中一百元交中央捕房，他给华人侦探钟老庆（音译）十一元，其余九十元通过巡官交与督察长麦克尤恩。基林称，他有一笔二十元的款子用于本案，但并未还他，因此要求工部局查清此事，因为他清楚这九十元的支付款未曾"登入账簿"。参阅《工部局董事会会议录》，第十一册，1894 年 2 月 20 日会议记录。但隔周麦克尤恩则告知董事会，从会审公廨收到的一百元已汇入"探员基金账"，参阅《工部局董事会会议录》，第十一册，1894 年 3 月 6 日会议记录。

⁵² 英人亨特的华籍马夫因沿西藏路牵马而被拘捕到老闸捕房，巡捕房指称他在租界内"训练马匹"而裁罚他一元。但后来马夫又被带到会审公廨。亨特因而向工部局董事会质问，巡捕房究竟根据哪一条法规做此处罚？并要求工部局撤销对马夫的指控，及跟他到大英按察使署衙门打官司。董事会则决议告诉亨特，拘捕马夫是根据"凡华人在租界内练马者应予拘捕"的法规，况且巡捕房也未对此人科以罚款，"仅仅是作为要他到会审公廨出庭的保证金而已"，参阅《工部局董事会会议录》，第十二册，1896 年 8 月 11 日会议记录。但隔周亨利又去函声称，"惯例"是当即在巡捕房付罚款，而付了罚款就无须再向会审公廨起诉。

免巡捕的工部局,明显与法治社会多将违警案件委由司法机构作最终监督审查的权力配置有所差别。

4. 劳役

在洋泾浜北首理事衙门时期因戴中其案而起重大争议的苦役,至上海公共会审公廨时期究竟取消了没有?《上海租界志》称,经上海道台应宝时与英国领事温思达多次交涉,1870年3月31日苦役被废除。[53] 但在1896年9月22日的《工部局董事会会议录》中却透露了有关苦役的重要讯息:巡捕房"使用上铐囚犯碾压地面"的开销……共计每月一百五十元。总董并称,使用上铐囚犯"劳役"是一个有利于囚犯健康的事,因此开支是无关紧要的。[54] 显然苦役制虽已取消,但却又以"劳役"之名继续存在于上海租界。

三、侦查起诉权力与程序的变化

(一)侦查权的变化

从章程来看,会审公廨至少在形式上属于传统中国官厅、谳员系由上海道台所委派,故谳员仍应具有传统中国地方官员所拥有的主动侦查、打击犯罪的权与责,而非仅单纯负责审判的法官,揆诸史料也是如此。[55] 但因谳员受限于可支配的衙役数量及素质,加以往往引起程序的争议,故其主动出击的情形,终是罕见。

至于上海道台、上海知县及其他华官,在租界内是否有侦查犯罪权?既然连会审公廨谳员形式都有侦查权,在帝国一条鞭的政法体制下,这些官员自然也有权侦查犯罪,在同治初年华方聘顾密探专司访缉租界盗贼而成立的"会捕局",至少至20世纪初,也依然持续运作。[56] 不过其拘押人犯的权限,却逐渐受到严格的限制,不再是想拘就拘(详见(三)"传拘程序")。例如

---

[53] 参阅上海市档案馆编:《上海租界志》,上海:上海社会科学院出版社,2001年,第303页。

[54] 参阅《工部局董事会会议录》,第十二册,1896年9月22日会议记录。

[55] 例如1871年12月,洋泾浜老旗昌空屋内有棍徒私开赌局,经谳员陈福勋查访确实,即知照巡捕房前往查缉,拿获六人。为首者杖四十、枷号一月,余犯减杖释放。本案即是谳员兼负审判及类似现今检察官侦查犯罪职责的显例。参阅同注⑦,汤志钧编,前揭书,第283页。

[56] 参阅同注①,葛元煦著,前揭书,第72页。

1900年发生的"龚超案",即是显例。⑤⑦

　　总体而言,虽然华方理论上在租界仍拥有犯罪的侦查权,但实际上却是一点一滴的流失,终致由巡捕房包办。而巡捕房又因与工部局有着上下从属关系,而须受着工部局董事会的节制;另一方面,侦查权的核心——搜索及人犯拘捕权,则须受到上海领事团与外籍陪审员的节制。故从侦查权力流动言,寡头政体实已大幅取代中国官厅的地位。

(二) 相验权

　　依《洋泾浜设官会审章程》第四款后段规定,"倘有命案,亦归上海县相验,委员不得擅专"。例如发生于1869年的"印度人卓尔哲(Robert George)杀死木工王阿然案"⑤⑧即是上海知县积极侦办华人被害命案的显例。不过,洋泾浜北首理事衙门时期外人介入验尸的情况,显然仍然延续着。在1870年11月9日,工部局董事会即再度讨论有关租界由谁相验尸体的问题,证实了当时上海租界内相验华民尸体的工作,虽仍是由华方所主导,但外人亟欲干预的心态却也呼之欲出,而且意欲竞逐权力者已换成是拥有现代医学知识的医师,而非掌控政治权力的工部局董事或各国领事。⑤⑨

　　至于外籍死者或国籍不明者,是否亦归上海知县相验?从章程文义解释理应如此。但在1880年,寡头政体体制下的"验尸官"(Coroner),至少已"积极主导"这类验尸工作。更值得关注的是,其主导验尸所宣称的理由,是

---

⑤⑦　1900年12月22日,富有票会领导人龚超在公共租界被清廷总兵顾梓琴逮捕。但工部局即照会上海道台余联沅称,清军不得擅自入租界抓华人,必须经同意由双方共同逮捕并交巡捕房讯明。而清廷逮捕龚超系擅自行动,且两日后会审公廨的传票才发出。工部局认为清廷所为有违定章,故要求领袖领事华德照会余联沅将龚超交还租界。1月10日,英代总领事霍心澜亦照会余联沅称龚超应先交会审公廨,会讯后才可交上海县署。余联沅在租界压力下,于电禀两江总督刘坤一后,将龚超交给租界当局。未几,龚超即被释放。参阅同注⑮,夏东元主编,前揭书,第13—14页。

⑤⑧　该案发生于6月23日,耶松船厂木工王阿然(宁波人)于上班时与司阍英籍印度人卓尔哲(Robert George)争吵,被众人劝解。中午,王阿然等散工出车间至门口,卓尔哲竟持双铳枪击毙王阿然,又打伤另一木工。此案发生后,卓尔哲即被巡捕房关押,上海知县朱凤梯则亲临验尸,死者家属愤极大闹。7月16日英国按察使署判处卓尔哲绞刑,外籍陪审员请将原案送公使定夺,英领事麦华陀提出解该犯回国惩治,朱凤梯坚持不许。8月31日晨6时,卓尔哲在英国领事监狱附近被处绞刑,英领事、警务长官、会审公廨长官及署上海知县朱凤梯等在场监督执行。参阅同注⑦,汤志钧主编,前揭书,第258页。

⑤⑨　在会议中董事们指出,在新近会审公廨进行的一次验尸中,不知何故将处于高度腐烂的一具华人尸体挖出,公然陈列在信道上,并于下午在那里放了一段时间,"这种陈尸的作法令人作呕"。主管租界卫生的工部局卫生官亨德森医师正巧出席该次会议,他告诉董事会,这是若干开业医师企图向领事团请愿,"以取得对那些死因可能与外人有关的华人进行验尸的许可"。参阅《工部局董事会会议录》,第四册,1870年11月9日会议记录。

为了保护参与验尸人员的健康，避免因验尸而感染传染病的“现代医学”(60)，也证实当时外人参与租界相验工作，早已有一套程序与专业人员，并形成了定例。

1895年12月巡捕房副督察长致董事会的一封信，则进一步证实了上海租界系依照死者华洋之别而决定由谁主导相验，也同时凸显华官的消极被动：副督察长称，11月16日晨在奥列弗平房场院的树上吊着一具中国人的尸体，“为供知县查验并未予移动”，直到18日下午才把他搬走。副督察长因而建议，应该要求中国官厅今后遇有类似情况应立即查验，或在查验前授权由租界巡捕房将之移走。(61)

总之，华官在租界的相验权，只能以每况愈下来形容。到后来就连狱中华籍犯人死亡，负责看守的巡捕房人员都不再知照华方收殓，会审公廨谳员关䌹之甚且曾为此禀请上海道台瑞澄知会外人，要求由华官验明后方可收殓。(62)

(三) 传拘程序

有关租界涉讼相关人的传提办法，可从《洋泾浜设官会审章程》第三款及第五款中寻得轨迹。依第五款规定：“中国人逃避外国租界者，即由该委员选差径提，不用县票，亦不必再用洋局巡捕。”唯依第三款：“凡为外人服役及洋人延请之华民，如经涉讼，先由该委员将该人所犯案情移知领事官，立将应讯之人交案，不得庇匿。”第三款末段并规定：“凡不作商人之领事官及其服役并雇用之人，如未得该领事官允准，不便拿获。”显然华民即使涉案，仍须依其“身份背景”作三层区分：一般华民涉案，公廨若决定要拘提，就派差人径行拘拿，毫不受限制；如系拘拿为外人工作的华民，则须“知会”领事官要其交出人来；至于直接为领事官工作的华民，更须经其允准，方得拿捕。

不过论其实际，章程即使已明白规定关于各种身份华民传拘的程序，但尔后仍一直是华洋权力竞逐的焦点。1878年8月12日，谳员陈福勋奉命拘

(60) 在该年7月23日的工部局董事会会议记录即载，英国领事来函称验尸官向他抱怨说，上星期一在“浦东停尸所”(the Mortuary Pootung)进行的验尸，在安排上有欠妥之处。英国领事要求工部局董事会“今后要想办法使那些必须参加验尸和检查尸体的人，不会有传染上疾病的危险”。捕房督察长则向董事会报告说，“对江里发现的尸体通常是让他泡在水里，一直等到验尸官看过并验明身份后为止”。会议最后决定函告英国领事，工部局已下达指示，陈尸所应随时备有碳酸及其他消毒药品，同时还指示测量员与卫生官安排一下，以便今后不危及那些需要参加验尸的人的健康。参阅《工部局董事会会议录》，第七册，1880年7月23日会议记录。

(61) 参阅《工部局董事会会议录》，第十一册，1895年12月3日会议记录。

(62) 《中外交涉汇志》，载《东方杂志》，第三卷第五号，1906年6月16日，第39页。

捕女犯一名,并解送上海县讯办。工部局当日立即函请领事团提出抗议称:"提拘租界人犯,应由领事签字,且须经工部局巡捕执行。"(63) 学者倪正茂指出,此例即是工部局干涉公廨谳员行使职权之始。(64)

1885年10月16日,会审公廨谳员罗嘉杰认定租界内某茶馆主犯法,派人拘押。工部局为此致函领袖领事,要求通知上海道台邵友濂"拘票必须经领袖领事签字,并交巡捕房执行,否则界内华人一概不得拘提",并要求上海道台邵友濂饬令谳员,立即释放被拘的茶馆主。经交涉后,获邵友濂同意。但工部局却进一步提出要求"凡上海县署在租界内拘提人犯,拘票亦应经领袖领事副署,并由巡捕房协助执行"(65),不只削减了会审公廨华籍谳员的权力,更进一步侵蚀了界外华官的权力。

由上可知,《洋泾浜设官会审章程》虽明定单纯身份华民的传拘由公廨谳员全权处理,无须"偏劳"寡头政体,演变到后来所有华民传拘均须受寡头政体节制。事实上由于会审公廨的华籍差役人数有限,水准参差不齐,终致不得不仰赖巡捕房。然而,巡捕房却又听命于工部局;加以大部分租界华民均或多或少与外国有所牵扯,故到后来若要在上海租界内传拘华籍人犯,多须依循"会审公廨发出拘票——领袖领事盖印——巡捕房执行"的"惯例"。(66)

人犯提票的发展也如拘票一般。依《洋泾浜设官会审章程》规定,内地官厅向租界移提人犯,本可由公廨谳员遴差径提,毋庸会同巡捕房办理移交内地,外人也无从干预。但后来变成提票须预先送由领袖领事签字,签字之后再送还公廨,公廨才可派差执行。甚至进一步变为签字后须送请巡捕房代为执行,公廨遂仅可出提票,毫无实权。又自从提票须经领袖领事签字后,人犯提到,必先由巡捕房归入会审公廨早堂刑事范围内请求讯问,然后由中外会审决定移交界外华方与否。若审查后认为并未违背公廨管辖范围,即允许移交;唯若移提的人犯住居租界甚久,而犯罪在内地者,须提出充分证据始允许移交。

---

(63) 引自上海档案馆《全宗187,卷号1208》。

(64) 参阅同注⑨,倪正茂,前揭文,第479页。

(65) 参阅同注⑦,汤志钧编,前揭书,第449—450页。

(66) 学者张铨指出:"1883年7月以后,华官拘票遂绝迹于租界,《会审章程》中有关的规定则成为一纸空文。"引自张铨:《上海公共租界会审公廨论要》,载《史林》,1989年第四期,第47页。《会审章程》规定成为空文并无问题,但本书认为华官拘票并未"绝迹租界",只是变得须由寡头政体层层节制。

(四) 起诉程序

会审公廨既相当于中国的基层地方官衙，刑事被害人或民事被告自可向会审公廨"投禀"，其性质即类似于今日的自诉。在行政机关起诉部分，除了巡捕房有权起诉违警或刑事案件外(多由巡捕房律师或法律助理代表控诉)，工部局其他单位，也可通过工部局法律顾问起诉违反行政法令的被告。[67] 当然，承前述，会审公廨谳员也可主动出击侦查犯罪，并自行起诉及审判之。不过随着租界权力日益集中于寡头政体，此类案件也愈来愈罕见。

解析会审公廨的案件起诉方式可以发现，在刑事、违警等非民事案件部分，大半的起诉权均掌控于工部局或巡捕房手中，而工部局董事会，又是决定起诉与否的最终单位，甚且，董事会还拥有监督起诉是否合法的权责。显然中国官厅的侦查起诉权力几乎已完全被摒除于上海租界，所扮演的角色几已完全由工部局替换。

四、审判程序

(一) 原则

依《洋泾浜设官会审章程》，除纯粹华人民事案件外的民刑案件的审判，均由会审公廨谳员一人及外籍陪审员一人会同办理。谳员在名义上及形式上均居主要地位，但实际上堂谕的决定却多迁就陪审员的意思，尤其是涉及外人或原、被告雇请外籍律师的案件，囿于语文能力，谳员往往无法获取主导权。

华洋官会审的案件，除星期日外，逐日于上午开庭，外籍陪审员前期由英、美，后期由英、美、德三国轮流，称为"早堂"；纯粹华人民事案件，则由会审公廨谳员单独审判，于每日下午6时至8、9时开庭，称为"晚堂"。

(二) 预审程序 (Prima Facie Procedure)

预审程序的确立，是辛亥革命前的上海会审公廨于章程外最重要的变革之一。对于超越会审公廨裁判权限的重大案件，依章程应即移送上海县衙，但预审程序确立后，则任何案件一定要在会审公廨"过一堂"，再由其决定是否移送上海县衙。而此，即让寡头政体得以通过外籍陪审员等管道影

---

[67] 例如1896年12月15日，工部局工程师即向董事会呈交了稽查员针对第171号册地福州路前由金振志(音译)所修建的房屋的报告，称该建物结构松散、工程粗糙，墙壁难以承受屋顶压力，可能造成对公众的危害，并请求董事会向会审公廨起诉金振志。董事会获悉在同年11月27日曾有一类似案件，会审公廨谳员并已判决业主具结按照工部局的要求修建安全的房屋后，即决定批准工程师起诉该案的请求。参阅《工部局董事会会议录》，第十二册，1896年12月22日会议记录。

第四章　权力不对等下的纠葛

响到重要案件的未来发展。

一般均认为1883年7月的"巡捕曹锡荣杀人案"[68]，是公廨"第一次实行预审程序"。《上海公共租界史稿》并称，嗣后，1886年11月15日王泰基(译音)和魏柞泰(译音)盗劫案，1887年魏第厚(译音)诱拐案，均由公廨先行审问，然后移送上海县。[69] 其实在曹锡荣案发生两个月后，即有留美学生周长麟、林沛泉在上海被法巡捕捉获，先送至英租界会审公廨讯问，后才被押送至上海县衙。[70] 显见在曹锡荣案后，会审公廨的预审即已非特例。

(三) 上诉程序

依章程第六款规定："华洋互控案件，或有约国人民诉讼，或无约国人民诉讼，倘有不服委(谳)员所断者，得向上海道及领事官上诉。"其程序为上诉人提起上诉状后，上海道台一面批示准予受理，一面抄录诉状并订审期，知照该管领事会审，其会审处所设在租界中洋务局内。[71] 会审人员，华方是上海道台，外国则由该管正领事官出席，同时并由华方延聘的南洋法律顾问官到堂，代华方官员布置一切。审讯毕后，由法律顾问官草拟判决书，先送上海道台核准，再由上海道台函送参与会审的正领事阅看，磋商就绪，然后缮就华洋文各一份，送由会审公廨分头发布。[72]

虽然会审公廨设有上述上诉程序规定，但事实上，几乎所有华民被控案件均一审定谳，若要翻案或再审不是不可能，而是须受外籍陪审员、工部局、领事团甚或北京公使团及外国政府的层层宰制。[73]

至于纯粹华人诉讼案件上诉办法，系照传统中国的"上控"法例办理，由

---

[68] 详请参阅本书第四章第五节，"案件评析"三。
[69] 参阅《上海公共租界史稿》，上海：上海人民出版社，1980年，第382—383页。
[70] 周、林两人自美归国后，原在天津海关办理捐务。被捕前一年冬天因告假，返回后，职务已有人顶，每人一月给银二两，不够使用，才前来上海谋事。《申报》曾评论此事称："其给俸也不如西商之侍者，其监管也宛如犴狴之羁囚。如此用人，安得有良材大器出而为国家办洋务哉!"参阅1883年9月14日、15日《申报》。
[71] 姚公鹤称，公共租界有三处地方，不受工部局巡捕房管辖，并不纳各项捐税。一是铁马路桥北之天后宫，乃清廷出使大臣之行辕及出使文报局办公处。二是北浙江路之会审公廨，"我国驻在租界中之司法衙门也"。三即是洋务局。洋务局为清廷上海道设在租界中之办公机关，凡审理华洋上诉事件及中外国际交往，均借该局为之。乃因沪道署设在城内，交通殊不便利也。参阅同注[31]，姚公鹤著，前揭书，第7页。
[72] 参阅《法律评论》，第二十二期，1923年11月25日，第21—22页。
[73] 例如1902年1月2日工部局董事会会议记录即载，1901年有一名银匠被控，巡官伯克报告称该银匠系受冤枉，但董事会认为"此案唯有在该陪审员认为应重新开审(reopen)为妥时"，方可采取措施。参阅《工部局董事会会议录》，第十五册，1902年1月2日会议记录。至于1903年的"苏报案"，则是寡头政体乃至外国政府干预的显例，方使该案得以上诉或重审。

上海道台委他员或亲提讯理自问，始审理以及判决执行，领事并无法干预。例如 1902 年的书院学生陈明超被控以假充真兑换洋银案(74)，即是循上控之法由上海道台饬令会审公廨谳员再审。不过，这类案件终究是少数。

五、人犯移送暨羁押程序

（一）人犯移送

当一名嫌犯被巡捕房逮捕后，巡捕房将人犯移送至会审公廨，是否有明文规定应遵守的程序？会审公廨又是如何被决定应否应羁押人犯？羁押多久？此攸关会审公廨刑事诉讼程序，是否已然导入现代西方法治的程序正义及人权思想。

1888 年 12 月 11 日工部局董事会讨论"外人华地码被窃案"，详细的载录人犯移送的程序问题。(75) 从该案可知，巡捕房逮捕嫌犯后"尽快"送到会审公廨预审，早已是租界治安当局的共识，但"尽快"是多快，若违反了相关人员须受何惩罚，则似并无法律明文规定；再者，会审公廨预审后，虽排定了未来开庭之日，但该究竟以何标准核定嫌犯该收押或交保，似也未有法律明文规定，故常发生会审公廨虽裁定嫌犯饬回或交保，嫌犯却再度被巡捕带回私行拘禁的情形。

（二）人犯关押

《洋泾浜设官会审章程》既将会审公廨定位为一中国地方司法审判机构，则嫌犯的收押、罪犯刑期执行，甚至民事案收容犯、行政犯等的关押，自均是会审公廨的权责。但实际上会审公廨仅负责管收女犯，以及民事案件

(74) 该年 10 月 4 日，赴日留学的两湖书院学生陈明超被三泾桥仁源钱店老板王芝山控告以假充真，兑换洋银。会审公廨判陈押送巡捕房拘禁三月。陈的一名湖北同乡向某闻讯后深感不平，即据情上控上海道袁树勋，袁即饬令会审公廨再次审核。谳员见道台下令，不敢掉以轻心，再次传讯了王芝山和陈明超，经反复研讯，确认陈系出洋学生，川资由学堂发放，绝不可能乱用铜质洋银，因此令陈寻觅保人后，予以开释。而王芝山疑将假银调换了陈之洋银，又反控陈，但因苦无证人，公廨也无法深究，仅将王斥退。参阅同注⑮，夏东元主编，前揭书，第 34 页。

(75) 外人华地码去函提请工部局注意巡捕房工作的严重缺失称：有一名小工因涉嫌偷窃他家的几枚银元而被逮捕，并移送到中央捕房。五日后巡捕房把这名嫌犯带往会审公廨开庭。但在此期间，那名小工却又再次进入他家，拿走了他的衣服和其他一些东西。华地码向工部局董事会抱怨，这名小工之前曾被送到会审公廨后又被放了出来，但巡捕房没将此情况告诉他。巡捕房督察长麦克尤恩则报告称，那名小工被拘捕后，原安排由美国陪审员于五日后审理，但当时认为将人关押这么长时间是不妥当的，于是捕房于隔日上午即将他送往会审公廨，由谳员及陪审员谕知 11 日再审。工部局董事会则同意麦克尤恩的意见，即"犯人应尽快送会审公廨并立即进行讯问"。参阅《工部局董事会会议录》第十册，1888 年 12 月 11 日会议记录。

被裁定管押收容的被告,其余中外(指未享领事裁判特权的外国人)罪犯、嫌犯,均由各巡捕房及工部局负责管理。

各巡捕房所附设的牢房,功能类似今日警局拘留所及法院看守所的合并,但并非像拘留所、看守所般仅关押短期嫌犯或被告,也收容判决定谳的人犯。经会审公廨判决须入监服较长刑期的华籍人犯,则关押在福州路总巡捕房监狱,但随着租界扩展,各巡捕房也陆续成立,并多附设牢房关押人犯。[76]

华籍人犯的狱政问题一直颇困扰工部局,1890年后并曾引起寡头们激辩该不该由工部局负责。值得注意的是寡头们提出的理由,如英国陪审员贾礼士指出:"一所适合的监狱是向人展示对待罪犯的文明方式。"董事门特尔也说,"这种将犯人们挤在一起的做法,是对文明的一种耻辱"。[77] 后来董事贾逊又指出:"将等待初审的人犯与累犯关在一起,是对作为西方文明代表的西人的亵渎。"[78]

巡捕房督察长麦克尤恩的报告,则详实记载了当时关押人犯牢房的一些数据。

表 4-2 麦克尤恩报告华洋牢房使用面积比较表

捕房名称	华人用牢房间数及面积	西人用牢房间数及面积	乞丐用牢房间数及面积	备 注
虹口捕房	六间,每间216平方英尺	二间,每间216平方英尺	二间,132及163.8平方英尺各一	华人房夏天有时收容100人
中央捕房	三间,每间216平方英尺	一间,243平方英尺	一间,140平方英尺	
老闸捕房	三间,216平方英尺	一间,216平方英尺	一间,182平方英尺	

---

[76] 至于有领事裁判权之外国人犯,原英、美人犯关押在英国领事署内附设之监狱,后因不敷使用及配合本国司法制度等原因,遂于1868年在厦门路建造监狱,专收外国犯人,故又俗称"西牢"。参阅《上海掌故辞典》,上海:上海辞书出版社,1999年,第109页。
[77] 参阅《工部局董事会会议录》,第十册,1890年4月1日会议记录。
[78] 参阅《工部局董事会会议录》,第十册,1890年9月30日会议记录。

当"文明"与否,成为应否掌控狱政的理由时,显然租界权力的概念也起了重要的变化;麦克尤恩的报告更告诉了我们,牢房面积的与人犯数目相对比的"数据",已然成为决定文明与否的重要指针;对于租界华民来说,其所牵涉的,更是一重崭新的权力关系。

1896 年,工部局董事会终于批准在新扩张的美租界茂海路、汇山路口征地营建关押华籍人犯的监狱,并于 1903 年 5 月启用。因该监狱归工部局警务处管理,故称作"上海公共租界工部局警务处监狱";另因多关押华人,故俗称"华牢",以与厦门路的"西牢"区别;又因所处位置,被称为"提篮桥监狱"或"华德路监狱"。

六、律师制度的落实

在洋泾浜北首理事衙门时期,上海租界即已有了现代律师辩护制度,唯其恐怕要到会审公廨时期,方才具体落实到华人世界。会审公廨章程中虽然没有明文规定可以在诉讼中聘雇律师,但在会审公廨运作未久,至少在华洋诉讼案中,即已有两造各聘律师在法庭上相互攻防的事例。学者马长林根据 1875 年 4 月《申报》所载的"英商旗昌洋行控告其买办刘树滋案",两造"均请律师置办"一语㉙指出:"毫无疑问,会审公廨在华洋民事诉讼中首先采纳了律师出庭辩护,为律师制度在近代中国的应用开了先例。"㉚不过郭泰纳夫却认为律师之所以能够在会审公廨出庭,与 1879 年 9 月的杜夫(C. J. Duff)、大卫(D. M. David)控告汕头洋药公会案,有相当密切关系。郭泰纳夫并认为该案确立了一项原则:在会审公廨中,只要是华洋诉讼案件,华方就可聘请律师协助。㉛

不论如何,显然在 1880 年前后,现代律师这个角色,已经逐渐根植于租界华民心中。甚且后来即使诉讼两造都是华人,也常有延聘律师诉讼之例。不过大体而言,会审公廨只有"早堂"即洋原华被的民刑案件及纯粹华人的刑事案件,律师才有可能出庭;至于"晚堂"即纯粹华人间的民事案件,由于

㉙ 参阅《申报》影印本,第六册,上海,上海书局,第 418 页。

㉚ 参阅马长林:《晚清涉外法权的一个怪物——上海公共租界会审公廨剖析》,刊于上海市档案馆主编《档案与历史》,1988 年第四期,第 57 页。

㉛ 该案由上海道台、会审公廨谳员陈福勋、英国领事戴凡波特(A. D. Davenport)及副领事艾伦(C. F. R Allen)共同会审(本书怀疑该庭是"上诉"或会审公廨的"特别法庭")。开庭时,戴凡波特拒绝让文莱(R. E. Wainwright)、担文(W. V. Drummond)两名外籍律师为华人被告出庭,但遭上海道台反对。英领遂通过英国驻北京公使向总理衙门抗议,但总理衙门认为应照上海道台意见办理。Kotenev, *Shanghai: Its Mixed Court and Council*, pp. 202—204。

第四章　权力不对等下的纠葛

审理程序与适用法令和内地衙门并无二致[82]，故仍罕见两造聘雇现代律师。

至于现代律师带来的影响，学者孙慧敏指出，上海律师业的萌芽，虽然是外人侵夺中国司法权的结果，但上海的外籍律师却不全然是帝国主义的帮凶。[83] 孙慧敏并举了屠云峰等二十三名上海商人联名上书苏松太道聂缉规的内容佐证：

> 中国自与各国通商以来，于交易一端，华人往往有受亏情事，历年来稍能与之抗理者，全恃有律师得为华人秉公申诉。[84]

但本书更关心的是现代律师得以在会审公廨出庭辩护，实大幅度的改写了会审公廨的权力配置与权力关系。从早期的谳员、外籍陪审员依职权决定诉讼的命运，到后期律师凭借法律专业得以影响诉讼结果，对租界华民来说，这无疑又是一种崭新且隐匿的权力关系的诞生。

七、适用法条

纯粹华人的民刑事案件及违警罚、行政罚等，仍系采用《大清律例》，以及华洋官厅所颁布的告示。至于涉及华洋的民商诉讼则较为混乱，多引外国民商法律裁判。事实上，在上海租界，外国尤其是英国的民商法律，一直占有重要地位[85]（参阅图 4-3），而此更反映了会审公廨内部真实的权力主从关系，至少就华洋民事案件来说，谁能理解外国民商法律与法理，或者更露骨地说，谁能理解外籍陪审员心目中的民商法律，即有可在诉讼中掌控先机。

---

[82]　参阅孙慧敏：《建立一个高尚的职业：近代上海律师业的兴起与顿挫》，博士论文，台北：台湾大学历史学研究所，2002 年，第 62 页。

[83]　参阅同前注，孙慧敏，前揭文，第 35 页。

[84]　参阅同注[83]，孙慧敏，前揭文，第 35 页。转引自"南大臣刘坤一呈总理衙门咨文，光绪二十年(1894)四月二十二日"，《总理各国事务衙门清文件》，中央研究院近代史研究所藏，清季部，地方交涉门，各省英人项，"江苏交涉，上海英商会反对英律师担文署理国家状师"，宗号 1-(4)，卷号 A-7-2，第 3 页。

[85]　例如在《东方杂志》的一则《司各脱商标广告》即称："曾照英国商律在上海总领事署注册，并按中英商约在中国海关立案，经用人鱼商标为记，不论何国商人，均不得仿效，以伪乱真或贩卖。"参阅《东方杂志》，第三卷第二号，1906 年 3 月 16 日，内页广告。

图 4-3　司各脱公司的鱼肝油广告,道尽租界民商法律适用的纷乱。

八、超越传统的法庭权力空间布置

通过以上的剖析,显然一个大幅跳脱传统中国审判衙门、与现代法庭类似的会审公廨,已然在上海租界顺利运行。然而除了隐匿于章程后的权力流动及权力关系外，又藏有些什么更隐晦的权力关系？或许我们有必要深入解构会审公廨的空间与人员配置情形。目前可见的关于会审公廨的照片多为正景拍摄，较难呈现清末会审公廨的全貌。然在《点石斋画报》中，却有数幅插画以立体的手法呈现了会审公廨整体的空间与人员配置。例如前述《私刑定谳》(86) 一图中，即让我们看到了外人同时会、观审的画面；在《卷逃可恶》(参阅图 4-4)、丙一《乾纲不振》(参阅图 4-5)等图中，更清楚呈现了华方的谳员、衙役，与洋方的陪审员、巡捕甚至在门口站岗的巡捕"分立左右"的场景。凸显会审公廨这个场域已然成为一个华洋形式对立、权力对抗的司法机构。

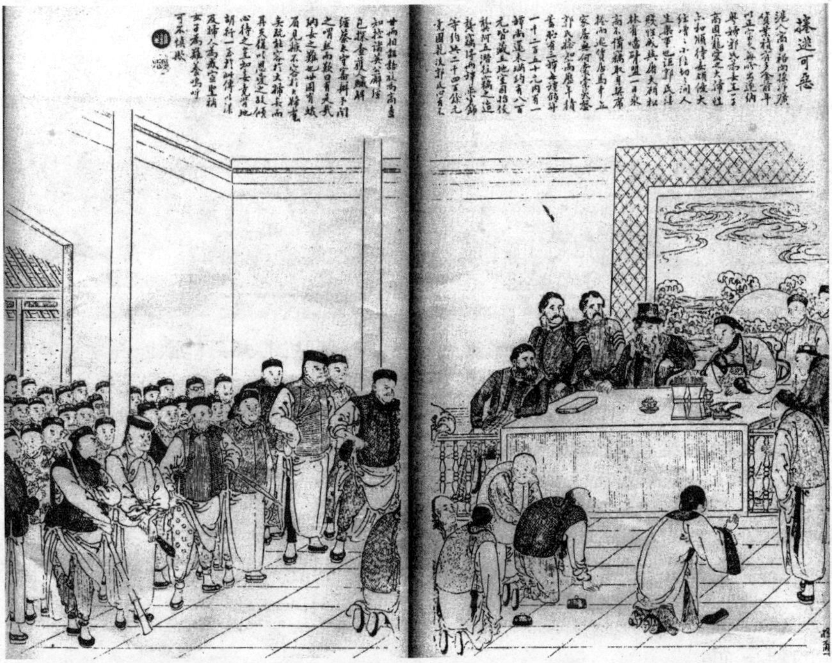

图 4-4　会审公廨不单只是外籍陪审员才能站上公廨，陪审员旁那两名戴臂章的巡捕更值得注意。(引自《点石斋画报》亥七《卷逃可恶》)

(86) 参阅第 101 页，图(4-2)。

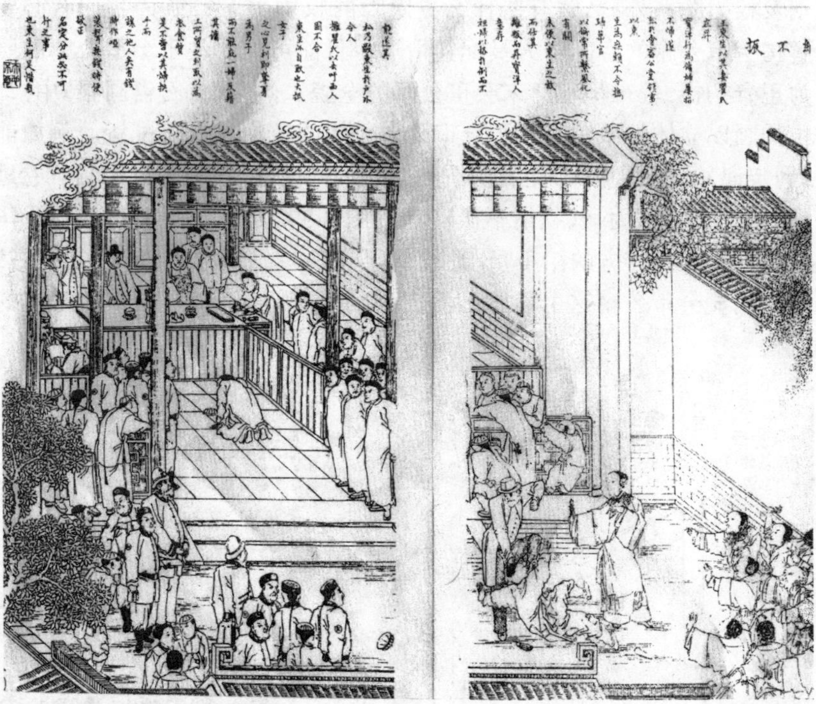

图 4-5　虽然会审公廨门外有华籍差役与洋巡捕站岗，却只能眼睁睁地看着外国商人痛殴诉讼当事人。（引自《点石斋画报》丙一《乾纲不振》）

更值得观察的是，《点石斋画报》这几幅关于会审公廨的插图，均凸显了会审公廨的“公开审判”，也不见刑具(87)；但不变的是，被告均面对华洋审判官下跪。显然会审公廨在引领现代诉讼程序与方式的同时，传统帝国之鞭权力关系的光环，也扩散到了公堂上的外籍陪审员乃至观审人员身上，并进一步证实，寡头政体通过会审公廨所获得的“权力”，绝非仅止来自于表面上案件的侦审而已。

第三节　会审公廨的行政角色

1888 年 4 月，会审公廨谳员蔡汇沧(88) 奉上海知县令，发布了一个“六言

(87)　反观《点石斋画报》其他数幅有关传统中国衙门的插画，都可见刑具的踪迹，实耐人寻味。

(88)　蔡汇沧于 1885 年任华洋理事同知，曾于 1892 年与外人交涉推广租界事宜，坚拒外人求偿，后官至山东莱青道。参阅同注㊼，吴馨等修、姚文枬等纂，前揭书，第 827—828 页。

告示”：

照得小车捐项，中外官已会商，数日即可出示，尔等不必着忙。生意准尔暂作，巡捕不来阻挡。倘敢聚众滋事，立即严拿到堂。尔等应知王法，切勿以身试尝。⑧⑨

蔡汇沧这个近似打油诗、亦严亦谐的“六言告示”，明白透露出会审公廨在租界华民心目的究竟是何等模样，以及它应该做些什么事，达到什么样的目的。显然除了职司司法案件的侦审外，行政的平抚民心、立法的威吓警示等传统中国官厅该扮演的角色，会审公廨“一个也不能少”。本节谨先探讨会审公廨的行政角色。

一、代表华方与外国政府沟通的行政角色

蔡汇沧在六言告示开头就说“中外官已会商”，的确，在会审公廨所扮演的行政角色中，与外国政府沟通本就是重要工作之一。此项工作非仅为了租界治安，甚至兼及涉外事务，兹举重要事例如下：

（一）玛也西号船拐卖华工事件(90)

1872 年夏天，上海发生了一件大规模的拐卖华工事件，共有二百二十六名华人被秘鲁、葡萄牙人拐卖至外籍轮船玛也西号上，随后开往日本横滨，而被日本政府扣留。同年 9 月 21 日，会审公廨谳员陈福勋奉命偕同日本驻沪副领事郑永宁、美驻沪领事馆翻译麦嘉缔赴日本会同审办该案，于 29 日抵横滨。然该案在 26 日即在日本审讯定案，判决华工全部交由中国派员带回，玛也西号船从宽释放。10 月 2 日，日本横滨县知事将审讯案卷及华工一并移交陈福勋接管承办。15 日，陈福勋会同日本外务相所派上海领事品川忠道带同华工返沪。22 日，陈福勋等返抵上海，由上海道台沈秉成点名，或予遣回原籍，或交亲属保领。(91)

（二）勘查铁路及租界界址

1876 年 11 月 18 日，陈福勋应上海道台冯焌光之命，与洋务委员二人及

---

⑧⑨　参阅同注⑦，汤志钧编，前揭书，第 464 页。

(90)　此案在《清史稿·志一百三十五·邦交八》中亦有记载，但十分简略：秘鲁在南亚美利加州。同治十一年（1872 年）秘鲁国玛也西船私在澳门拐华民二百余人，行抵日本横滨，经日本截留讯办，知会中方派员前往。时通商大臣何璟派补用同知知县陈福勋偕美、英两领事派员前往，旋各载回。……查同治十一年，日本国扣留秘鲁玛也西船，载有拐卖华民二百三十人之多，据各国领事公同讯问，船主苛酷相待，饮食不继，并有割去辫发、鞭打囚禁等事。

(91)　参阅同注⑦，汤志钧编，前揭书，第 290、291 页。

吴淞道路公司洋人二名赴吴淞查勘铁路，同时商定《护路章程》。(92) 但岂料吴淞铁路建成后未久，即因华民抗议被拆除，1881 年 3 月 15 日，陈福勋又与上海知县莫祥之及法租界会审公廨谳员翁同钧等，会同领袖领事等前往旧路履勘。除了勘查铁路外，会审公廨谳员也负责查勘及审定租界界址及河滩界址，并与外人协商。(93)

上述二起事例也显示，会审公廨谳员在行政上仍直接受着上级中国官厅的指挥，仍保留了传统官员浓厚的行政"听命"特色。与司法权相较下，在这方面显然看不出寡头政体的干预痕迹。但这并非寡头政体的礼让，而是其早已取得了大部分租界的行政权，让会审公廨谳员与上级中国官厅保有在行政权方面的层级色彩，不过是因其有助华洋政体交涉管道的通畅而已。

二、会审公廨与工部局互动的行政角色

会审公廨不仅止扮演帝国一条鞭政法体制中的"鞭末"、"听命"的行政角色，在《工部局董事会会议录》中，更详载了会审公廨在租界行政方面与工部局寡头们积极互动的事例，举其要者如后：

(一) 管控华人妓院

管控华人妓院一直是租界行政的重要工作之一。早在 1887 年，工部局警备委员会即指示巡捕房告知华人妓院妓女，"若不去性病医院检查话，将被拘送会审公廨"。不过却有董事质疑"工部局是否有权介入强迫妓女检查"？"这些妓女若被送往会审公廨，谳员是否会对她们进行处罚"？故会议只决定要求巡捕房采取"通常措施"要求妓女前去检查。(94)

至 1889 年 6 月，工部局董事会指示巡捕房传讯经营四川路华人妓院的负责人，因为该妓院妓女不去性病医院检查。(95) 工部局于此案终于获得谳员密切配合，并收到了明显的效果，谳员"或将送她们回乡，或是将她们送往新

---

(92) 参阅同注⑦，汤志钧编，前揭书，第 340 页。

(93) 其他如 1893 年工部局助理工程师的备忘录也称，知县和会审公廨谳员准备提出赞同延长虹口北边界线的报告，但工部局应保证：不应向虹口范围内原地产主所有的农田征税；凡由原房产主居住的住房应同目前一样仍然免税。董事会决定同意此安排。参阅《工部局董事会会议录》，第十一册，1893 年 2 月 21 日会议记录。

(94) 参阅《工部局董事会会议录》，第九册，1887 年 1 月 20 日会议记录。

(95) 参阅《工部局董事会会议录》，第九册，1889 年 6 月 21 日会议记录。

闸收容所，其他的妓院也已被监视，并将被起诉”。(96) 后来，会审公廨谳员甚且答应，“或者强迫有病妓女留院治疗，或者将她们逐出租界”。(97)

(二) 管控饮食卫生

《工部局董事会会议录》与饮食卫生及安全有关的报告相当多，也涉及到会审公廨的职责甚或审判。值得重视的是，寡头政体这类搭配着现代卫生观念乃至专业疫病、卫生人员的背书而施行的政策，多能得到会审公廨的配合。(98) 但也有少数例外，例如1889年的一起“贩卖病牛肉案”。不过，会审公廨并非因为掌握了更多的卫生知识而不欲配合，而是因为该案的事实认定与外人有所出入。(99)

上述事例其实也呈现出会审公廨谳员独当一面或不受遥制的特色。不过我们也可很清楚地看出，这些事例不太可能会“上达天听”或成为地方动乱之源，或许因此会审公廨谳员才得以如同传统地方官员一般径自决行。

三、会审公廨与民众互动的行政角色

除了代表帝国最末端与外人沟通的“行政官”角色外，会审公廨谳员既

(96) 在隔周的会议中，董事贾德即抱怨称，老沙逊洋行买办房子的九家住户被指控经营妓院，而被送交会审公廨，谳员并命令关闭这些妓院，这些妓院已有八家关闭，似乎是专挑其妓院执法。董事阿特勒则解释“并未选择性执法”，但总要从一些妓院先执行。阿特勒并称会审公廨在押的一名老鸨，旗下的三四名妓女没有一人参加每周的检查，因此，会审公廨谳员才发出拘票将她们逮捕。参阅《工部局董事会会议录》，第九册，1889年6月18日会议记录。

(97) 参阅《工部局董事会会议录》，第十册，1890年2月19日会议记录。

(98) 例如1896年7月一名华人牛奶棚主即向工部局董事会投诉指称，7月17日他被会审公廨谳员传讯，罪名是他的牛奶棚不洁，并下令他在十天内迁出虹口租界。但是在如此短促的时间内要他为其牛奶棚找一个适合的去处实难以办到，因此请求工部局宽限。总办则解释说，在5月时即已叫此人把一大堆放置很久的牛粪运走，正是这堆牛粪，才使他被带到会审公廨。参阅《工部局董事会会议录》，第十一册，1896年7月28日会议记录。

(99) 该案案情如下：工部局卫生稽查员向工部局董事会报告称，他看到大量外表可疑的牛肉装在一辆手推车上沿江西路往虹口去，便拦住了车夫，并查出肉是在八仙桥买的，正要送往虹口一家专为外国人供应牛肉的肉店。手推车及车夫、肉店老板、雇手推车者及牛肉等，都被他送往会审公廨。他要求谳员判处没收牛肉，罚款二十元，或者下令查封肉店，以作为这名肉店老板购买病牛肉来供应顾客的惩罚。但谳员“拒绝照办”，因为谳员认为这些牛肉的原主是一名穆斯林肉店的老板，老板及买主都声称肉是好的。牛肉被拿到公廨内院，但谳员拒绝检查；外国陪审员则称，即使工部局卫生官发了证书证明那些牛肉是病牛肉，也没什么用处。谳员最后命令把两条坏得厉害的后腿卖给油脂店，但坚拒惩罚肉店老板，因为牛肉不是在那里被查获的，参阅《工部局董事会会议录》，第九册，1889年4月9日会议记录。在隔周会议上则宣读了外籍陪审员的简短解释函：会审公廨谳员不肯判处老板罚款，原因是他实际上并未买下这些病牛肉，而仅仅是卖主拿了这些病牛肉去他店里要卖给他。原主已被处罚，其余的牛肉据说“还可供华人食用”，参阅《工部局董事会会议录》，第九册，1889年4月16日会议记录。

为帝国之鞭权力关系中的重要一环，自然仍须扮演传统中国父母官平抚舆情、照顾弱势的角色，其显例如下：

（一）增税纷争的申诉对象

"小车"是上海租界特殊的交通工具，但因小车每每负载甚重，而致路面损毁，故工部局采取了类似"使用者付费"的观念，以"收捐换照"的方式管理小车。但自1869年起[100]，几次的收捐加捐事件，均引起小车夫们的不满及抗议，会审公廨也成了小车夫们最优先的投票申诉对象。除了小车捐，因房捐而起的请愿事件也经常发生。例如1900年9月，公共租界各店铺代表二十余人，即前往英总领事署与会审公廨，要求减轻房捐。[101]

（二）兴办慈善事业

1879年谳员陈福勋鉴于外地流民拥进上海日多，即会同海关同知吴恒、上海知县莫祥芝筹款，于新闸大王庙后购地建造"沪北栖流公所"，办理收养失业贫病流民事宜。[102]《上海县续志》也称赞谳员陈福勋此举称："教养兼施，迄今穷黎芘赖焉。"[103]陈福勋可能未曾想到的是，从现今改善治安的观点论，照顾流民、减少社会贫病失业者，实与治安的良窳密切相关，不止是人道的考量而已。

（三）处理劳资纠纷

上海租界逐渐成为一工业化新兴都市，自然也衍生了许多劳资争议，会审公廨也常成为解决租界劳资纠纷的最后机制。例如在1882年7月上海会德丰洋行水手罢工案中，会审公廨先是以"煽动闹事罪"收押三名水手，也扣押了工头席竹年。但观诸公廨最后的判决："讯明工头及在船头目均无克扣情事，本应反坐水手滋闹妄控，姑念穷苦，宥其初次，并妥商加增工资，以示体恤。并令水手等具结不再扰哗。"[104]实充满着传统父母官的苦口婆心，及以平抚民情为最优先考量的态度。辛亥革命前几年，随着新式工业在上海的兴盛，劳资纠纷成了租界的家常便饭，更常见会审公廨基于类似心态而下的裁判。

---

[100] 该年7月14日工部局议定每部小车征收行使费二元，小车夫须往巡捕房缴费，领取执照，如逾期未领，一经查获，究办不贷。唯后来各处小车夫却抗不遵行工部局规定，即聚众一、二百人见赴会审公廨投诉称无力出此使费，继又至上海县署喊禀。参阅同注⑦，汤志钧编，前揭书，第270页。

[101] 参阅同注⑦，汤志钧编，前揭书，第552页。

[102] 同上书，第363页。

[103] 参阅同注㊼，吴馨等修、姚文枏等纂，前揭书，第824页。

[104] 参阅同注⑦，汤志钧编，前揭书，第392页。

在前述的事例中,我们所看到的会审公廨谳员,不仅是要安靖租界,更要适时抚顺民情,及不让社会无端兴起波澜。至于创立流民收容场所照顾弱势,见诸历史更是传统地方父母官常有的作为。凡此种种,均说明会审公廨谳员的权责是多元且集中的,也证实会审公廨谳员与租界华民的权力关系,绝对不仅只存在于司法判决。

四、会审公廨行政角色评析

通过以上的分类及事例可知,在辛亥革命前,会审公廨谳员绝对不是西方现代法制下独立审判的法官,却是事责繁重的行政官,此时的会审公廨谳员依然位居一条鞭式帝国政体的鞭末环节;更可从其所扮演的平抚舆情角色,及积极兴办慈善事业照顾游民贫病等事例看出,谳员活脱就是一个属于租界华民的知县父母官。

许多关于"殖民"的论述,通常并不会否认殖民者引进近现代医疗卫生观念之功,寡头政体在上海租界强制从事性工作者定期检验,以及注重食品卫生、疾病防疫等事即是显例。但却也因文化、习惯的不同,曾在上海租界引发华民若干抗争,会审公廨也被迫卷入及表态。虽然大部分事例显示,会审公廨与工部局在这些事例上的配合尚称密切,却并不表示会审公廨谳员全然受到工部局的控制。或者说,寡头政体虽会通过各种管道试图影响会审公廨的最后决定,但至少在形式上,仍十分尊重会审公廨的判决。

不过在此同时,我们却也由食品卫生及妓女等案中,看到了"科、医学检验",已然成为决定权力有无或多寡的知识与技术,并已逐渐成为华洋政体与华民间权力关系消长的关键因素,"知识即权力"于此获得充分的验证。不过值得我们注意的除了实质权力的流动与权力关系的竞逐置换外,还有傅柯所强调的权力的隐匿及趋于细致,亦即,真正的权力不再是由单一机构或人员所有,而可能存在于各个阶段或各个阶层的人员,例如工部局负责食品卫生检验的人员,即可能在会审公廨的裁判中占据重要角色。

总括论之,会审公廨谳员对于工部局若干行政事项,扮演的显然已是"背书"、"支持"[106] 而非"决定"的角色,这与传统中国官厅在各地方拥有独断

---

[106] 1890 年 2 月 25 日的工部局董事会会议记录或可说明一切:巡捕房督察长麦克尤恩已取得对拒绝去医院的带病妓女的传票,并已将她们带往会审公廨,会审公廨谳员谕知她们必须前往医院或新闸收容所。董事阿特勒即评论指出:"工部局受过会审公廨谳员许多帮助,在此事中谳员在他能力所及的范围帮助了工部局。"参阅《工部局董事会会议录》,第十册,1890 年 2 月 25 日会议记录。

行政权的情形是截然不同的。在上海租界，由于行政权权力分配结构使然，其实也注定着中国官厅的行政权必然将日趋削弱。不过，即使谳员的行政权力有逐渐被削弱的迹象，但在若干事例中，我们仍可见到来自帝国的坚持，特别是捐税事项。⑩ 帝国之鞭在上海租界为何特别着重捐税事项？除了捐税权事涉国家主权外，显然还有着其他原因值得玩味。很可能因租界"捐税"的地上化与透明化，压缩了衙役皂隶收取"规费"的空间，逼使地方官厅不得不有所坚持。这无关知识与技术，却攸关地方官厅的直接利益！

第四节 会审公廨的立法角色

蔡汇沧奉上海知县裴大中令发布"六言告示"，除了说明会审公廨依然是帝国之鞭的一节，必须扮演行政官、父母官的角色，更证实了帝国政体的另一大特色——在若干情况下，地方官厅仍有相当的立法权限。更重要的是，在"不受遥制"的传统下，中央可能并不知道地方到底发布了什么命令，或与外人作了什么协议，但却可能都被人民视为"王法"。再参照第二章所述寡头政体逐渐全面掌控了对租界华民的立法否决权，致使会审公廨在立法方面扮演的角色，异常显得复杂与尴尬，谨分类论述如下。

一、会审公廨自决的立法

在一些单纯涉及华人的事务中，常见会审公廨径自发布命令要求华民遵守，例如禁止在租界停棺。华人因风俗习惯而长期停棺，外人却害怕因此

---

⑩ 例如在1884年3月，工部局令巡捕房在老闸滨北一带按户钉牌，一律收捐3月3日，工部局收捐人即至会审公廨控告称，有若干商号和居民拒不交捐，请会审公廨谳员黄承乙传谕地保，令当地商号居民交捐，但黄承乙拒不追究未交捐人。工部局后来曾向上海道台邵友濂要求命令会审公廨谳员着地保通知居民照办，邵友濂也未予理会。参阅同注⑦，汤志钧编，前揭书，第423页。
又如1885年工部局规定自3月1日起实行茶馆执照捐，凡茶馆每月出捐洋一至六元不等，各茶馆反对，工部局将拒交者逮捕，并解送会审公廨。公廨的外籍陪审员坚持追缴，而公廨谳员黄承乙认为工部局无此权限，力主不加追究。最后经领事团不断向黄承乙施压，并将收捐办法略作修改后才实行。参阅同注⑦，汤志钧编，前揭书，第424页。
再如1889年12月24日的工部局董事会会议记录亦载，会审公廨谳员向工部局抗议称：上年12月16日巡捕房企图向居住在北老闸区的华人征税，但华人拒付捐款，因为该区在租界范围外，而巡捕房态度粗暴，还把一人打得流鼻血。谳员还称，由于虹口边界尚未确定，不能允许工部局在从未征收过捐税的地区征收捐税。不过根据工部局税务稽查员的报告，该地区在虹口旧界范围之内，并由工部局负责治安和清扫马路，所有面临苏州河的房子都已编有门牌号码，并付房捐，但离苏州河再远一点房屋的住户一直都拒绝付款，而"谳员也拒绝协助强制付税工作"。参阅《工部局董事会会议录》，第九册，1889年12月24日会议记录。

第四章　权力不对等下的纠葛

传染疫病,故长年以来一直是寡头政体欲解决的大问题。

在 1893 年 11 月,谳员蔡汇沧即告诉工部局称,如果工部局能捐赠三、四百元,华方将在租界以外选一块地皮建立停棺所,并"发布一项通告,严格禁止将任何棺材放在租界内"。[⑩] 显示会审公廨谳员,仍可径行发布告示命令租界华民。

1897 年,多名外籍纳税人又向工部局抱怨,成衣同业公会习惯停棺在寺院里。工部局警备委员会建议要求上海道台发出一张公告禁止华人把棺材暂厝。总董则认为"对上海道台最好少提要求",并建议"由会审公廨谳员出一份公告就很可能解决所有问题"[⑩]。更显示在寡头们眼中,会审公廨谳员的立法,其效力或实效并不输于上海道台的公告,也进一步证实了谳员也不见得就一定要听命于上级才能发布对华民的公告;当然我们并不能排除,由于寡头或明或暗的支撑,才使得谳员勇于"脱轨演出"。

除了一些临时性命令或告示外,会审公廨也常依据节令发布告示,例如至少自 1887 年开始,会审公廨就固定在 3 月 10 日前后发布"禁止小贩出售野味"的告示,且此告示并非道德规劝或例行公事而已,而是具相当的实效。例如在 1893 年,会审公廨即起诉北海路上非法出售野味的"鸿兴"商店,并判罚款十元。[⑩]

二、会审公廨奉命于上级的立法

除了会审公廨自行立法,也常见谳员奉上海知县或上海道台的命令发布告示。早在 1869 年会审公廨成立后,谳员陈福勋即奉上海道台饬令,照会各国驻沪事并发布告示:9 月 15 日起,以一月为限,凡堂名、花烟间一律闭歇。倘逾期不遵,定将房屋充公,所有妓女,或亲戚领回,或当堂择配。[⑩] 至于前述蔡汇沧的"六言告示",更是听命发布的显例。

又如 1894 年因受中日关系紧张的影响,租界内发生若干反日事件。上海知县黄承暄及会审公廨谳员宋治芳即依据上海道台黄祖络通知出示布告:"通告租界诸有色人等,各国商人照常营业,凡和平之日商亦加保护。"[⑩] 凡此,均显示在立法方面,会审公廨仍与中国官厅有一定的联结。

[⑩]　参阅《工部局董事会会议录》,第十一册,1893 年 12 月 12 日会议记录。
[⑩]　参阅《工部局董事会会议录》,第十三册,1897 年 10 月 5 日、12 日会议记录。
[⑩]　参阅《工部局董事会会议录》,第十三册,1897 年 9 月 7 日会议记录。
[⑪]　参阅同注⑦,汤志钧编,前揭书,第 261 页。
[⑪]　参阅同注⑦,汤志钧编,前揭书,第 496 页。

三、会审公廨应寡头政体要求的立法

在上海租界,更常见工部局为因应租界治安、卫生的需求,而要求会审公廨配合发布告示。除了前述关于禁止停棺的事例外,谨再举三例如后:

(一) 禁售彩票

由于各式彩票的发行,常导致沪上市民或家破人亡、或流为盗娼,或厌世轻生,凡此均严重影响租界治安,因而让寡头政体深感不安。1901 年 4 月初,驻沪领事会议即要求工部局将界内的一切中外彩票执照一律收回,停止界内彩票销售,并照会上海道台袁树勋。会审公廨接获领袖领事和上海道台谕令停止彩票的札示,即出公告示令禁止各项彩票,违者"严惩不贷"。[112]

(二) 防制黑死病

1894 年上海领事团接获正式通告称在香港发现黑死病,领袖领事遂去函要求工部局防止该传染病蔓延。工部局除发布告提请华洋居民注意广州、香港已发生疫情,将采取措以保证租界不受传染,并请会审公廨谳员发布告示,要求华民遵守工部局指示。同次会议上,因乍浦路两侧到处是露天厕所及大粪坑,工部局也要求会审公廨谳员发布配合工部局清除污秽的布告。[113]

(三) 奶牛瘟疫案

1897 年元月,卫生稽查员向董事会报告,虹口已有两座牛奶棚内的奶牛受到了牛瘟的感染。应工部局要求,会审公廨谳员即发出布告,严禁运输租界内受牛瘟感染的奶牛。[114] 在隔周的会议上稽查员又报告称,会审公廨已传讯了业主,控告他将一头有病的奶牛带进租界,除命令他将所有奶牛用船运往乡下,并将他的牛奶棚消毒。[115] 此案也显示了租界公告与执行间的密切关系。

四、趋于多元的立法权力主体

就如同传统中国官厅的行政角色一般,会审公廨谳员兼括发布告示的"立法"职责,实则与传统中国地方官员毫无二致;谳员秉承上级官厅之命发

---

[112] 参阅同注[15],夏东元主编,前揭书,第 17 页。
[113] 参阅《工部局董事会会议录》,第十一册,1894 年 5 月 22 日会议记录。
[114] 参阅《工部局董事会会议录》,第十三册,1897 年 1 月 5 日会议记录。
[115] 参阅《工部局董事会会议录》,第十三册,1897 年 1 月 12 日会议记录。

布告示,更加凸显谳员必须受到帝国之鞭节制的事实。

然而在看到会审公廨发布命令受到上级层层节制之余,我们却也看到了会审公廨谳员因地、因事制宜的一面,经常径自发布与地方事务密切相关的布告。从章程中,我们完全看不出谳员有此权限,不过史料却显示,谳员的确经常在租界这么做,甚至寡头政体也乐见谳员这么做。

再则,通过《工部局董事会会议录》的记载,我们也看到了许多发布公告后即实际被执行、被会审公廨引为裁判法源判决的实例。我们也许不能直率地得出"租界严密执法"或租界重视执法必然性的结论,不过,这的确是一个惹人注目的巧合,也是租界政体与华民间权力关系是否已然产生质变的重要观察点。

同时亦值得观察的,是会审公廨谳员常与租界寡头们的密切配合,致力于发布许多带有现代色彩的法令,例如为防止霍乱、疫病、瘟疫的相关告示。若从傅柯"知识/权力"的命题观察,我们显然看到了一个不同于"殖民压迫"的权力流动模式:在一个现代化、人口高度密集的都市中,谁能有效防范病菌的扩散,谁就取得了主导权与发言权。

因而,剖析会审公廨谳员在立法权的展现,再配合第二章有关工部局如何攫取立法权的论述,显然租界华民正面临了两种不同的法令来源:其一是来自寡头政体,其二是来自传统中国官厅。虽然来源不同,并各自与华民形成了权力关系,但却被一视同仁地适用于会审公廨的裁判中。对于租界华民来说,法令来自于传统或现代、西方或东方,似乎并不那么重要,重要的是它们都是能有效约束作为的法规范。

第五节 权力关系变迁案例评析

经由前面几节的论述,我们了解了会审公廨顺应新兴都市发展而生的背景,初探了会审公廨的裁判过程及机制,也解析了会审公廨属于传统中国官厅一面的立法、行政角色。以下谨列举数个与会审公廨相关的案例,进一步说明会审公廨是如何运作其复杂的权责,又是如何在各种权力犬牙交错的环境中,扮演折冲及维系社会治安的角色,并从中呈现出何种权力关系及其特色。

一、顺发洋行买办倒账案

(一) 事实

1873年12月24日,顺发洋行买办陈丽堂因倒账逃匿,亏欠行款七千余两。陈丽堂又盗用惠安、永德两钱庄远期票两张,各两千两,分别付给鲁麟洋行买办及恒益钱庄。顺发洋行嘱咐惠安、永德两钱庄止付银两,但恒益钱庄与鲁麟洋行业经将票照对,惠安、永德两钱庄无法不付款。当日,顺发洋行行主到会审公廨呈控失票,请求谕令惠安、永德两钱庄暂行止付银两。会审公廨即谕令两庄票银务须止付。⑯

1874年2月12日,会审公廨再次审讯顺发洋行控案。谳员陈福勋谕令将争议的银两存于道署,俟解获在逃嫌犯陈丽堂,再为审断。但因各方需银甚急,且恐拖延无期,遂有人提议"三股匀摊",但顺发洋行不允,坚持欲取得一半之银。散堂后,三方商妥仍照初议匀摊,各方的损失,日后再向陈丽堂追还,并就此定断。此案既结,事却未定,上海各钱庄十分不平于恒益、鲁麟所承受的折耗,认为系违反历来"认票不认人"的贸易常规,故宣告停止出具庄票。⑰

该年2月底,南北诸钱庄均尚未出具庄票。上海南众商代表大丰号致函上海西商总会称,上海历来规定乃认票不认人,但因该案被会审公廨断以各得三分之一,则见票兑银的定例即废。此例一废,势必诈伪丛生,使庄票难以发行,生意受累无穷。因而新立了两条商规:一、兑银唯票是认,以后买办逃匿,洋行不可以曾托买办之票控为遗失;二、若果有遗失,赏拾票者每千两以十两,其票银照旧付归原主。⑱

3月6日,上海西商总会复函上海南众商代表大丰号称,经查会审公廨并未裁判该案,其结果系属案件各当事人间自行私定,不足以更改钱票的旧规,故所有先例仍当成立。南北众商接获复函后,即知会钱业,照旧出具庄票行用。⑲

3月18日,江苏布政使应宝时、署江苏按察使卫荣光会衔晓谕所属各州厅县,严禁各业捏污倒账,并申明定例所载:"京城钱铺藏匿现银、闭门逃

---

⑯ 参阅同注⑦,汤志钧编,前揭书,第301页。
⑰ 参阅同注⑦,汤志钧编,前揭书,第303页。
⑱ 同上。
⑲ 参阅同注⑦,汤志钧编,前揭书,第304页。

走者,应照诓骗财物计赃科罪;一百二十两以上,发附近充军;一千两以上,黑龙江当差;一万两以上,拟绞监候;欠银照数严追,延则永远监禁。京外事同一律,令出惟行,各商勿以身家性命为儿戏"。⑳

(二) 评析

1. 本案是会审公廨早期的兼括民事纠纷案,在法律上的主要争点在于票据责任分配的问题,唯本书于此并不欲以今法论古,而是希望解析会审公廨面临纯粹华人民事、商务案件时的处理模式。

2. 本案与"庄票"有关。庄票乃中外贸易史上重要的金融交易制度,顾名思义就是由钱庄发行的本票,其特质更接近于钱庄私自发行的钞票。庄票往往采用不记名的方式,且严格限制挂失止付,一经照票加戳,即与现银无异。一般而言,庄票有即期和远期两种,其中远期庄票使用居多。19世纪50年代以十至二十天为期,19世纪60年代后定例不出十日,以更有利于资金周转。

钱庄介入华洋贸易,则是因买办而起。洋行的一部分现金由买办保管,而买办则将之存入钱庄。洋商在交易时不需带现金,只需开一张买办支票即可支付,收款人可拿支票向买办取款,而买办又常常使用庄票。故只要有买办的保证,钱庄庄票便能得到洋行的信任。㉑ 从此亦可知,上海商场的惯例,其实是建立在传统主观的"信誉"上,而不是现代社会强调的客观"财力证明"。

3. 庄票"认票不认人"既为"先例"或贸易常规,按理会审公廨的裁判应不致发生困难才是。但会审公廨为何"别出心裁",先是要求惠安、永德两钱庄暂时付银兑现,继而要求将系争之银两存于道署?江苏布政史等后来发布的禁令给了我们一个线索。依《大清律例》"诈欺官私取财"之条例八"京城钱铺侵蚀藏匿银钱闭门逃走"规定,京城钱铺须五家联名互保,若有一家逃匿,其余四家须均匀代发所限银钱。㉒ 会审公廨谳员初时的决定似并非"别出心裁",而有将该条例比附援引至本案的意味。但诚如薛允升批评该条例:"钱铺关闭之案,无岁不有,而四家分赔,则从无其事;五家联名互保,

---

⑳ 参阅同注⑦,汤志钧编,前揭书,第304页。

㉑ 以上请参阅黄杰明,《晚清商业和金融业——关于中华民族资产阶级的产生》,转引自"明媛之家网站——上海钱庄史料"。及参阅同注①,葛元煦著,前揭书,第133—134页。

㉒ 参阅薛允升著述,黄静嘉编校:《读例存疑》,第二册,台北:中文研究资料中心,1970年,第724—725页。

例亦系虚设耳。"⑫ 显然该条例存有与现实社会脱钩而且欠缺实效的重大弊病,或因此才致会审公廨谳员无法速断。

4. 从上海西商总会及大丰号间来往函件可知,当时华洋商人遇钱债纠纷,首先考量的是"定规",摆不平了才会闹上公堂。显然彼时的华洋商人看待会审公廨这个"衙门",与其说在寻求一个公平的判决或裁定,毋宁说是将衙门视为一个平抚纷争的最后机制。因而我们实不难理解,为何该案最后的结果并非由公堂裁断,而是当事人自行私定。也就是说,至少在会审公廨初期,上海租界的商业乃至民事纠纷的解决机制,其实是相当传统的,依法解决、法院裁夺等概念,并未扩及租界华民社会,而是由类似学者黄宗智所提出的"第三领域"权力关系主导。这也是我们在观察、评价上海租界与会审公廨时,不能不注意到的面向,否则必然会如威罗贝一般,只看到会审公廨不依法裁判的"恶",而未能进一步发掘真实。

二、手推车(小车,wheel barrow)加捐案

(一) 事实

1888年工部局意欲加征手推车(小车)之捐。3月27日,上海知县裴大中、公共租界会审公廨谳员蔡汇沧、法租界会审公廨谳员王宾禀告上海道台龚照瑗,要求其尽速照会英法领事转谕工部局、公董局速停止小车加捐,龚照瑗即行照会英法领事。⑬ 3月31日,裴大中、蔡汇沧、王宾三人会衔布告:"既经道宪照会英法领事官,众车夫应静候官长示谕,不得听人耸恿,恃众生事。"⑮

1888年4月2日工部局董事会宣读了道台致领袖领事信函指出,手推车夫们已向会审公廨申诉加捐之事。会审公廨谳员并告知若有手推车车夫因拒付车捐而被扭送公廨,"公廨将不强迫他们照付",因为谳员认为,两租界在决定增加车捐时,应与中国官厅商议。况且《土地章程》将租界管辖权授予外人,并未得到中国上级官府明确的书面批准。⑯ 董事会则认为加捐必须坚持,因为已经纳税人会议通过,故不能接受华方的要求。

4月3日,小车夫们拥至会审公廨请求免加捐,造成严重推挤事件。隔

---

⑫ 参阅同前注,薛允升著述,黄静嘉编校,前揭书,第725页。
⑬ 参阅同注⑦,汤志钧编,前揭书,第463页。
⑮ 参阅同注⑦,汤志钧编,前揭书,第464页。
⑯ 参阅《工部局董事会会议录》,第九册,1888年4月2日会议记录。

日会审公廨谳员蔡汇沧即奉裴大中之命颁发"六言告示"。

后来,在5月15日的工部局董事会中仍通过提议,维持七百文的执照费。

此事到最后竟惊动了北京外交使团。董事麦格雷戈指出,北京外交使团已向上海领事团下达指示,要把此事"悄悄地解决掉",如有可能的话,"不要让人提出原则性的问题来"。总董则宣读了1854年英、美、法三个缔约国的领事向工部局发出的公文,该公文规定了工部局的地位,并称,由于董事会是由纳税人会议任命,所以董事会不能取得连纳税人会议都不能运用的权力,即征收税捐若与华人有关,应通过中国地方当局,才能强制征收。至于巡捕,只能用来执行领事团未持反对意见的指示。会议最后决定按照上海领事团的意见,手推车捐仍为四百文。

(二)评析

1. 此案非关会审公廨的裁判,却清楚呈现了会审公廨在租界华民心目中的地位,即并非单一裁判机关,更像是全包式的地方知县衙门。

2. 从现代行政法观点看"手推车捐",其性质虽与纳税不同,却均属"公法上金钱给付义务"。⑫即为课人民义务的法规范,其必须经立法机关依正当程序通过相关法律,方合乎法治精神。在19世纪上海租界这场捐税争议中,虽然我们并未看到中外双方曾明确提出此公法学理,但其实质精神却展现无疑,且成为主要争点。会审公廨谳员在此事明白指出寡头政体向华民加征、甚至征收手推车捐的法律依据有问题。至于工部局则以加捐"已经纳税人会议通过"为由抗辩,1888年4月7日的董事会会议甚且指出,《土地章程·附律》第三十四条已授权工部局征收此项税捐。⑬如此一来,即出现一个刁诡的局面,显然双方都采取了"依法加捐"、"依法行事"的辩词。故深究其争议,其实有着更上层法概念之争,即在租界到底什么才算是"有效的法律?""市民"自决事项,是否能超越国与国的条约?

3. 承上所述,在这场加捐争议中更值得我们观察的,是寡头政体是否

---

⑫ 台湾《行政执行法》第二条规定:"本法所称行政执行,指公法上金钱给付义务、行为或不行为义务之强制执行及实时强制。"《行政执行法施行细则》第二条进一步解释:"本法第二条所称公法上金钱给付义务如下:一、税款、滞纳金、滞报费、利息、滞报金、怠报金及短估金。二、罚锾及怠金。三、代履行费用。四、其他公法上应给付金钱之义务。"上海租界之手推车捐,实类似今日"台湾"之"牌照税",及依《公路法》第二十七条所征收之"汽车燃料费",其性质属公法上金钱给付之义务,殆无疑义。

⑬ 参阅《工部局董事会会议录》,第九册,1888年4月7日会议记录。

已有法律效力及法律位阶的概念。显然在"租界外国政府代表"的心中，1854年英、美、法三个缔约国的领事向工部局总董发出的决定工部局地位的公文，其位阶是最高的。并且在此公文精神下，下述三点必须遵行：一、工部局董事会是由纳税人会议任命，所以董事会不能取得纳税人会议自身所不能运用的权力；二、征收捐税若与华人有关时，则应通过中国地方当局；三、巡捕只能用来执行领事团未持反对意见的指示。但工部局的寡头们，显然有另外一套法律位阶的概念，即在一个独立自治、强调权力分立的上海租界社会中，没有任何法律能够超越依民主多数决产生的决议；且如果将上海视为"市民社会"甚或"独立社会"，此时条约或是外国政府的公文，更不可能取得此类似租界宪法的《土地章程》更高的法律位阶。

4. 虽然在本案我们看到的似乎是"国家"的力量占了上风，但这毕竟不是租界法制的全貌。在许多情况下，"国家"根本无法干预租界法令的生成与执行，而是由寡头政体完全主导。也就是说，"不受遥制"的情形不仅发生于传统中国官厅，其实也发生在租界寡头们与其母国间。在第三章的戴中其案关于苦役的争议，也显示了类似外国政府与寡头政体间意见迥异的情形。

5. 在1897年，类似的小车加捐争议又上演了一回，但这次在寡头政体齐心协力下，中国官厅不仅让出了租税权，甚且会审公廨还配合着新税捐制度审讯裁罚违规的小车夫。[⑱] 换言之，若以会审公廨为媒界观察小车加捐案所呈现的权力变迁，我们看到的是"国家"力量的日趋式微，以及高举市民自治大纛的寡头政体的坚持，主导了整个法制的发展，进而影响到会审公廨的裁判。此变迁更象征着帝国之鞭的逐步弱化与寡头之链的逐步强化，恰也是此时期上海租界法制发展的缩影。

[⑱] 该年1月，会审公廨首先应工部局要求出示布告，以租界马路小车来往过多，损坏严重，而修理又耗费巨资为理由，决定加征小车捐。4月，纳税外人会决议开始征收新捐，但遭抵制，其后并陆续发生数次大规模冲突。4月6日，上海道台刘麒祥在参加领事会商后，出示布告宣称将严惩小车工滋事者，并称已与租当局达成协议三条：一、租界小车暂免加捐。二，自7月1日起加两百文，不得有异议。三、租界当局重新酌定雇用小车的价格，以此变通解决。但租界巡捕以告示未经工部局盖印，全部撕去。6月25日，刘麒祥及会审公廨谳员黄承暄、屠作伦等在洋务局商议小车夫加捐问题，决定所加两百文捐由小车夫认一百文，其余百文由各业帮助补贴解决。7月1日，工部局开征新车捐，由于租界当局布置大批巡捕值勤，因而未发生冲突，日内有九百余名小车夫按捐照。至10月25日，会审公廨以私改旧照为名，审讯卅余名小车夫，课以罚款六百文。参阅同注⑦，汤志钧编，前揭书，第508—516页。

三、巡捕房探员曹锡荣杀人案

(一) 事实

1883年7月华籍巡捕曹锡荣涉嫌挟怨报复,殴打原包探伙计王阿安,致其三天后死亡[130],王妻金氏及亲友即将曹锡荣扭送会审公廨。但曹锡荣则称,他仅于执行逮捕勤务时踹了王阿安一脚,他是遭与其有仇之另两名巡捕诬陷。会审公廨谳员陈福勋即命将曹锡荣管押,并令地保报县;但巡捕房督察长闻讯到会审公廨将曹锡荣保出,并表示如逢传讯,即行交案。

由于案情未明,但又事涉人命,此后对于是否应将曹移送上海县,引起华洋政体争议及角力。该年7月16日巡捕房将曹锡荣带往会审公廨候讯,陈福勋以会审章程明载命案应归县办,英籍陪审副领事始同意将曹解往上海道署,上海道台邵友濂则饬令将曹发交上海县。后工部局以"章程内曾有各国所用之人倘有犯案,须由会审员照会该国领事方可传人"为由,认为会审公廨未事先照会,双方即议定由工部局总董写一由领事签名的凭据具保曹锡荣,让工部局将曹带回。

华方虽坚持应归上海县讯办,但工部局总董德尼要求会审公廨会讯后再商。因而会审公廨在8月1日由会审公廨谳员陈福勋、美副领事哲沙尔议定堂谕如下:

> 曹锡荣案本分府、本副领事会同审讯,既据尸主在地方官衙门控称王阿安被曹锡荣打死有证,并详核两造及人证供词,是否曹锡荣打死,在会审公堂究未能判实。现查照会审章程第六款,自行归上海县衙门审断。[131]

次日,工部局总董即谕令捕房将曹锡荣解赴上海道署,上海道台邵友濂即派差役将曹解送上县署管押候审。曹锡荣被移送至华方衙门后,华方循传统审判体制及《大清律例》,判决将曹斩首。但工部局始终未曾松懈对本案的关注,并认曹锡荣可能受到诬陷,华方却未详查;或即使有罪,罪也绝不

---

[130] 王阿安的死亡日期,中外资料记载不同。唯相关资料中,《工部局董事会会议录》所载的巡捕督察长报告是最详尽者。故本书暂引为事实依据。

[131] 参阅同注⑦,汤志钧编,前揭书,第415页。但蒯世勋在《上海通志馆期刊》所撰《会审公廨与领事公堂》一文,却有不同的判词记载:"本廨兹判决,曹锡荣业经被人以谋杀罪,依中国法律控告于正当管辖之中国官厅,惟查其所提证据,不足以证明被告有谋杀之事实,本廨认本案不能由本廨审判,应依章程第六款规定,交由上海县审判之。"由此亦可见关于会审公廨判决文书史料之纷乱。参阅蒯世勋:《会审公廨与领事公堂》,刊于《上海通志馆期刊》,一卷三期。

至死。后华方以曹锡荣其母年事已高,改判"存留养亲"及补偿王阿安家属,曹锡荣因而得免除一死。

(二) 评析

1. 许多中外学者的著作均曾记载曹锡荣案,不过其焦点均在所谓的"预审程序"(Prima Facie Procedure)的确立,许多著作均称此为会审公廨"第一次实行预审程序"。[132] 且诚如前述,在曹锡荣案后,会审公廨的预审已是惯例。

华民在租界涉及较重大的案件,依《洋泾浜设官会审章程》,公廨既无管辖权,自应"立即"移送中国官厅。但在上海租界这类案件是否移送,自曹锡荣案后必先经公廨审问决定,其实已和国与国间的引渡(extradition)无甚差别。寡头们对于预审程序有多重视?从下述一案即可看出:1902年5月,虹口有一道士不愿向"道教中央组织代表"缴纳相关款项,以致未经会审公廨审判即被移送及关押在上海县城。巡官伯克适执行该项拘票,但并未把该案登记在捕房纪录内,也没有注意该囚犯有无被带到陪审员前受审。董事会即指出,"由于最近曾颁发命令重申每个案件必须履行此项正式手续",[133] 因而决议要巡官伯克提出令董事会满意的解释,否则应当为此次的失职负责,并提出自愿接何种处分。[134]

2. 本案中外争议焦点之一,在于王阿安之死与曹锡荣的逮捕间的因果关系认定问题。中国官厅乃至死者家属均认为,在王阿安"死前三天"曾遭曹锡荣逮捕,并有肢体冲突,故曹锡荣必须为王阿安之死负责,隐然存有传统中国法律"保辜"的观念。但工部局寡头们却不这么认为,指出王阿安"属于自然死亡",且强调"此人从未诉说曾在任何方面受到曹锡荣的伤害",显然倾于依证据事实认定。[135]

王阿安究系被曹锡荣踢死亦或是自然死亡,验尸应能有助于解疑。遗憾的是,根据史料记载,虽然会审公廨曾安排了验尸,却因现场聚集了太多"暴徒"而无法于第一时间完成。不过观察尔后的发展,却不难发现"保辜"

---

[132] 参照先前洋泾浜北首理事衙门的经验,本书认为租界当局的预审早系"既成事实",方逐步演变成"先例"、"惯例"及至"确立"。自1868年会审公廨成立之后,若直至1883年方有会审公廨"预审程序"的首例,似与常理不符。唯受限于史料,此推论尚待证实。

[133] 工部局于该年5月12日再次发表声明:"凡租界内捕人一律先审后罚,以保护界内居民权益。"参阅同注⑦,汤志钧编,前揭书,第561页。

[134] 参阅《工部局董事会会议录》,第十五册,1902年5月29日会议记录。

[135] 参阅《工部局董事会会议录》,第八册,1883年7月16日会议记录。

第四章 权力不对等下的纠葛

确已成为中国官厅审判此案的主要思考。换言之,华方认为只要能证明曹锡荣踢了王阿安,即与其死亡有因果关系。[135]

3. 本案另值得注意的,是工部局对华籍职员的"积极保护",以及在积极保护背后所隐含的权力竞逐意味。1883 年 7 月 16 日,曹锡荣经会审公廨讯问后被押往上海县城,工部局董事何利德即在当天的董事会中声称:"除非工部局表明它是能保护其雇员执行勤务的,否则要想使捕房工作取得任何改进将毫无希望。"[136] 在曹锡荣案经会审公廨预审决定将曹锡荣送往上海县署的隔天,工部局董事会甚至为本案召开特别会议,并讨论是否聘请中国律师吴樵(音译)到上海知县公堂上辩护。[137] 后来工部局董事们甚且主张:"除非在审讯时必须有一位外籍陪审员和一位工部局代表在场,否则领事团今后将坚持把所有同受外人雇佣的华人有关的案件交会审公廨审判,同时如有必要,知县必须出来审问他们。"[138] 于此,即明白显示了工部局寡头们的意图,在救曹锡荣一命的同时,亦不忘扩大外人对租界华民司法管辖权的范围——除受外商、领事团雇用或与外人利益有关的华人外,受雇于工部局的华民亦须一体适用。

4. 在华洋政体为曹案争执时,会审公廨谳员的权责问题亦多次被提出来讨论。例如董事何利德即建议,董事会应要求"采取措施,使会审公廨处于完全不同的地位,同时要任命一位级别较高的官员来主持"。[139] 工部局副总董也要求中国当局为公廨任命一位"有地位的朝廷官员",甚至"主持一个独立的法庭",且"应该完全不受当地政府的控制"。[140] 从寡头们不满谳员地位的言词中,我们似乎看到了寡头政体重视司法独立的一面;但却不可忽略,由于华洋政体的权力基础与思维不同,而对法庭裁判官员的角色扮演有着不同的认知。

---

[135] 例如在 1884 年 6 月 9 日工部局董事会会议上提示了曹锡荣之母在虹口巡捕房的证词指出,有一份上面盖有会审公廨大印的伪造文件已被送交知府,声称曹锡荣在会审公廨自白"的确踢打王阿安致死";同年 8 月 25 日工部局董事会收到曹锡荣已被判处斩首并已押往苏州,将于当地处决的消息,道台在写给领袖领事的信中也指出,曹锡荣"在公平的审判后,已供认确曾踢过王阿安致死"。参阅《工部局董事会会议录》,第八册,1884 年 6 月 9 日会议记录。

[136] 参阅《工部局董事会会议录》,第八册,1883 年 7 月 16 日会议记录。

[137] 参阅《工部局董事会会议录》,第八册,1883 年 8 月 2 日会议记录。可惜的是,从会议录中并无法得知吴樵究竟是现代律师或传统讼师。

[138] 参阅《工部局董事会会议录》,第八册,1883 年 8 月 27 日会议记录。

[139] 参阅《工部局董事会会议录》,第八册,1883 年 8 月 27 日会议记录。

[140] 参阅《工部局董事会会议录》,第八册,1883 年 11 月 6 日会议记录。

四、德籍巡捕马德森越界伤人案

（一）事实

1892年德籍巡捕马德森因越界查问华籍手推车车夫的越轨行为，涉嫌用小刀刺伤手推车车夫，同时，扶着受伤车夫的另一名车夫，也遭巡捕房逮捕，并被关押在巡捕房内达二十余天。案发后，上海道台要求工部局饬令捕房不得在租界以外查验手推车执照或擅自拘捕华人，及彻查车夫被违法长期关押一事。工部局声称，马德森已受到惩戒，并由于企图在租界外越权逮捕手推车车夫，而被课以罚金；并且，捕房已向会审公廨指控华人袭击马德森；再者，关于对马德森的指控，将送交德国总领事，因为马德森是德国侨民，而工部局在此类案件中对他并无司法权。[⑭]

但在7月26日，工部局又宣称指控马德森刺伤车夫的说法是不公正的，因为德国总领事对此案件进行调查后，已撤销了对他的指控。至于被巡捕房拘留达三个星期之久的那名车夫，是由于在被押送会审公廨前，巡捕曾将他三次"回押"。[⑮]

1896年6月16日，捕房督察长麦克尤恩来函，请求准许拘捕在静安寺路的龙飞桥至泉井行驶的无照独轮手推车，因为它们造成马路阻塞，并损坏路面。会议又提到马德森巡捕案。最后工部局董事会决定，"在工部局未接到指责之前，他尽可继续在静安寺路拘捕无照的独轮手车苦力"。[⑯]

（二）评析

1. 此案也无关会审公廨裁判，但却攸关上海租界华洋人民司法管辖不一致的问题，并凸显由于司法体制渗入了领事裁判权这个变因，因而造成华洋间存在着根本的不平等。就如同第三章所述的租界轿夫集体冲突案一般，享有领事裁判权的外籍人士，往往因华洋司法管辖的不同，而获取司法上的不同待遇。本书认为，这才是租界司法问题的根源。

2. 观察本案可知，一起华洋当事人互控的伤害案件或刑事案件，当外籍被告为享有领事裁判权的外国人时，案件即必须呈交两个不同的法庭审理。于该国的领事法庭，审判官既为该国领事，加以华方并未能参与审判，要做到公正不倚审判该国被告之人民，显然大有疑问；反观于会审公廨，华

---

⑭ 参阅《工部局董事会会议录》，第十册，1892年6月21日会议记录。
⑮ 参阅《工部局董事会会议录》，第十册，1892年7月26日会议记录。
⑯ 参阅《工部局董事会会议录》，第十一册，1896年6月16日会议记录。

籍当事人除必须面对外籍官员会审,甚至还有代表公权力的工部局人员"观审",此制度面的不平等,却远非提升会审公廨裁判素质所能解决。

3. 于本案,我们可以清楚得知中国官厅乃至会审公廨谳员对保护华籍被告的权益,实力有未逮。上海道台所指控的"车夫疑被巡捕房不当羁押",事实上是租界极为普遍的事,在若干无法于审讯后定谳的案件中,即使会审公廨已裁定被告交保或饬回,但往往被告一出会审公廨,即被巡捕房带回私行羁押,甚至私设场所羁押,以利下次开庭时被告能顺利出庭。本书怀疑,该名车夫即是于此情形下,三度被巡捕房"回押"。换言之,租界执法、会审公廨判决被执行的必然性,或是租界法规范的强大实效,其实有一大部分是来自类似的违法事例。此亦凸显,即使华洋政体根基的法律文化思维不同,但对租界华民而言,却依然面临着相同的权力关系特色,即官厅的权力可能并非来自于法律,而是来自于日积月累的威势。

4. 工部局董事会称:"在工部局未接到指责之前,他(巡捕)尽可继续在静安寺路拘捕无照的独轮手车苦力。"工部局在此阶段依凭"越界逐路"积极扩张。巡捕越界执勤的争议一如手推车加捐案,虽然工部局在法理上可能站不住脚,但却一再地冲撞及挑战,终致成为"既成事实",再成为上海租界的"先例",类似的情形屡见不鲜,华方却似毫无知觉。⑯ 不过更值得重视的是,我们也看到了租界随着"越界筑路"扩张的同时,巡捕的权力显然只能在"大马路"这个线状的场域强力展现,与租界核心"十里洋场"不同的是,在越界筑路"大马路"之外的广大市郊土地上,已然形成了愈来愈多华人聚居群落,并为租界治安良窳埋下了重要的伏笔。

五、苏报案

（一）事实

《苏报》负责人陈范1903年聘章士钊总览笔政,并宣布"务求尽善,不惮十反"。除批驳清廷及保皇党,还连续三次推荐邹容所著《革命军》,包括新书介绍《革命军》、邹容《革命军自述》及章炳麟《革命军序》。

但清廷又何能容忍苏报的肆无忌惮？早在1903年4月,清廷商约大臣

---

⑯ 例如1892年8月30日,一名华捕企图在租界外的浙江路桥苏州河北岸的一个村子逮捕一名击倒小男孩的人力车夫,却遭到其他几名车夫的殴打,并将他拉到北山西路的巡防局拘留了四十分钟。巡防局的官员告诉巡捕房巡官霍华德,由于出事地点不在租界内,那些打人的车夫将被押往县城,但霍华德坚持将那些人交捕房押送会审公廨,清朝官员竟"勉强表示同意",并排定了会审公廨的庭期。参阅《工部局董事会会议录》,第十册,1892年9月6日会议记录。

吕海寰即曾函告江苏巡抚恩寿,谓:"上海租界有谓热心少年者在张园聚议事,名为拒法、拒俄,实则希图作乱,请即将为首之人密拿严办。"此拘人之议当时虽经各国领事签名许可,但工部局却不赞成,致清廷无法捉人,但已呈山雨欲来之势。

随后,清廷即在南洋法律顾问担文(Drummond)的建议下,以"政府"名义向会审公廨控告,使寡头政体不得不同意出票拘人,并与领袖领事即美国人古纳(J. Goodnow)订定"在租界审办"之约。至6月29日,租界巡捕仍动手捉人。6月30日,章炳麟在爱国学社被捕;7月1日,邹容向上海巡捕房自首。会审公廨谳员孙士麟和英领事署翻译迪比南(B. Gileg)随即会同审理。清廷由律师古柏(A. S. P. White Cooper)、即担文的帮办出庭,章、邹等延请律师博易(Harold Browett)出庭辩护。

7月6日,古柏要求立即封闭报馆,并经古纳应允"经公堂判定,速签封馆之票"。⑭ 孙士麟即签发封条,由英陪审员副署,经英领签字交工部局于隔日执行。

8月5日,英首相巴尔富在下议院宣布已致电驻华公使萨道义(Ernest Maon Satow),告以"不得将'苏报案'犯交华官"审办。次日,复致电上海工部局令其"阻止华官办理"。⑮

11月9日,两江总督魏光焘电奏外交部,报告领事团与工部局拒绝交出苏报案犯,要求派遣人员与租界当局组织"额外公堂",共同审讯。11月28日上海道宣布由汪懋琨会同会审公廨新任谳员邓文堉、迪比南会审"苏报案"。12月1日,会审公廨判决苏报馆财产没收,房产归还太平洋行。后"额外公堂"接连开审,12月24日,旋由上海县下谕:

> 本县奉南洋大臣委派会同公廨委员暨英副领事审讯苏报一案,今审得钱允生、程吉甫,一为报馆伙友,一为司账,既非馆主,又非主笔,已管押四月,应行开释。陈仲彝系馆主陈范之子,姑准交保寻交伊父到案。龙积之于苏报案内虽无证据,惟系奉鄂督饬拿之人,仍押候鄂督示谕再行办理。至章炳麟作"尪书"并《革命军序》又有《驳康有为》之一书,污蔑朝廷,形同悖逆;邹容作《革命军》一书,谋为不轨,更为大逆不道;彼二人者,同恶相济,厥非惟均,实为本国律法所不容,亦为各国公

---

⑭ 参阅蒋慎吾:《苏报案始末》,收于上海通社编:《上海研究资料续集》,台北:文海出版社,近代中国史料丛刊三编第四十二辑,第83页。

⑮ 参阅同注⑦,汤志钧编,前揭书,第576页。

法所不恕。查律载:'不利于国,谋危社稷,为反,不利于君,谋危宗庙,为大逆,共谋者不分首从皆凌迟处死。'又律载:'谋背本国,潜从他国为叛共谋者,不分首从皆斩。'又律载:'亡布邪言,书写张贴,煽惑人心,为首者斩立决,为从者绞监候。'如邹容、章炳麟照律治罪,皆当处决。今逢万寿开科,广布皇仁,援照例拟减,定为永远监禁,以杜乱萌,而靖人心。俾租界一群不逞之徒,知所警惕,而不敢为非,中外幸甚,仍禀请宪示遵行。

但寡头们并不满意会审公廨的判决,工部局将章、邹两人囚于巡捕房,拒绝移交监狱。⑭ 外人并认为"苏报案"并未断定,应再会审一次。但影响此判决更重要的变量,乃于"苏报案"审讯时,发生了名记者沈荩被慈禧密旨"杖毙"之事⑭,严重影响到各国对清廷处理报业涉讼案的观感。清廷深恐此案劳而无功,遂应允采纳英使的意见"从宽办结"。1904 年 5 月 21 日,由上海知县汪懋琨与会审公廨谳员黄煊、英国副领事德为门(Bertie Twyman)复讯,改判邹容监禁两年,章炳麟监禁三年,罚做苦工。"苏报案"至此定谳。

(二) 评析

1. "苏报案"并非是会审公廨首宗报业涉讼案件⑭,但却是中国新闻史上第一件媒体因政论性言论⑭,而在会审公廨涉讼的案件,实对中国新闻法制史研究具重要意义。并且,此案裁判的依据乃《大清律例》的"十恶"⑭ 规定,明显不同于现代法律思想处理言论自由相关案件的思维见解,亦是本案特殊之处。

2. 其实不仅只是针对政论性媒体,早在 1902 年,会审公廨谳员即曾要求巡捕房督察长逮捕"华粤报"编辑,理由是该报登载"诋毁孔教文章"(blasphemous article directed against the Confucius Religion)。工部局董事会则在

---

⑭ 参阅同注⑦,汤志钧编,前揭书,第 578、579 页。

⑭ 当时清末著名记者沈荩,因为报道了中俄密约丑闻遭清廷嫉恨,被捕后未经任何审讯被判斩立决。适逢慈禧万寿庆典,不宜公开杀人,遂改判"立毙杖下"。沈荩被打两百余杖,"血肉飞裂,犹未致死",最后用绳"勒之而死"。参阅方汉奇主编:《中国新闻事业通史》,第一卷,北京:中国人民大学出版社,1992 年,第 954 页。

⑭ 本书于相关新闻史论述中能搜寻到的首宗有关会审公廨报业涉讼案,为 1897 年"苏报"因刊载"黄色新闻"被控案。另有 1898 年附在"字林西报"馆发行的"沪江书画报"主笔黄晓秋等被控索诈案。当时类似之报业被控索诈案件相当多。参阅马光仁编:《上海新闻史》,上海:复旦大学出版社,1996 年,第 191 页。

⑭ 此处之"言论自由"乃指狭义之政论性言论,盖当时报章因刊登"黄色新闻"而涉讼者所在多有,从广义言,不能谓与言论自由无关。

⑭ "十恶"一曰谋反,二曰谋大逆,均为会审公廨判决"苏报案"中明示之罪。

该年2月27日的董事会会议中决议,如欲控告该报发行人或编辑,"须以公审方式,并有一陪审员参与进行(in open Court before an Assessor)",而查禁该报须经证明其所发表的文章中,"确有害公共利益或道德者(detrimental the public interests or morals have been published therein)"。董事会并希望在该案判决前,能进一步了解有关开发拘票、所指控的文章以及会审公廨谳员对此的处置情形。⑬

在3月6日的工部局董事会会议中,谳员致送工部局有关查禁"华粤报"一案的往来信件。董事会注意到"领袖领事已授权中国当局,采取他们自己认为妥当的行动查禁该报,并惩罚该报业主"。由于依租界惯例,"案件未经审定,不能执行"⑭,董事会遂认为领事团此举欠妥,故决议通知会审公廨谳员,"该案在未办理规定程序并依法审判该案之前,所请一节碍难照准"。⑮

从上可知,早在"苏报案"之前,工部局即有一套处理媒体言论的评价准则与程序,并非因"苏报案"而变更其处理媒体涉讼的态度。更值得重视的是,工部局显然非仅系行政机构,也无时无刻地在"监督"着会审公廨的一切,并能够间接地影响会审公廨的判决。

3. 学者黄源盛研究指出,中国传统法制系从天人感通的哲学观中,转化成一种法律形式,通过国家权力,区分成君臣、父子、夫妇、男女等尊卑关系,以及权利义务的不对等关系,作为一种人民应普遍遵守的行为规范,并由国家强制力予以实施。⑯ 如此因人的身份而有巨大差等的法律结构,在传统中国衙门的审讯过程中更彰显无遗,例如"理所当然"的刑讯,以及被告的"跪",即暗含有官民身份不对等的地位。

但是,在本案中,显然皇权至上的传统法制概念已受到严重挑战,特别是当在传统中国司法裁判中根本不成问题的"诉讼主体"的争执,被赤裸裸地搬上法庭,成了最重要的争点时,其所呈现的,绝非仅是原告究竟是清廷、清帝亦或是清政府官员的确定问题而已,更是帝国政体乃至传统皇权身份差等的解构。⑰ 可惜的是,我们虽看到了被告律师的质疑,但并未看到会审

---

⑬ 参阅《工部局董事会会议录》,第十五册,1902年2月27日会议记录。
⑭ 参阅同注⑭,蒋慎吾,前揭文,第82页。
⑮ 参阅《工部局董事会会议录》,第十五册,1902年3月6日会议记录。
⑯ 参阅黄源盛著:《中国法律的传统与蜕变》,台北:五南图书出版公司,1998年,第251页。
⑰ 蒋慎吾即指出,古柏建议以"政府"名义控于会审公廨,"其性质乃成为政府降尊,向所属下级法庭控告平民之举,殊于国体有碍"。参阅同注⑭,蒋慎吾,前揭文,第80页。

第四章 权力不对等下的纠葛

公廨在华文判词中对此敏感问题多加着墨。不过,1906年2月6日,会审公廨遵照新章,准许原告、被告在受审时皆"立而不跪"⑱,实已道尽整个租界华民社会至少在"官/民"的身份差等上,已然获得一定的解放。

4. 单就"苏报案"发生当时的实体法层面研析,"苏报案"涉讼两造当事人均与外国人士无涉,若根据《洋泾浜设官会审章程》规定,此案自当由清廷独立审讯,且依中国法律办理,绝无疑议。但最后为何仍交由会审公廨组织特别法庭审讯?除了形势比人强外,似无他解。无怪乎,当时清吏会大叹"彼系争界内之权,非惜彼犯之命"⑲。

无论如何,由于当时清廷并未对报业订立特别法⑳,故仍依既有《大清律例》惩处,似非刻意严办,而是法当如此。然而,在外国势力干预下,清廷最后仍不得不有所退让,即"不在中国官厅而在会审公廨审理,不依大清律例处以重刑而仅轻判徒刑",究其实质几乎等于整个司法审判权的舍弃。

5. 通过本案,我们更看到了现代律师在纯粹华人刑事诉讼案中所扮演的积极角色,甚至连清廷官员都"很为诧异"㉑。且不论其外籍身份,这些外籍律师在法庭上援引现代诉讼法概念主张程序正义,乃至实际辩护时引进了现代言论自由的概念等㉒,在法庭上公开挑战在传统社会原应至高无上的皇室与皇权,其对华民的冲击,又岂是本案诉讼上的成败而已?

6. 若从权力竞逐的角度审度本案,我们也看到了华洋政体层级间的赤裸对抗。早在拘人之初,工部局即坚持"租界治权"指出:"此租界事,当于租界治之。为保障租界内居民之生命自由起见,绝不可不维持吾人之治外法权。"而各国公使,则以"此事领事主之,吾人不能侵其权限"等语推托㉓;至于

---

⑱ 参阅同注⑮,夏东元主编,前揭书,第72页。据本书考证,此似源于两江总督周馥之提议,认为"洋员陪审,无论何犯到堂,俱植立听审,俟罪名判定,饬其跪听判词,似较允当"。刑部研议后则以此乃"矜恤罪犯,免罹熬审之苦,尚属可行"。甚且进一步指出,"惟既经准免长跪听审,则定案判词,亦应免其跪听,以归一律"。参阅《刑部奏重定上海会审公堂刑章折》,刊于《东方杂志》,第三卷第五号,1906年6月16日,第36页。

⑲ 参赖光临:《民前革命报刊之遭际》,刊于《学报》,三卷十期,第104页。

⑳ 原告律师古柏提出的控词为"故意污蔑今上,挑诋政府,大逆不道,欲使国民仇视令上,痛恨政府,心怀叵测,谋为不轨",但似未提出具体条文。参阅同注⑭,蒋慎吾,前揭文,第76页。

㉑ 参阅同注⑭,蒋慎吾,前揭文,第76页。

㉒ 其实不仅外籍律师,就连外国媒体都抬出了现代法治精神支持"苏报案"被告。如1903年7月9日英泰晤士报即称:"即使报馆当行封禁,亦必须在裁判定罪之后行之,今则未断案而先封馆,我等不知其合法否也。美国之国法,本极主张平等自由之权利,现在上海之美总领事乃与中官员同行此守旧之办法,余徐深为惋惜之也。"转引自同注⑭,蒋慎吾,前揭文,第82页。

㉓ 参阅同注⑭,蒋慎吾,前揭文,第80页。

清廷方面,则从最初的"即行就地正法"[⑭],到律师古柏于法庭上公然宣称"此事已成交涉重案,须候北京公使与政府商妥后再讯"[⑮],均反映华洋政体涉入司法之深,也使得"苏报案"成为一标准的政治案件而非司法案件。

六、黎王(黄)氏案

(一) 事实

1905年12月8日,四川官眷黎王氏携带15名奴婢途经上海,公共租界巡捕房因事前接获镇江方面电报称系"拐匪",遂以"串拐罪"拘捕,交公共租界会审公廨审讯。会审公廨谳员关䌹之与襄谳金绍成认为此案证据不足,主张暂押公廨女班房候讯;英驻沪副领事德为门则令捕头、巡捕强夺人犯,以带往西牢。双方先起口角冲突,继之演成全武行,酿成"大闹会审公堂案"。10日,上海道台袁树勋令会审公廨停讯,同时照会领袖领事与英总领事,要求撤换德为门,革斥捕头,并将黎王氏等由西牢改押公廨。18日,租界各商店罢市,群众围攻老闸捕房与南京路市政厅,印捕登岸镇压,当场打死11人,数10人受伤。23日会审公廨开庭审讯此案,24日英总领事仍派德为门参与预审,关䌹之拒绝出席,英领被迫撤换德为门。

1907年2月1日,英驻华公使提出解决"会审公堂案"办法三条:一赔款;二惩办首犯。三查办上海道袁树勋。瑞澂认为此案华方有理无屈,不能迁就理赔,主张据理力争,公平了结。后由华官捐私产五万两作为赔款,不足之数,由清廷承担。

(二) 评析

1. 传统论述评析本案,多论及传统中国官员在事后的外交折冲中的失权行为。例如清廷南洋大臣周馥在事发后致清廷外务部的函文中,虽然已明指"德为门违章擅押,实为祸首",但在与英国领事的交涉时,却又处处流露出"和平含蓄"。[⑯]学者马长林即评论本案指出:"客观地评价这场较量中的清政府官员,应该说他们对主权丧失并非不清楚,根源在于他们常从维护

[⑭] 参阅蔡元培,《回忆蒋竹庄先生之回忆》,收于上海通社编,《上海研究资料续集》,台北:文海出版社,近代中国史料丛刊三编第四十二辑,第115页。

[⑮] 参阅同注[⑭],蒋慎吾,前揭文,第94页。

[⑯] 参阅《南洋大臣周馥光绪三十二年(1906年)二月二十八日致外务部函》,中国第一历史档案馆藏,转引自马长林:《晚清涉外法权的一个怪物——上海公共租界会审公廨剖析》,刊于《档案与历史》,上海市档案馆主编,1988年第四期,第56—57页。

第四章　权力不对等下的纠葛

既得利益及大清统治的所谓安定出发,对外人的争权采取'息事宁人'的态度。"⑯ 而此,即凸显出帝国之鞭的另一项特质——一切以平靖地方为首要考量,只要鞭的源头不在意,又何须强出头或多惹是非?

2. 本案肇因为巡捕房接获情报称黎王氏系"拐匪",并未涉及外人,为何租界当局却如此在意? 一般多归咎于外人的侵权或德为门的强横,事实上,却不可忽略"拐匪"案乃租界当局最为敏感的影响租界治安事件之一,寡头们反应才会如此激烈;其背后更可能涉及华洋法律文化对于"个人"、"人权"乃至妇女地位的不同认知。⑱

3. 黎王氏案华洋的主要争点有二,一是工部局派巡捕"监视"会审公廨,二是女犯关押西牢问题。工部局会派巡捕"监视",实导因于会审公廨的禀单传票须经华籍差役之手,致让华籍差役有敲诈勒索之机,工部局遂决定派巡捕"常川驻庭,校对差役责打人犯数目,遇有舞弊情事,即报告工部局"。⑲ 至于女犯关押问题,则更脱逸《洋泾浜设官会审章程》的规定。事实上早在事发前半年,上海道台袁树勋即照会领袖领事称,巡捕房不遵旧章,将押往会审公廨的案犯均带回巡捕房。⑳ 显然租界当局与会审公廨间对于人犯的处置早已存在争议,或至少是约章上的空白。黎王氏案,不过只是导火线罢了。

黎王案后,中外妥协的结果是,女犯仍归会审公廨关押,但总督周馥却同意工部局派员"进出"公廨。看似各自退让,实则是寡头政体在司法权竞逐上的一大胜利。

4. 本案常为研究者所讨论者,系关絅之与德为门当时在会审公廨内争执时的对话:

德为门:犯人必须由捕房带回。

关絅之:未决女犯须押在西牢,会审章程上没有这一条,且本官未奉道台之命,故不能照准。

德维门:本人不知有上海道台,只知遵守本领事的命令。

---

⑯　参阅同上注,马长林,前揭文,第56页。

⑱　例如在《点石斋画报》《乾纲不振》描述会审公廨审理的一起家庭纠纷案,华洋官认知不同的原因,实亦与本案有所神似:华民王东生之妻翟氏在升宝洋行帮佣,其夫屡招不归,遂控于公堂。英籍陪审员以王东生为无赖,认为其妻不应随其同归;但谳员则认为事涉伦常,依例判须与王归。但就在相关当事人出公廨时,洋行洋人却在公廨门口痛殴王东生,并拥王妇而去。引自《点石斋画报》,载《乾纲不振》附文。

⑲　参阅同注⑯,夏晋麟编著,前揭书,第51—52页。

⑳　参阅同注⑮,夏东元主编,前揭书,第65页。

关絅之：既然如此，本人也不知有英领事。[111]

大陆学者熊月之分析："会审公廨自设立以来，虽然名义上是中国官府设在租界里的一个机构，外国副领事名义上是陪审，但实质上，凡是涉及租界当局利益的，或者租界当局认为那些案件是涉及他们利益的，外国陪审官实际上都是主审官，中国谳员倒成了摆设。外国陪审官是受领事委托、代表领事出席的，德为门说'只遵守领事的命令'，也只不过道出了一个久已存在的事实。"[112]

不过本书关注的，反倒是本案所呈现的司法权力的真正面貌，即不论在中外承审法官的心中，仍然还有各自的"上级"，而非独立的裁判官员。从上述对话，实可佐证当时司法权的边缘地位。

5. 黎王氏发生后未久又发生一起类似的案件。1906年2月1日《字林西报》载，工部局总董致函上海领袖领事称，会审公廨谳员关絅之不应于未照会英国陪审员的情形下，将拐匪王张氏移解苏州元和县，因而要求撤其会审公廨谳员职务。四天后关絅之致函领袖领事答驳称，王张氏拐案发案地点在苏州元和县，理应将人犯移县归案。"本府并无擅专悬断之权，工部局岂有藉词挟制之理"。后关絅之又上禀上海道，以"一身一家不足惜"，免酿交涉大案为由自请去职。不过，上海道袁树勋则以"西报私衷偏见，尤不足为凭"予以慰留。[113]

对于此案《申报》曾评论称，工部局"让人感觉到一九○五年黎黄（王）氏案仍然余波汹涌"。会审公廨"名为会审而实则西官久已独擅其权"。"不能如过去一样为所欲为的工部局会审官对此'强项令'如骨鲠在喉，急欲去之而后快，其用心，路人皆知。"[114] 报章的评论明白地告诉我们，德为门的"领事命令说"不过是形式上的气话，真正职掌上海租界治安者，并非陪审员所听命的领事，而是工部局。

---

[111] 转引自马长林：《一次面对强权的抗争》，收于纪念关絅之诞辰120周年学术研讨会编，《关絅之先生诞辰一百二十周年纪念文集》，1999年，第8页。

[112] 参阅熊月之：《大闹会审公堂案解读》，收于纪念关絅之诞辰120周年学术研讨会编，《关絅之先生诞辰一百二十周年纪念文集》，1999年，第9页。

[113] 参阅同注⑮，夏东元主编，前揭书，第73页。

[114] 参阅同注⑮，夏东元主编，前揭书，第76页。

结语:趋于细致的权力关系

清人葛元煦尝作一诗描绘租界的寡头政府机关云:

> 峨峨公廨压江滩,绝少威仪似汉官。楼阁不似商贾宅,独标旗杆插云端。[15]

统治上海租界的寡头政体,甚至长驻租界的会审公廨谳员,确实没了汉官的"威仪",却又是凭借什么得以有效治理租界? 这即是本章尝试回答的主要问题之一。

1869 年开始运作的会审公廨,象征的是自租界开埠二十余年的混乱后,华洋双方好不容易妥协后的稳定开始,自此而后,租界形式上有了一个类同于传统中国地方官厅的衙门,华民有任何情事,都可以将会审公廨视为一个最终解决问题的机制。

不过在实质上,租界华民面对的却是一个截然不同于传统衙门的官厅。首先,衙门主其事者或有权决定讼案结果者已不再是"一个官",而变得多元,除了决定裁判结果者多了一个外国人,还有外国人要"负责起诉",更不论在某些案件中的外籍观审人员了。剖析会审公廨,让我们看到了一个愈来愈接近于现代法庭的空间呈现、人员配置、诉讼程序乃至惩罚方式的重大变革,现代律师制度的引进与落实,更进一步让权力的配置产生了重大变化;但在此同时,会审公廨却仍然保有属于传统的一面,包括被告的"跪"、谳员的全包式角色,以及极力平靖地方勿使起乱源的心态。

在这段期间,上海租界不见砍头,也逐渐没有了笞杖,至辛亥革命前更只剩徒刑、"劳役"与枷刑;会审公廨法庭没有了刑具,少了肃杀之气,只剩言语的对辩;谳员及外籍陪审官没有了衙役喊着"威武"所形塑的"官威",只剩下通过判决书所宣示的裁判权。确实,相较于传统中国地方官厅的"威仪",寡头政体乃至会审公廨无疑是羸弱无力的。但整体而言,租界的治安却在权力弱化、人口又倍增的不利环境下维系住了。为什么? 本书认为,原因即在于傅柯所强调的权力趋于细致与多元,不再由单一权力机构所独有。也许威吓不再一如往昔,但却从其他更细致的角度,深化了拘束与规训的作用。

---

[15]　参照同注①,葛元煦著,前揭书,第 112 页。

再则，透过本书所挑选的六个案例，我们也看到了传统与现代纠葛的真实阵痛情形，或许传统的一面仍然存在，但传统的确已日趋式微。[116] 一个至少在形式上必须完全现代，尤其是必须专责的司法裁判机构的诞生，只是时间的问题。从此角度来看，辛亥革命或许更像是个催化剂，而不是一个决定会审公廨彻底改头换面的历史因素。

---

[116] 即使到了清末，"传统"在于庶民心中的力量仍是相当强大。就以剪辫为例，虽然在1910年时任户部寺郎的伍廷芳即上书清廷要求剪辫，清廷资政院也过了剪辫议案，但清廷的态度却十分暧昧。伍廷芳回到上海后，曾召集"上海慎食卫生会"开会，并在上海租界内的张园召开剪发大会，先后有一千余人剪了辫子。大会原计划把辫子收集起来卖掉充抵赔款，但几乎所有人都把辫子带了回去，最后只搜集到三条。参阅同注⑮，夏东元主编，前揭书，第134页。

第五章　权力关系的彻底置换
——辛亥革命后的会审公廨(1911—1926)

辛亥革命为会审公廨带来了"革命性"的影响——传统中国官厅势力自此断绝。革命当时,由于会审公廨谳员逃走,使公廨陷入瘫痪,各国驻沪领事团遂趁势以"和平治安"为名,宣布"接续办理"公共租界的会审公廨。"会审公廨从官员的任命权、公廨的管辖权到公廨的行政权,全部落入帝国主义手中。从此,租界内的司法权,完全被帝国主义所侵夺。"[①]

表相看来,自辛亥革命后寡头政体虽有意将会审公廨形塑成一个纯粹只负责审判的机关,但却由于租界的权力纠葛错综复杂,致使会审公廨根本无法与上海的政治情势切割开来,甚且长期以来一直是租界扩张的交换筹码。[②]因而,当1925年"五卅惨案"肇致租界华民乃至中方的激烈反抗之后,寡头政体为维护既得利益,把会审公廨视为交换筹码而归还给中方,并改设为上海租界临时法院,毋宁是极其自然的事。不过,在十六年权力巨幅替换的过程中,本书更关心的是会审公廨本身的变化,以及其与华民在司法侦审过程中的互动关系,又起了何种质变。简言之,一个权力分立政法体制下的现代司法机构至少已在形式上生成,唯其步履却异常蹒跚。

第一节　划时代的巨变

一、混沌局面下寡头政体的企图

1911年10月10日武昌起义爆发,11月3日,上海闸北民军起义,宣布

[①] 参阅唐振常主编:《上海史》,上海:上海人民出版社,1989年,第510页。
[②] 1922年华盛顿会议签订九国协议后,中外即展开收回会审公廨的交涉,但外人只肯先行将公廨无关外人利益的纯粹华人民事案件交还由中国法庭办理,且须以扩充上海港口及租界为附带条件,参阅《法律评论》,第四十三期,1924年5月11日,第10页;至于北京政府,则以收回会审公廨与推广租界是不同问题,认为应无条件收回,参阅《法律评论》,第四十六期,1924年6月1日,第6—7页。双方的认知相当悬殊,也注定会审公廨的收回,必然不可能只是法权的谈判。碍于篇幅,本书并不论及会审公廨收回的详细经过,详可参阅马长林:《晚清涉外法权的一个怪物——上海公共租界会审公廨剖析》,刊于《档案与历史》,上海市档案馆主编,1988年第四期。及张铨:《上海公共租界会审公廨论要(续)》,刊于《史林》,1990年第一期。

独立。上海道台刘燕翼闻讯,逃入租界,上海军政府成立,会审公廨正谳宝颐也卷走公廨公款逃匿无踪。

面对辛亥革命,寡头政体内部虽然不见得同调,但显然最终结果是偏向中立观望的,此或可从刘燕翼请求寡头政体保护一事看出若干端倪。工部局总董直言,"这位狡猾的官员很可能使革命党及其同情者产生西方人是在支持他的印象",因此建议拒绝刘燕翼的请求;但在领袖领事的催逼下,董事们以刘个人依然具公民身份,仍决定由巡捕房给予人身保护。③

不过,也就是在表面严守中立的烟幕下,租界当局趁着局面并未底定之际,趁势接管了会审公廨。1911年11月12日,上海领事团以比国总领事兼领袖领事薛福德的名义,发布了如下的告示:

照得租界华商居民人等,为数甚众。查民刑诉事件,本为特立之会审公堂(廨)办理。兹欲保守租界和平治安,惟有必使会审公堂与押所仍旧接续办理为急要之举。因此立约各国领事,特行出示晓谕居住租界之华洋商民人等一体知悉,揆情度势,凭其职位权柄,暂行承认已在公廨办事之关炯(纲之)、王嘉熙、聂宗義三员为公廨谳员,④仍行随同该领事所派之该陪审西官和衷办事;并准租界上海西人工部局巡捕收管公廨押所。尚有公廨所出业由该管领事签印之民、刑二事传单牌票,后经该管陪审官照例签印之谕单等件,均应出力照办。凡有公堂应持之权炳(柄),亦当极力帮助。为此出示晓谕,仰尔租界华商居民人等知悉……⑤

表面看来,寡头政体此举类似1853年小刀会事件后的翻版,不过是因应界外的权宜措施,只不过此权宜措施,前后竟然"权宜"了十六年之久。

然而,与以往租界所面临的"动乱"不同的是,辛亥革命终究是一个"改朝换代"的政治变革,其发动者及核心成员,更多数受着西方权力分立政治思潮的影响;其政法体制,亦循着此轨道前进。例如在沪军都督府成立后隔日,上海县即成立民政、司法两部,随即由司法长黄庆澜发布告:"本县民刑诉讼,一切暂照从前法律执行,一俟地方国会编定新刑例后,再行陆续更正

---

③ 参阅《工部局董事会会议录》,第十八册,1911年11月1日、11月15日会议记录。

④ 1912年7月24日,领袖领事通知董事会,经陪审员们推荐,再任命前助理谳员孙调英(音译)为第三助理谳员。参阅《工部局董事会会议录》,第十八册,1912年7月24日、31日会议记录。

⑤ 引自《民立报》,1911年11月12日。

办理。"⑥ 凡此种种，均象征着上海租界寡头政体所面对的"新邻居"，至少在形式上已不再是传统帝国一条鞭式的官厅与官员，权力分立的意味十足，为外人诟病的传统旧律，也可能在短时间内改弦更张。这也意味着，领事裁判权或外人的种种特权，已没有了存在的借口，可能即将烟消云散。

但寡头政体显然根本不在乎中国的巨变，反而更积极地维持或扩张既得的权力。就在黄庆澜发布告的11月18日，租界当局也发出了一道命令——禁止租界内华民挂旗庆祝或支持辛亥革命及上海军政府，并再次宣示在界内张贴告示，须工部局签字。⑦ 在11月29日的工部局董事会中，董事会并一致认为，革命政府交涉使许继祥要求张贴公告的惟一目的乃在"取得某种形式的承认"，故未允准。显示寡头们也十分担忧既得的告示否决权等，将有可能因革命政体的成立而消失，因而极尽可能的先下手为强。

二、寡头政体对会审公廨的全面掌控

就如同衙门是传统中国官员展示一条鞭式权力的最佳场域一般，辛亥革命后的会审公廨也成为了寡头政体实质展现其权力的最佳场域。首先，即是由上海领事团宣布由工部局接管会审公廨及"变相"任命谳员；工部局也"不辱使命"，1911年11月16日即告示称："界内各案，须在会审公堂讯明，不准提出界外。"⑧ 重新申明前清时会审公廨即已扩张的预审权。上海革命政府显然也知晓其严重性，沪军都督陈其美在11月19日即写信给领袖领事，告知他已派两名交涉使欲接管会审公廨事务，但稍后却受到租界当局的阻挠，致上海革命政府的势力始终无法渗入会审公廨。

在同年12月6日的工部局董事会会议中，董事们一致同意接管会审公廨内的刑事部门和民事部门的财务及文书工作。在隔周的董事会中，总董更不讳言，"由工部局对会审公廨进行监督，若干年来一直是董事会的目标"⑨。也就是在此氛围下，租界当局迅即颁布了《公廨临时办法》八条，其中规定中国法官须受外国陪审官"指导"；监狱、传讯、拘捕均由工部局巡捕房管理、执行；五年以上刑事案件概归公廨处理。⑩ 12月22日，英驻沪总领事

---

⑥ 参阅汤志钧编：《近代上海大事记》，上海：上海辞书出版社，1989年，第705页。
⑦ 同上书，第705页。
⑧ 同上书，第708页。
⑨ 参阅《工部局董事会会议录》，第十八册，1911年12月13日会议记录。
⑩ 参阅同注⑥，汤志钧编，前揭书，第706—707页。

将《公廨临时办法》电告英国驻华公使朱尔典(J. Jordan)，旋经北京公使团批准。[11]

相较于寡头们的积极行动，革命政府虽看到了问题，但采取的作为显然消极了许多。1911年12月，伍廷芳以中华民国外交总长的名义颁布了《中华民国对于租界应守之规则》，表示对于上海租界的行政、警察等权，"应俟大局底定，再行设法收回"；对于会审公廨，规则特别列了一节称：

> 上海会审公堂，前此所派清廷官吏，大半冗阘，是以腐败不堪。上海光复后，该公堂竟成独立，不复受我节制，此种举动，理所必争，尤宜急图挽救。外交部自当向各领事交涉，使必争回，然后选派委员接管，徐图改革。但交涉未妥之前，我军民不可从抗辩，致生枝节。[12]

从史料来看，中方当时确曾不断通过交涉、甚至也可能通过民间(上海商务总会、即后来的总商会)的管道[13]试图收回会审公廨。不过，中方的"理所必争"、"急图挽救"，仍然不敌寡头们绵密且实际的动作。例如工部局总董在同年12月20日的董事会会议中即称，领袖领事曾要求采取立即行动，将到12月15日为止的薪金发给会审公廨的华籍工作人员，而"此一措施之目的在于排除商务总会的干预，该机构正设法打乱已获领事团准许的步骤"。[14] 工部局给付会审公廨华籍工作人员薪资，虽然间接，却异常有效的达到了宣示接管会审公廨的目的，进而迫使革命政权只得暂时维持"惯例"。自此以后迄1928年收回会审公廨为止，几乎中国官方都仅止于"书面抗辩"会审公廨的实际运作。

三、寡头政体掌控会审公廨的心态分析

为何外人于辛亥革命后亟欲主控会审公廨？原因之一是外人不满辛亥革命前会审公廨种种的弊病，一名美国律师即曾整理其弊病包括：

(一) 外人民事判决后不易实行。

---

[11] 参阅同注⑥，汤志钧编，前揭书，第716页。
[12] 参阅《中华民国对于租界应守之规则》，引自《申报》，1912年1月1日。
[13] 根据上海总商会代表赵锡恩回忆，当时领事团曾要商务总会接收办理，但商务总会因公廨的经费及人选问题难以解决，未经缜密的考虑，即答复领事团称可由领事团暂行代管，"在当时商会实不知其有此结果，特以政体未定，不妨为权宜之措施"。参阅《法律评论》，第五十期，1924年5月30日，第7—8页。
[14] 参阅《工部局董事会会议录》，第十八册，1911年12月20日会议记录。

第五章　权力关系的彻底置换

（二）上自法官下至走役无不索勒受贿。

（三）某书记在福州路另设机关为法官接洽贿赂，该员因双方受贿，被人暗杀。

（四）某案有一华人在租界内，被城内法吏捕去，欲租界保护，因此反受苦刑打至皮肉分裂。

（五）庭役狐假虎威，借法庭之命四出索勒。

（六）已判定之监禁期限每不照算，有时期满已久未放，有时不及期先放。

（七）重要案件被告人之保释由法官随意照准。

（八）民事案之重要人物每雇苦力代其声明。

（九）法官之判断常受高级或地方要人与团体之干涉或请求改轻。[15]

该文并称，在辛亥革命后领事团收回会审公廨"大为改良"，如索勒贿赂等弊、刑案，均由巡捕房办理，监狱亦交巡捕房管理，刑期五年以上的刑事案，均在公廨受理，法官（谳员）与外籍陪审员会同审判，中国官吏不能干涉，公廨财政涓滴归公，引渡必有真实凭据方可，法官均以领团选委官俸，到期即发，不致因欠薪而思违法收入。从程序面言，则是会审公廨对于证据最为研究，不若中国法庭之草率。[16]

另外，从工部局收管会审公廨押所一事，也可看到寡头政体的人道考量。[17]

当时的美国法律学者威罗贝（W. F. Willoughby, 1867—1960）则分析会审公廨的法理依据指出："从严格的法律观点来看，列强对北京政府一再表示要恢复中国的管理权的要求这种拒不接受的态度，是无法辩解的；但是，从实际的行政效益来看，列强觉得，在列强认为使该法院工作有效率所必需的某些改革未经中国同意以前，它们是有理由保持它们的控制权的。"[18]

---

[15] 引自《美国律师维持公廨谬论》，刊于《法律评论》，第一百六十期，1926年5月16日，第16页。

[16] 参阅同上注，前揭文，第16页。

[17] 在1911年11月22日工部局董事会中，尼尔德医生向工部局董事会递交报告称，公廨押所的卫生情况"实在糟糕"。董事会讨论后，决定授权督察长逐步进行改善，而亟须采取的措施为"消毒、修厕所，以及给拘留所的犯人以充分的食物"。参阅《工部局董事会会议录》，第十八册，1911年11月22日会议记录。

[18] 参照威罗贝：《外国在华法院及其适用》，收于王健编：《西法东渐》，北京：中国政法大学出版社，2001年，第293—294页。

然而,在前述法治意味浓厚的理由背后,我们却不难发现其与全面掌控治安的密切关联。寡头政体以治安为最高指导原则,在辛亥革命后也依然是如此。只要涉及扰乱治安或影响到社会秩序的案件,例如散发传单或是罢工,虽然与其母国民主宪政体制下所保障的言论自由相关,但寡头们却多会极力地制止、排除,会审公廨的裁判通常也会随之而来。从最初的全力缉捕反袁革命人士,到中期的防堵反日、反帝的示威游行,乃至后期的查缉无政府主义、共产主义者,均可见寡头们极力不使租界稍起波澜的企图。

四、空间结构的再次变化

在关注寡头政体于司法权上极致扩张的同时,我们更必须注意到前章所述因租界"越界筑路"扩张而引发的空间结构的变化,并进一步与辛亥革命后上海拆城、填平洋泾浜等"市政建设"产生了联结,致让华民能够愈来愈有效的"隐匿",进而侵损了执法与惩罚的必然性。换言之,相较于租界面积成倍数的扩张,有助规训权力的统治技术则相对显得迟缓。

早在1900年时,上海即因城厢内外往来需要,而有拆城墙之议,但仅采取开辟新门的折衷方案。辛亥革命后拆城之议复起,1912年元月,上海城墙即被拆除。[19] 上海城墙的拆除,象征的是城厢内的华界与城外法租界自此连成一片,不再有任何阻滞。不过对于公共租界与大上海来说,更重要的是1914至1915年,两租界当局合力填平了洋泾浜(参阅图5-1、5-2)并改筑成爱多亚路(即今日之延安东路),使得原有因筑栅、站岗而产生的圈围功能消逝了,上海公共租界、法租界与上海城至此成为一体的"大上海"。

再者,租界自1899年大扩张后,越界筑路仍然持续进行,原来租界核心的棋盘式道路格局,并未被一贯地套用至随越界筑路而扩张的新租界内(参阅图5-3)。

伴随着越界筑路对治安掌控更为严重的隐忧,则是这些在新扩租界上"棚户区"[20]的日渐壮大。棚户区几可称得上是新兴都市现代管控技术的大克星,寡头政体当时所拥有的"现代统治技术",显然并无法有效"透视"棚户区等华民聚集场域。

易言之,至辛亥革命后,居民与寡头政体治安机构间的权力空间,已开

---

[19] 详请参阅《上海掌故辞典》,上海:上海辞书出版社,1999年,第66页。
[20] 关于棚户区的种种,详参薛理勇:《旧上海棚户区的形成》,收于施福康主编:《上海社会大观》,上海:上海书店出版社,2000年。

第五章 权力关系的彻底置换

图 5-1　1914 年洋泾浜进行填筑工程,自此类似"护城河"的洋泾浜正式走入历史。(引自《上海租界志》,插图第 5 页)

图 5-2　改成大马路后的洋泾浜,更重要的意义在于彻底打破了上海华、租界的空间隔阂,"大上海"从此定型。(引自《上海租界志》,插图第 5 页)

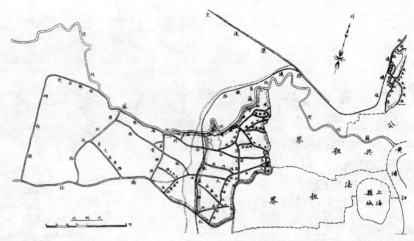

图 5-3 辛亥革命后租界越界筑路的"扩张"更显"夸张",散乱的道路规划,仍是过往越界筑路的翻版,与租界核心大相径庭。(引自《上海公共租界制度》,第72—73页间插图)

始产生了重要的变化,华民"隐匿"的可能性更大了,也更快速地发酵中。虽然寡头政体表面上是扩张了统治的范围,但其治安管控的品质,却是随着区域空间的变化,反而向下沉沦。直至1928年国民政府收回会审公廨,甚至一直到抗战时汪精卫政府收回租界为止,都未能改变租界逐渐沦为罪恶渊薮的命运。

第二节 会审公廨组织及诉讼制度的变革

美国律师所谓的会审公廨"大为改良",究竟又是些什么?我们必须先从制度层面的变革来看会审公廨形式上的变迁,方能进一步评断是否有可能"改良",又是如何的"改良"。

一、司法行政组织的全面翻修

(一)人事变化

1. 华籍谳员

寡头政体接管上海会审公廨后,立即进行组织的变革,人事方面最重要的就是增设谳员,即除了正会审官(正谳)一名(在辛亥革命后的会审公廨十六年历史中,正会审官均由关䌷之担任),副会审官(即前清时的襄谳)则由初期的两名增至四名。至1923年，正副华籍谳员已达七人之多。[20] 不过与前清不同的是，实际上谳员的任命权几已完全由寡头政体操控，中方根本无以置喙。

2. 差役

差役部分，原公廨内的廨差在前清时均由华方自聘，担任传提人犯及"站堂"维持秩序等工作，与工部局毫无干涉，在《点石斋画报》及前清关于会审公廨的插图、照片中，我们即可清楚看到华籍衙役排站在法庭右侧的景象。但辛亥革命后，寡头政体以廨差缺乏效率为由，改用工部局外籍巡捕执行传提人犯任务，"站堂"则改由工部局华捕担任。换言之，以今日的术语来说，公廨谳员已无直属的法警或司法警察，已不可能从事独立的调查或传拘人犯，而纯粹只是"听讼"的法官。

3. 其他人员

除了谳员及差役外，寡头政体并在廨内增设检察处、交保间、总写字间、财务处等机构，并全部以领事团所委任的外人担任主管职务，接管了前清时由华籍差吏主掌的行政庶务，华人则仅担任一般职员。

(二) 公廨行政

1. 开庭时间

刑事案件多在午前，洋原华被的民事案件多在午后，纯粹华人的民事案件，除星期六仅可上午开庭外，其余时间上下午均无不可。但因审理上的便宜，开庭时间常有所变动，纯粹华人的民事案件多暂搁置。

2. 办理顺序

检察处备有收诉簿(List of Petitions)及讯案簿(Hearing List)。当事人提出诉状时，记入收诉簿；至审讯时，则转入讯案簿。其讯案簿又分两本，一本记录华人控告华人案件，一本记录洋人控告华人案件。凡案件的审讯，除公廨先前另有谕令外，均应按照讯案簿中收事行之。

3. 保存卷宗

公廨判定被告的罪刑时，其案情与罪名均一一录出；归入公廨案卷中保存的民事案件，亦将案卷并案内证据谕单汇聚保存，并登录编号。

4. 录供

公廨开庭时，由华洋录供生各一人录取华洋供词各一份。

---

[20] 参阅张铨：《上海公共租界会审公廨论要》，刊于《史林》，1989年第四期，第48页。

5. 法庭用语

会审公廨审判时以华、英两国语为准,如在法庭有用他国语者,由翻译以华、英两国语传译。诉讼状及其他向公廨提出的书状,均以华、英两国文记载,传票、拘票及公廨缮发的他项文件,也以华、英两语作成。㉒

6. 法庭配置与空间结构的变化

公廨内设有法庭、办公室、会审官休息室、律师休息室、刑事临时拘留所、女监及民事羁押所。至20世纪20年代,公廨设有四个法庭,第一法庭又称楼下公堂,第二法庭又称楼上公堂,第三法庭又称特别公堂,也设在楼上,第四法庭则另设在别栋。法庭设有会审官席、证人席、讯问箱、录供席、特别旁听席等,警官、包探、记者亦分别设席。所有法庭的构造,据称系仿英国式,壮丽可观。㉓ 相较于前清时公廨内部的"开敞"与简略,会审公廨在辛亥革命后,显然是以接近现代法庭的布置来实践"公开审理"原则,"壮丽"、"庄严"的意象,已取代了传统衙役及官威的威吓效果,进而在此场域之下宣示司法权。更重要的是,会审公廨如现代法庭一般利用了席位高低及配置,凸显了法官的主宰与权威,包括刑事案件的巡捕房起诉律师,乃至民事案件原、被告律师以及证人、被告等,均须"仰视"法官席。㉔ 另一方面,原被告律师及翻译对立而坐,并特设了中外证人席,也代表着这是一个重视两造论辩攻防的法庭。

7. 轮审制度与其变革

会审公廨每日讯理的民刑讼案,谳员与外籍会审员原系采取轮流制度,例如今日审理刑事,明日即改审民事。后来,关絅之认为此项制度对于诉讼当事人殊非体恤之道,原因是其承审的中、外官员每日各不相同,假如星期一所审的民刑讼案,若当日未能终结,须延至下星期一原审该案中外官员的堂期始可续审。若届时遇案件数过多,又须延期,故每有原仅一两次开庭即可结之案,往往须迁延至数星期之久。关絅之因而主张固定轮流制中承审华官的堂期,并经英、美、义、日四国副领事赞成后,自1923年9月16日起实施新制。《法律周刊》曾评论称:"于是既不濡滞时日,结束自捷,匪特诉讼

㉒ 以上请参阅《法律评论》,第十期,1923年9月12日,第28页。
㉓ 参阅戴修瓒:《法权讨论委员会上海公共租界会审公廨视察报告》,刊于《法律周刊》,1923年第13期。另请参阅附图"第一法庭图"及"第四法庭图",刊于《法律评论》,第二十一期,1923年11月18日,第21—22页。
㉔ 参阅周劭:《法苑旧谭》附图"民国时期'会审公堂'审理案件的情形",刊于《万象》,三卷四期,2001年4月,沈阳。

人称便,而案亦鲜留牍也。"㉕

二、外籍人士的审判官角色

(一)纯粹华人刑事案件的会审

此项刑事案件,在欧战前由英、美、德三国会审员轮流会审,欧战后由英、美、日、意四国会审员按照一定值日日期,轮流到会审公廨会审。㉖ 其值日的顺序,英为星期一、三、五,美为二、四,日及意为六。会审员共有六人,英、美各两人,日、意各一人。

(二)纯粹华人民事案件的陪审

辛亥革命后,领事团决议废除"晚堂",并公举领事若干人,按照一定值日日期轮流到会审公廨"陪审"纯粹华人民事案件。所举人员任期一年,但得连选连任。此项陪审实与会审无异,这也是辛亥革命后会审公廨最重要的变化之一,至此,外人等于全盘管控了租界华民的司法案件,戴修瓒即称"越权之举,莫此为甚"。㉗

(三)外人既观审又会审的案件

虽然会审公廨已排定各国会审员的庭期,但如案件与其他有领事裁判权国的政府或人民有利害关系时,即应通知该国领事到庭,按利害关系的轻重观审或会审。

三、民事诉讼制度的变革

《洋泾浜设官会审章程》中,并无关于诉讼程序的详细规定。1902年修改会审章程,虽于程序稍有规定,然因协议未妥,终成悬案。迨及辛亥革命后,逐渐制定成文的程序法规,并颁行所谓《上海会审公廨诉讼律》(The rules of Procedure of the Mixed Court at Shanghai),分为民事、刑事诉讼两部分,刑事诉讼二十五条,民事诉讼一百条。此外,尚有《华洋交保办法》十五条。其内容乃折衷中英两国法制而编成。㉘

㉕ 参阅《国内法律及法院新闻:上海会审公廨更改轮审制度》,刊于《法律周刊》,1923年第十一期,第13页。
㉖ 参阅同注②,张铨,前揭文,第49页。
㉗ 参阅《法权讨论会秘书戴修瓒视察报告》,刊于《法律评论》,第十期,1923年9月2日,第27页。
㉘ 参阅《法权讨论会秘书戴修瓒视察上海公共会审公堂之报告(续)》,刊于《法律评论》,第十六期,1923年10月14日,第20页。

（一）起诉

会审公廨依据"华洋诉讼"与"纯粹华人诉讼",而各有不同的民事诉讼程序。

1. 洋诉华的民事案件

享有领事裁判权的外国人,如欲对华人提起民事诉讼,应先向该管领事投递诉状,再由该管领事馆转送会审公廨提起诉讼。诉状除该外国人本国文诉状一份,华文诉状一份,英译诉状二份,并按被告人数添加华文诉状。该管领事馆仅留存本国文诉状一份及华文诉状一份,其余诉状,均转送会审公廨检察处,该处收到后,即将华文诉状送呈华籍谳员,并送交被告。英译诉状二份,则一送外籍陪审员,一存检察处。各国领事馆对于转送诉状多取规费。㉙

2. 纯粹华人的民事案件

华人对华人欲提起民事诉讼时,须向会审公廨检察处先具诉状,所具诉状华、英文合璧者三份,单缮华文者一份,共为四份,递状时须缴诉状费,否则不收。又检察处收状之后,以华文诉状一分送呈谳员,华、英文诉状三份,则一存检察处,一送外国会审官,一发交被告。原告的起诉除以自己名义行之,亦得由自己或由律师或由书函委托代理人行之,其委任代理人时,须将委任状或受托的凭据,于未控诉前或正式控诉时呈递至会审公廨。被告得于公廨管辖权范围内提出特别条件反诉原告,如经公廨审核认为反诉条件成立,得据该被告的请求,令原告交保。

（二）交保及羁（管）押

所有华洋民事诉讼均同程序,民事羁押所仍附设于公廨内。㉚ 在辛亥革命后初期,仍延续前清,即照原告所控之数若干,饬传被告到案取保候讯,即原告一经递状,公廨即票传被告交保,非核准交保不得开释,"以致民事被告动受拘押,奸谲之徒或藉为陷害敲诈之具,甚至被告羁押已久,及传讯原告,则潜逃无踪"。鉴于弊端连连,寡头政体曾试图解决此问题。在1915年12月22日的工部局董事会中即明示,"不希望使用公家费用为小笔债务而扣

㉙　参阅同注㉘。

㉚　所收容者乃民事被告,及判决确定的民事案件败诉人经传唤到案执行者,尤其以后者居多。至于其关押情形,根据《法律评论》记载:"……共三十六间,各层走廊入口均设铁栅门,并配置看守一人,各房之门,均不闭锁,室内装设与我国中客栈相类,谈话游戏亦均自由,毫无拘束。"参阅《法权讨论会秘书戴修瓒视察上海公共会审公堂之报告（续）》,刊于《法律评论》,第二十二期,1923年11月25日,第21页。

留这些被告"，会中并提到了准备实施英国陪审员的建议，即"应由原告支付他们的膳宿费"，并称，"这样一种改变可能会抑制滥用公家费用，及为了私仇对债务提出不公正的控诉，结果使被告在找到保人之前就被拘留"。

会审公廨究竟有没有采用上述办法，如今已不得而知。但根据关䌋之的说法，"为免原诉未必尽实，被告先受交保之讼累"，遂于 1922 年 10 月间商诸各国会审员，签订《交保暂行办法十五条》。"寻常诉讼传照审厅办法限被告二十天辩诉，免予交保，如华洋各商有特别请求饬传被告案交保者，须将必须交保理由当庭声明核准，仍先令原告觅取妥保，以备将来讯明。所控不实，赔偿被告损失之需，于是年十一月一日起实行。"[31] 显然采用的是另一套的改革方式。

对于交保管押问题，戴修瓒的视察报告则有更精确的描述，即原告呈递诉状时，如不声请着令被告交保者，则公廨仅出传单连同原诉状一份传达被告。原告如于递呈诉状时或于递呈诉状后声请着令被告交保，而被告于声请时尚未到案，并经会审公廨认为该项声请有充分理由者，则会审公廨得准如所请出单，着令被告于一定时期交保，此谓"交保传单"。被告如不于所定时期到案交保，而会审公廨认为有饬令拘提的充分理由，得出票径自拘提，一经提到，非经核准交保，不得遽释；惟被告亦得向会审公廨请求展期交保、减轻交保或免除交保。

又会审公廨于受理原告声请时，得仅出通知单通知被告投质或谕令原告先行交保。原告于呈递诉状时或于呈递诉状后声请着令被告立即交保，经会审公廨认为有充分理由者，得准如所请，传押被告交保，此谓"特别传单"，惟被告亦得请求减轻交保或免除交保。

（三）被告的辩诉

会审公廨出单送达报告谕令，被告于奉传后二十日内须具呈辩诉状，所具辩诉状须华英文合璧者三份，单缮华文者一份，其中英、华合璧者一份，乃备以发给原告。被告如按期具呈辩诉状，该案即按照平常办法排审，否则原告得请求会审公廨缺席判决。若被告住址不明，会审公廨并会采取在报章

㉛ 参阅上海市档案馆藏《前江苏交涉署收回公廨各项文件》（全宗号一三八，卷号二）179-4-2《关䌋之述公廨略历》。

上刊登广告等方式,要求被告出庭交保候讯。㉜

(四) 证据

证据分为人证及物证两种,证人若居住在会审公廨管辖权范围所及者,会审公廨可径出传票传讯;若不住居会审公廨管辖权范围内者,则移请该管官厅协助传讯。证人如抗传不到或拒不回答,则会审公廨得出拘票勒令到案或径予管押。㉝

(五) 审判

中外会审官审讯时,先由原告陈述起诉理由,提出凭证或举出证人令其作供,然后由被告答辩提出人证,经中外会审官员协议认为案情已臻明了者,即宣告判决。证人得互相诘问,惟重行盘问须经庭上的允准始得为之。原被告均得延请律师偕同列庭代表辩论。判决以堂谕行之,应当庭宣读,并由出庭中外会审官签名。在华洋诉讼应作成华、英文合璧者四份,原被告各得一份,其余二份则分存于会审公廨及外籍陪审员。如与外人无关,则仅作成华文一份。所有堂谕均甚简单,多仅揭示判决主文。㉞

(六) 执行

民事案件判决后,被告如不遵行,则依下列方式执行:

1. 产业之查封抵偿:会审公廨得据债权人(执谕者)的请求发布"执行谕",将不付款项者的产业交予可靠的官吏或他人发封变卖,偿还应付之款及执行费用。如产业在会审公廨管辖以外,则会审公廨得请求该管官厅发封变卖,将所得的款项移交会审公廨核夺。

2. 传讯缴款:会审公廨得据执谕者的声请,将债务者传案讯问或管押,查明其有无缴款能力及有无产业,并酌定缴款办法。

3. 第三债户(Garnishce Procedure)之办法:即会审公廨得据声请传谕第三债户(第三债务人),以其所欠败诉人的债务移抵债权者的债款。

4. 其他执行:如所出谕单非令某人缴款,而令其有所作为或不作为,如当事人抗拒不遵行,则会审公廨得据声请将抗谕人拘捕到案。

㉜ 例如1925年2月6日《申报》即刊载了一则《会审公廨谕》:兹据佑尼干公馆施乃德律师代表瑞源钱庄控告申丰号、立兴裕记号凌富才、陈立朝等一案,查被告凌富才、陈立朝住址不明,无从传达,为特登报通知,仰各该被告于登报日起,限两星期内到案交保候讯,否则即予缺席判决,毋违切切。中华民国十四年一月卅日。

㉝ 参阅《法权讨论会秘书戴修瓒视察上海公共会审公堂之报告(续)》,刊于《法律评论》,第十九期,1923年11月4日,第18页。

㉞ 参阅同上注。

5. 停止执行：会审公廨于甲、在会审公廨或其他公廨中已有另案起诉，乙、请求上诉或复讯，及丙、有充分的缘由声明等三种情形，得出谕单停止执行。

（七）复讯（Rehearing）

会审公廨并无上诉，但得以职权或据声请谕令复讯，无论关于"律师"或"事实"（此或系指"程序"或"实质"问题）各项问题，得更行办理。[35] 不过在1914年2月时，北京政府曾仿照前清会审公廨上诉制度，命江苏特派交涉员兼上海观察使杨晟[36] 办理会审公廨上诉词讼。至4月时，杨晟已受理二十多件上诉案，但因领事团置之不理，而无法行使职权。故辛亥革命后，会审公廨案件大体而言已无上诉，成为"一审终结院"。

（八）适用法规

会审公廨审判民事案件的法源为何？由于当时我国尚无民事法典[37]，而外国陪审官均系领事馆人员，又往往欠缺专业法律知识，故动辄以中外会审官员的个人条理或一知半解的法律知识判断，因而常有判决失当或相互歧异的情形。

（九）律师

会审公廨的民刑案件，无论原告被告，均得延请律师。惟律师须偕同当事人到庭，始可发言，无单独代理诉讼权。凡欲在会审公廨执行律师职务者，外国人须有该管领事认可的凭证，华方须有华方官署认可的凭证，并由领袖领事签印然后向会审公廨声请，依法登录后，方可出庭。值得注意的是，会审公廨中外会审员有权停止律师的职务。[38]

---

[35] 参阅同注[30]，戴修瓒，前揭文，第18页。

[36] 1914年5月23日，北京政府公布了新的省、道、官制，上海观察使杨晟自是日起改为沪海道尹，仍兼外交部江苏特派交涉员。参阅夏东元主编：《廿世纪上海大博览》，上海：文汇出版社，1995年，第175页。

[37] 关于现代民商法及民事诉讼法引进中国的经过，请参阅黄源盛：《大理院民事审判与民间习惯》，收于《民初法律变迁与裁判》，台北：台湾政治大学法学丛书编辑委员会，1990年，第385—387页。

[38] 1920年1月12日的工部局董事会会议记录即载有一案指出，代欠税华人出庭的律师林百克因藐视法庭，"经谕令停止执行职务"。会审公廨并对各欠税案作了缺席判决，谕令他们偿付诉讼费，并立即缴清所欠房捐。参阅《工部局董事会会议录》，第二十一册，1920年1月12日会议记录。

(十) 公证

除了审判事务外,会审公廨亦担负类似书类、契约公证的职责[39],甚至是发给厂商商标登记注册的"证明"。[40]

四、刑事诉讼程序的变革

(一) 起诉

辛亥革命后的会审公廨仍仿英国制,未如大陆法系国家一般附设检察官,且无论何人对于犯罪嫌疑者均得直接起诉,然而实际上仍以由巡捕房及被害人提起者为最多。其程序如下:

1. 由巡捕房起诉者

巡捕逮捕的现行犯押到巡捕房讯问口供后,即作成起诉单(Charge Sheet),载有起诉事实及要旨,华、英文各一份,华文送华方谳员,英文送外籍会审员,并于二十四小时内连同证物将人犯移送会审公廨办理。若非现行犯,则先由被害人告诉,并经会审公廨出具拘票,始可逮捕。该项拘票,须经领袖领事签字,若关系外国人,更须经该管领事签字。巡捕房每日移送人犯,几乎全为现行犯,且以违警罪最多。[41] 巡捕房多由巡捕房律师(Police Legal Assistant)负责出庭提出指控。

2. 由有约国领事馆移送公廨者

有领事裁判权的外国人为被害人,若不经巡捕房提出告诉,或曾经巡捕房而巡捕房未予移送公廨时,外人自可以加害华人为被告,向该国领事馆投递诉状,该国领事馆先予查明,如认为有正当理由,即移送公廨,要求拘提被告,公廨亦即照发拘票。惟该拘票须经该国总领事、会审员签字,并经领袖领事签字,方可执行。[42]

---

[39] 例如北海路的格致书院,在辛亥革命后经该院中外绅董议决,归工部局改设为华童公学,在1914年10月30日,"由工部局与书院同延律师偕投会审公廨声明,并将议决书呈验,请用印信"。参阅同注⑥,汤志钧编,前揭书,第789页。

[40] 1912年7月17日工部局董事会会议记录载:领事团来函称对商标的侵犯并非小事。会议决议复函称董事会同意此观点,但认为此类情况采用发布告示,"还不如以在会审公廨进行正式注册"。在1920年8月27日的《申报》中,则刊登了一则附上会审公廨告示全文、有关"联昌德药房"商标的广告,内容指称该药房已"遵照商人通例及商业注规则,曾于民国七年一月呈请上海县公署遵章注册给照,并依法布告在案",公廨"据此除批示外,合行给示谕禁,为此示仰诸色人等知悉,药品各有商标,以示区别药房所制双鱼牌之各种良药,他人不得仿冒混售"。

[41] 参阅《法权讨论会秘书戴修瓒视察上海公共会审公堂之报告(续)》,刊于《法律评论》,第二十期,1923年11月11日,第18页。

[42] 参阅同前注。

3. 被害人直接向会审公廨起诉者

巡捕房除移送现行犯外,若巡捕房不允准被害人的告诉,被害人得具签名诉状递交公廨检察处直接起诉。㊸

(二) 被告之传唤及拘提

巡捕房逮捕的现行犯,本由巡捕房送审,审讯后仍还押于巡捕房,自无传提问题。此外,未经在押的被告,公廨于受理诉讼之初,则须先出传票(Summons)传被告到案,若抗传不到,再出拘票(Warrant)拘提,如有必要,并得径出拘票拘提被告,惟拘票须经领袖领事的签字方可执行。㊹

(三) 相验

租界内命案的相验,由谳员会同当日轮审的外籍会审员莅现场相验。㊺而此相验之例,戴修瓒称系源于辛亥年9月18日革命方兴时,租界适巧发生一起命案,由内地官厅公决派一捕差莅场相验,但巡捕房拒绝未予理会。后由关絅之与轮审的外籍会审员一再磋商,始创此例。㊻ 不过,1911年11月11日,上海军政府曾以公共租内的验尸将交由会审公廨办理为由,派员将司法署成立后的相验尸格及案牍送交公廨备考㊼,显示华方仍不断尝试与会审公廨建立司法权力关系。但无论如何,自辛亥革命以后,租界大小命案,不论其死者是华或洋,寡头政体已全然主导相验,而西医也已取代了传统的"仵作"。至于租界外的中方政府代表,则已被排除在外,这也是辛亥革命后华方权力的大失血之一。

(四) 搜索及扣押

根据戴修瓒的报告,对于某处所或某房屋内声明有关于公廨认为罪案的对象、供犯罪所用的对象、因犯罪所得的对象及证据对象,及公廨认为有充分理由或确有嫌疑者,得搜索之。搜索应用搜索票(Search warrant),票上并须一一载明执行员役姓名及应行搜查的处所。搜索中若有搜获对象,即行押留,并得将住居该所房屋以内之人拘案。㊽ 显示租界执行搜索,仍须经

㊸ 参阅同注㊶,戴修瓒,前揭文,第18页。
㊹ 参阅同注㊶,戴修瓒,前揭文,第18—19页。
㊺ 参阅同注㊶,戴修瓒,前揭文,第19页。
㊻ 参阅同注㊶,戴修瓒,前揭文,第19页。
㊼ 参阅1911年11月12日《民立报》"验尸暂归公廨办理"。
㊽ 参阅同注㊶,戴修瓒,前揭文,第19页。

由会审公廨的审核,这是租界搜索票回归司法审查的重要关键。㊾

会审公廨对于巡捕执行搜索扣押程序的审核是宽或严,可从 1920 年 7 月 21 日的工部局董事会会议记录中记载的一起案件知悉:警务处长向董事会提出关于意籍会审员罗斯审理的一件华人被控案的机密报告指出,该华人被控两项罪名,一是出售鸦片,二是窝藏鸦片待售。对第一项指控,会审公廨判罚被告五十元,但第二项指控被驳回。罗斯在诉状上批注:

> 法庭发现当时巡捕搜查东鸽牌街六〇二号房屋,并取走了贵重财物,未首先获得搜索票,这是极端非法的。法庭不承认工部局巡捕在其他案件有权以相同方式采取行动。

由于搜索程序不合法,罗斯遂命令将搜查到的价值一万五千元的财物、鸦片等退还给被告。但本案究竟是通案或是特例?总办的回答毋宁更贴近事实:"法律不允许没有持搜索票即对这类案件进行搜查,但为权宜计,过去经常有未持搜索票而进行搜查。"总办并称,对于巡捕未持有搜索票而进入有关房屋行搜索权,会审公廨更合适的判决应是依非法侵入罪起诉。换言之,寡头们显然知道未持搜索票搜索才是常例,但却将责任推给会审公廨的未依法究责,根本无心透过行政体系约束。

(五)证人

原告或被告举出之证人,住居公廨管辖权以内者,公廨即出传票令其到公廨。如居住公廨管辖范围以外者,公廨应请该管中国官厅协助传唤。证人无相当理由抗传不到者,得即出拘票拘提,倘有非强迫必不到案的情形,得径出拘票拘提。又并无正当理由而抗不作证者,公廨得予管押。㊿ 此外,原、被告双方及其律师均可诘问证人。原告、被告两造的证人,彼此亦得重复诘问。

(六)审讯

1. 裁判权限

依《洋泾浜设官会审章程》,会审公廨仅得判枷杖以下之刑,至清末虽改

㊾ 不过,由于搜索票与巡捕房密切相关,董事会也曾讨论改进搜索票的问题:巡捕房督察长指出,在发给和执行搜索票时,须非常迅速,并绝对保密,并建议由负责某一地区巡官自己决定是否应独立进行搜索,似有意摆脱会审公廨的监督。另根据英国会审员建议,应对搜索结果报告做出具体规定,将搜索结果明载在搜索票上,随后应将搜索票交还会审公廨。会审员也承认搜索票颁发时起的四十八小时内有效是合理的。参阅《工部局董事会会议录》,第十九册,1916 年 12 月 6 日会议记录。

㊿ 参阅同注㊶,戴修瓒,前揭文,第 19 页。

第五章 权力关系的彻底置换

为可裁判五年以下徒刑,但根据民初司法部调查,至辛亥革命后,"任凭命盗案件会审公堂(廨)概予审判、漫无限制之例外"[51]。即从违警到死刑,会审公廨都能裁判。不过本书认为此认知尚需斟酌。其一,在同一案中,华籍谳员多半只判决五年以下徒刑,但外籍陪审员却常判五年以上徒刑,因而常出现中英文判决不同之例,华籍谳员即在华文判词上签判"押西牢五年期满带堂再核"字样。[52] 其二,可能并非由会审公廨判处死刑,而是判将重案被告移送界外华方机关,再由华方径予枪决,致让人误以为会审公廨可判处死刑。[53]

2. 当事人进行主义

公廨审理程序系仿英国法制,即先由原告陈述起诉的要旨,再由公廨向被告择要宣布原告的起诉要旨,询问被告有无辩解。被告承认原告的控诉时,公廨即判决被告有罪。但若案情未臻明了,则应为相当的证据调查。被告如否认指控时,则公廨更应究原告、证人的口供,及所提出的证据,如认为不能证明被告的犯罪嫌疑,则宣告无罪;倘若认为已能相当证明起诉要旨,则谕知被告陈述答辩,举出反证,再加以审究。公廨于审究双方证人及证据后,即当熟研案情,谕知有罪或撤销该案判决。[54]

综上所述,会审公廨显然采当事人进行主义,即中外会审官员并不负主动调查之责,而只是衡量两造当事人所提的证据即下判断,故当事人所为的诉讼行为、程序甚为繁重。其解决的方式是,无论原告、被告,又无论个人、官厅,均得延请律师代表陈述辩论。

---

[51] 参阅《司法部对于上海租界会审公堂调查报告书(续)》,刊于《法律周刊》,1923 年第十二期,第 17 页。

[52] 例如 1916 年 8 月 26 日会审公廨裁判柯洪生纠党持械抢夺未遂案,外籍会审员德国领事即于外文案由单上签判"柯押西牢十五年"。谳员关纲之以会审公廨无判押五年以上罪犯之权,乃于华文案由单上签判"柯押西牢五年,期满带堂再核"。参阅《中西谳员之判断盗犯刑期》,1916 年 8 月 27 日《申报》。

[53] 例如 1920 年 6 月 9 日,上海名妓王莲英被洋行职员阎瑞生伙同吴春芳、方日珊谋财害命,勒毙王莲英。该年 8 月 26 日会审公廨讯结该案,中外会审员的判词系"被告阎瑞生、吴春芳,一并押候录供备文详解护军使署按例惩办",参阅《公共公廨讯结谋毙莲英案》,载《申报》,1920 年 8 月 27 日。后阎、吴两人在龙华被枪决。参阅同注[53],夏东元主编,前揭书,第 246 页,则应与会审公廨判决无关。事实上,依本书搜集有关租界重犯被枪决之资料,如 1914 年 2 月 20 日枪决暗杀商务印书馆经理夏粹芳的王庆瑞。参阅《中西官监视处决暗杀犯》,载《申报》,1914 年 2 月 21 日,1916 年 12 月 7 日枪决同康钱庄劫案盗犯袁得江等四人。参阅《枪决同康钱庄劫案盗犯》,载《申报》,1916 年 12 月 8 日,均系由会审公廨判决解送华方的镇守使署或护军使署,再由该机构"案律惩办"判处死刑,而非由会审公廨判处死刑。

[54] 参阅同注[41],戴修瓒,前揭文,第 19 页。

3. 轻微及简易案件审理

公廨的审讯程序,另依案件轻重,而有繁简之别。如认为轻微案件,即据起诉单(Charge sheet)讯问被告是否承认诉追事项,被告承认时即行判决。若被告否认时,则以逮捕被告的巡捕为证人并传讯之,多据其证言实时判决。对此审案程序,戴修瓒评曰:"迅速简易,殊堪骇异。"[55] 不过实时判决之案,实以违警罪居多。甚至会审公廨在民刑庭之外,还开设所谓"车务公堂",专事快速审理车祸案件。[56]

4. 特别审理(Special hearing)

会审公廨讯问后如认为繁重的案件,则宣示付诸"特别审理"(Special hearing),暂将被告拘押或保释,另定堂期,按照所定程序再审讯之。[57]

(七)复讯(Rehearing)

辛亥革命后因道制裁撤,加以外人乘机把持,遂废止前清之上诉办法,上诉案件概予搁置,往往仅经一审,即行判决结案,"虽有冤抑,无从救济矣"。[58] 但会审公廨却也自创了一套"复讯"制度,即已受判决的罪犯于判决十四日内,得向公廨检察处呈递请求知照书(notice of motion)请求复讯或减轻罪名,逾期则须经公廨的特许。[59] 不过此复讯制度是否运行顺畅,却颇值怀疑。1918 年 10 月 9 日的董事会会议记录即记载了一段有关复讯的事例:初级(Junior)英国陪审员伯恩在视察监狱时,要囚犯"提出声请以重新考虑对他们的判决",伯恩并认为"会审公廨会考虑这种声请"。但助理看守却告知伯恩"必须首先得到负责监狱的助理督察长的许可"。董事会为此曾向英国领事表达不满。[60] 显然至少在当时,复讯不仅无正式程序可循,且并不受到寡头们的支持。

(八)人犯移提(引渡)

经会审公廨判决管押或监禁的罪犯,依《洋泾浜设官会审章程》规定,华方自可径予移提。但清末经外人逐步干涉,华方早已失此权限。辛亥革命

---

[55] 参阅同注㊶,戴修瓒,前揭文,第 19—20 页。该文并称会审公廨襄谳告知,其在当日上午所判决之案达八十余起之多。

[56] 以 1921 年 6 月 2 日为例,会审公廨车务公堂一个下午即判决二十八起车辆违章案。参阅《公共公廨讯罚车辆违章案并纪》,载《申报》,1921 年 6 月 4 日。

[57] 参阅同注㊶,戴修瓒,前揭文,刊于《法律评论》,第二十期,第 19—20 页。

[58] 参阅《法权讨论会秘书戴修瓒视察上海公共会审公堂之报告(续)》,刊于《法律评论》,第二十二期,1923 年 11 月 25 日,第 22 页。

[59] 参阅同注㊶,戴修瓒,前揭文,第 20 页。

[60] 参阅《工部局董事会会议录》,第二十册,1918 年 10 月 9 日会议记录。

第五章 权力关系的彻底置换

后，则中方无论欲何等人犯，租界当局均要求提出证据，稍有欠缺或原告不能到公廨指证，则概予销案，不允许移交，甚或以越界捕人之罪惩办中方所派的移提人犯人员。至此，原仅系人犯移提的问题，更发展成了涉有"国与国"争议的"引渡"问题。不过，会审公廨也同样面临须自内地"引渡"人犯回租界受审的问题。《工部局董事会会议录》曾数次记载了中外在人犯引渡上的对抗。[51]

（九）执行及人犯关押

刑事案件判决确定后（判决后十四日），男犯送交巡捕房执行，依刑期分为两种，刑期在三月以上者，由巡捕房送入公共租界工部局所设华德路监狱执行；刑期在三月以下者，仍拘押在巡捕房。至于女犯，则送入公廨附设的女监执行。[52] 与前清不同的是，辛亥革命时巡捕房接管公廨内部行政，此后所有关押人犯的监所遂尽归寡头政体掌握。[53]

关于租界华籍犯人问题，《法律评论》曾有一篇《参观上海公共租界西牢纪录》，详细记载了 1921 年前后公共租界"西牢"[54]的情形，兹整理其重点如下：

1. 管辖：公共租界西牢属工部局管辖，设于华德路，专充收容华人。

2. 构造：牢房为砖造四层楼建筑，共有九栋，共有监房五百余间，多为三人杂居房，至多可收容两千人。房屋构造极为坚固，戒护设备亦颇周密。

3. 容量：该牢共有监房五百间，多为三人杂居房，合计可容两千人。现时（调查时）收容人犯约一千五百余人。

---

[51] 例如在 1912 年 4 月 24 日的会议中，董事会即同意了领事团的建议，即关于会审公廨与闸北及南市当局之间解交犯人问题，"除非界外市政当局同意引渡会审公廨所要的被告和人证，否则不得解交任何人犯"。董事会并对于解交六名已判刑的犯人去闸北接受其他罪行的审讯，并于 3 月 5 日押回这一特别情况，建议会审公廨"要坚持首先交出那些犯人"，参阅《工部局董事会会议录》，第十八册，1912 年 4 月 24 日会议记录。在 1912 年 6 月 26 日的工部局董事会会议记录中，则记载了上海县官厅拒绝引渡已由会审公廨发出拘票的两名妇女，而工部局也曾在三星期前拒绝引渡上海县官厅所要求的一名男子。1915 年 9 月 29 日工部局董事会会议记录中提到了"李满昌（音译）案"，则更凸显"引渡"问题所涉及的复杂权力纠葛。李满昌据称为西班牙籍华人，积欠工部局在南京路四十号的房捐二百二十一两，但李满昌住在南京市而不在上海租界内。会议记录称，中国当局大概受到了西班牙领事的影响，拒绝执行会审公廨对他的拘票。董事会认为最好指示巡捕房"耐心等待在本租界及法租界逮捕李满昌的机会"。

[52] 参阅同注[41]，戴修瓒，前揭文，第 20 页。

[53] 参阅同注[53]，戴修瓒，前揭文，第 21 页。

[54] 此文所称之"西牢"，并非指清时对于关押外籍人犯、也被称为"西牢"的厦门路监狱，而是指已由"外国人管理"、原被称为"华牢"的华德路监狱，以与辛亥革命后国民政府兴建之新式监狱有所区别。

4. 收监程序：凡新入监者，由工部局押送至该牢事务楼，先将入监者的姓名、身份、罪名、刑期等项记入监犯名册，然后检查身体，再提供温水供其沐浴，后再剪发、更换囚服、调查体格并经医师诊察，随即收容于独居房，俟满十日后，始转入杂居房。在释放前，亦转入独居房。

5. 戒护：该牢戒护颇为周密，凡牢内各门均常时锁闭，其锁钥均分别附有标识，收藏于一箱内，箱之钥匙则存于典狱长手中，枪械亦收藏于一室内，排列整齐，看守按时巡查，并于紧要地点备有钟式标志，看守到达时须按留痕迹，以备稽考。该牢共有印度看守九十人，西人看守二十二人。

6. 劳役：该牢有工场数处，其作业分为铁工、木工、印刷、织毡、藤竹等科。炊所、洗濯、牢内扫除以及各项杂役，皆由监犯服役，据称在监人犯除患病者外莫不就役。

7. 教诲：该牢对于教诲事项，毫无设备，似未注意。

8. 给养：囚服、卧具、饭食，均由该牢供给。囚服领下记有红黄色标识，依标识之大小，别刑期之长短。卧具每人给绒毡三条，昼收夜给。监房之内，除病监外，皆无床铺，故监犯均卧于地板之上，但因房基甚高，且多系楼房，尚无受潮湿之患。饭食每人月费三元五角，常米饭或参用麦饭以防脚气病。菜分牛肉、猪肉、鱼、豆四种，杂以青菜轮流给予。

9. 规律与卫生并医治：该牢规律极严，各监房门首及各工场内均揭示监犯应守规则，如夜间不许交谈、不准损坏物品、不随地吐痰之类。牢内打扫洁净，被服、杂具、厕所等亦颇清洁，炊所、洗濯均用蒸汽，室内亦时常冲洗，在监者亦常沐浴，病室设备亦颇完全。

10. 赏罚：监犯作业勤奋者，得由典狱长宣告减刑，其标准如下：刑期三年以上者，得减刑四分之一；刑期十八月以上者，得减刑十五日；刑期十八月以下、一年以上者，得减刑三十日。监犯作业懒惰者，则由典狱长扣减其作业分数。其他惩罚方法虽未据陈述，然就监犯畏惧看守之情态观之，必甚严厉。

11. 死亡：据报章载客岁该牢因病死亡者约八百余人[65]，较诸在监人数

---

[65] 此数据恐有问题。根据1917年11月21日工部局董事会会议记录载，督察长以及卫生官报告指出："今年（一九一七年）监狱头十个月的死亡人数是七十八人，而一九一六年同期为五十五人。在押犯人数约为一千八百人，却只有五一〇间单人牢房可以容纳。因此，在许多情况下，四个犯人挤在只能住一个人的单间里，所以病号相当多，有六百一十名病号，包括六十一名脚气病患者和二八六名正在观察中的疑似脚气病患者，这是死亡率增长的主要原因。"从上述更详实的数据，显示监狱死亡人数每年应在百人左右，似无突然暴增之理。参阅《工部局董事会会议录》，第二十册，1917年11月21日会议记录。

第五章　权力关系的彻底置换

已过半数以上。查该牢卫生颇佳、给养尚优，而死亡人数竟至如此之多者，想规律过严、服役过劳所致。

12. 经费：该牢经费系由工部局支出，据称每月约费二万余元。

13. 感化院：专收幼年人犯，离该牢约半里，为一字型三层楼房建筑。下层为运动场，第二层为教育室及工场，第三层为寝室，可容约百余人。其教育系用华方国民小学课本，并授课英语，运动时口号亦用英语，寝室两间，依年龄隔别，内设床铺。⑯

（十）适用法规

审判刑事案件适用《暂行新刑律》⑰，工部局巡捕房起诉单亦按照《暂行新刑律》办理，"惟其适用是否正确，不无可疑"⑱，"且多特例"⑲，例如驱逐出境、交本人父母或尊长管束、移送我国官署，以及发交济良所或会馆⑳ 等，均非《暂行新刑律》所规定。显见辛亥革命后的会审公廨裁判不仅伍廷芳、吕海寰批评的"不中不西"而已，更是"不古不新"，传统与现代混杂。除了《暂行新刑律》外，北京政府所颁的一些刑事特别法㉑，也常为会审公廨所引用，尤其是在袁世凯掌政时期。

（十一）身体刑

1. 肉刑

自清末废除了笞杖等刑后，寡头们就一直试图回复。辛亥革命后相关的讨论持续未歇。早在1912年12月，工部局警备委员会主席即曾与英国会审员商讨对暴力抢劫犯施以笞刑的可能性，并获知"会审员均赞成此项建议"。㉒ 董事会也认为采用此刑罚可在很大程度上缓和监狱中的拥挤状况，但领事团并不同意。1915年1月6日的董事会会议中宣读了报纸报道指称，北京司法部规定从该年1月1日起，肉刑将在华界城内实施，会审员也

---

⑯ 全文请参阅《参观上海公共租界西牢纪录》，刊于1923年《法律评论》一至八期合刊，第87—88页。

⑰ 《暂行新刑律》在民国纪元即行公布，乃依据前清末已施行的《大清新刑律》删修而成。关于《暂行新刑律》的沿革及论述，详请参阅黄源盛：《民元〈暂行新刑律〉的历史与理论》，收于氏著《民初法律变迁与裁判》，台北：台湾政治大学法学丛书编辑委员会，1990年。

⑱ 参阅《法权讨论会秘书戴修瓒视察上海公共会审公堂之报告（续）》，刊于《法律评论》，第十六期，第20页。

⑲ 参阅同注㊶，戴修瓒，前揭文，第20页。

⑳ 同上。

㉑ 民国初年的刑事特别法，包括《惩治盗匪法》和《惩治盗匪法施行法等》，详请参阅同注⑰，黄源盛著，前揭书，第216—218页。

㉒ 参阅《工部局董事会会议录》，第十八册，1912年12月11日会议记录。

相应地准备在会审公廨重新实施肉刑。但由于美国总领事反对,仍未回复。一直到1922年,工部局仍不断要求领事团考虑恢复肉刑。[73] 不过直至会审公廨被华方收回,肉刑始终未曾回复。

2. 劳役

在前清时期让租界华人产生强烈印象的苦役,辛亥革命后是否仍继续施行？1914年9月23日的董事会会议记录载:工程师提及监外罪犯劳役在麦特兰路以外的情况。董事会也批准立即开始麦特兰路的修造、平整、越路排水管等项工作。显然在辛亥革命后,类似苦役的劳役制度仍持续在上海进行。但根据《法律评论》载《参观上海公共租界西牢纪录》一文,却又不见关于狱外劳役的记载,仅见人犯在狱中"作业"的情形。

(十二) 减刑

承(九)、10所述,会审公廨于判决后,可以根据犯人在狱中的表现,或是其他的考量,而予减刑。再则,根据1926年3月10日工部局董事会会议记录载:董事会通过警务处长提交审议的报告中所提出的经会审公廨谳员和会审员认可的建议,即"扩大工部局监狱中的罪犯因表现良好而减刑的范围"。[74] 显然除了监狱的考核外,工部局董事会也有权减免罪犯的刑责。

第三节　权力关系的巨变

—— 帝国鞭断

在第四章,我们可以发现会审公廨依然有相当的立法及行政权限,是其与中国地方官厅神似的主要原因之一,而其在行使立法及行政两权时的"承命"角色,也凸显了"帝国之鞭"权力关系的运作脉络与特色。不过到了辛亥革命后,会审公廨的立法及行政角色又出现了多大的变化？再则,会审公廨本身的权力,又因为体制的变革等原因,产生了什么样的变化？又如何影响到其与租界华民的权力关系？简言之,变化的速度也许称不上"一夕之间",却已足够让我们看清,在革命前后悬挂同一块招牌的机关,其所呈现的与华民权力关系的根本转变。

---

[73] 参阅《工部局董事会会议录》,第二十二册,1922年5月24日会议记录。
[74] 参阅《工部局董事会会议录》,第二十三册,1926年3月10日会议记录。

一、会审公廨立法及行政权的逐步消逝

（一）行政权

会审公廨谳员在前清时"地方父母官"的行政角色，表现于"平抚民怨"于讼争之前，这不仅是官员的使命，更是民众对官员的期待。辛亥革命后，谳员依然不时得扮演类似的角色，但至少出现在《工部局董事会会议录》中的"频率"却是逐步地衰退中。取而代之的，是寡头政体持续的使用更精细的行政分工、更"科学"的理论支撑所形塑的寡头之链行政权力关系。

例如为了防止霍乱及疫病，在1913年工部局卫生处即建议禁止未持有执照的小贩出售水果，而引起租界骚乱，小贩们当时即曾向会审公廨谳员陈情，谳员也去函工部局董事会要求解决。总董即指出，"该禁令是保护苦力阶层不患霍乱及类似疾病的必要措施，去年这疾病导致了对港口船舶进行检疫，从而使本埠的贸易受到了损害，使得工部局不得不除去所有的水果小贩"。[75]

又如1915年5月1日，工部局将小贩营业执照税从一元提高两元，又有一千多人拥至会审公廨陈情，会审公廨谳员又再度扮演了行政官居间沟通的角色。5月12日工部局董事会讨论此事，卫生官斯坦利医师称，"此一措施的目的，部分是想消除挑卖贩，因为经常无法将这些人与无业游民和作奸犯之类的人区别开来，同时也可防止出售不良食品"。[76]

华籍谳员的行政职责，除了得面对来自现代医学、卫生知识隐身于幕后的挑战外，《工部局董事会会议录》中更载明了寡头们如何赤裸地挤压会审公廨谳员的行政权：一次世界大战时，因中国也对"同盟国"宣战，由此也产生如何处置在中国的敌对国家人民的问题。1918年2月，报章传出中国政府打算拘留敌对国侨民，并向工部局要求采取同样的行动。董事会研判可能有人提出应根据会审公廨的命令执行拘留，不过如此一来却可能产生"会审公廨可以在租界内行使有别于司法职权的行政管理和执行的职权"的印象，遂予以否决。[77]

（二）立法权

辛亥革命后会审公廨与华民间的权力关系最大的变化之一，即是华方

---

[75] 参阅《工部局董事会会议录》，第十八册，1913年3月12日会议记录。
[76] 参阅《工部局董事会会议录》，第十九册，1915年5月12日会议记录。
[77] 参阅《工部局董事会会议录》，第二十册，1918年2月6日会议记录。

立法权的消逝。在清季,会审公廨不仅可以自行发布对华民的布告,也可副署中外有关租界华民的布告;但至辛亥革命后,至少在《工部局董事会会议录》中,已未再提及会审公廨与发布布告或命令的任何关系。

在1917年9月17日的会议记录中,我们甚至看到了工部局如何态度坚决地切断了会审公廨谳员与中方的立法权力从属关系:巡捕房副督察长递交了一份报告,内附关䌹之的一份照会,提到了萨镇冰(1858—1952)[78]询问关于8月15日搜查奥国总领事馆时逮捕外人一事。董事会对所递交的照会"深感疑惑",乃因萨镇冰近来不止一次地通过会审公廨谳员将一些命令寄给巡捕房督察长,以图确立会审公廨是"转递照会的媒介",并认为他对工部局巡捕房可行使权力,以及享有干涉租界事务的权利。董事会直率地指出,"既身为交涉使或会审公廨谳员,竟然对这些事务必须取得工部局的明显信任如此无知"[79]。

二、会审公廨内部权力结构的变化

除了会审公廨谳员传统职责的消逝,导致其与华民间的权力关系起了质变外,通过会审公廨所呈现的权力关系产生质变的更大原因,是来自于会审公廨内部权力结构的重大变化,致让寡头政体的影响力得以更进一步渗入会审公廨这个司法裁判机关中。

(一) 外籍陪审员

1. 外籍陪审员国籍的更易

会审公廨外籍陪审员的配置,自始就是依凭各国在租界乃至国际社会的"实力",而非视各陪审员是否拥有充足的法学素养,或是判案多么认真。第一次世界大战前后,则赤裸地昭告世人这个会审公廨与国际局势连动的事实:在欧战前,原由英、美、德三国领事派员会审纯粹华人刑事案件,但在欧战后改为英、美、日、意四国领事派员会审。事实上,会审公廨外籍陪审员国籍的变化,也相当程度地反映了外国势力加诸于租界华民权力的大小,特别是日本的崛起。不过,根据律师巢堃的观察,较之他国陪审员,日本陪审员反而较为公正。[80]

---

[78] 萨镇冰为民国时期著名的海军将领,时任北京政府驻沪交涉使。
[79] 以上请参阅《工部局董事会会议录》,第十九册,1917年9月17日会议记录。
[80] 参阅巢堃:《上海会审公堂笔记》,刊于1923年《法律周刊》第十二期,第31页。

第五章 权力关系的彻底置换

2. 外籍陪审员车马费给付问题

辛亥革命后关于会审公廨外籍陪审员最重要的变化之一,就是其"车马费"给付问题。就像由工部局而非中国官厅给付华籍员工薪资背后所隐含的重大权力主从意义一般,外籍陪审员的车马费给付,实亦有异曲同工之妙。在1912年5月15日的工部局董事会会议中,董事伯基尔提到会审公廨的立案及审理费每月收到六百两左右,因此英、美、德三国陪审员在审理华人民事案件中的车马费,从此笔款项中支取合乎情理。这也是《工部局董事会会议录》首见关于外籍陪审员支领车马费的记载。[31]隔周,领袖领事又给了工部局董事会一份备忘录,确定了给予陪审员每月的全部费用为二二五元。

由工部局运用会审公廨例行收入支付外籍陪审员车马费,象征的是寡头政体的权力触角已然延伸至司法部门,掌控了会审公廨的"命脉"。当然,车马费的给付与"裁判受其影响"间并无划上等号,但却也不得不让人联想,工部局自此有了"影响"外籍陪审员的另一条管道。

不过,外籍陪审员不见得就是与工部局站在同一边。例如在1919年2月26日的工部局董事会中,"代理检察员(书记官)"即报告了一起关于收回德国"敌侨"不动产的诉讼,在该案中英国陪审员格兰特·琼斯宣称:"当会审公廨作出决议时,工部局作出的任何决议都应视为废纸。"在上述事例中可以清楚的发现,工部局与外籍陪审员间,似乎并没有因为车马费的给付而产生权力"从属"的关系。不过更值得注意的,反倒是"检察员"一职在辛亥革命后的会审公廨中所扮演的"监视"角色。

(二)检察员(Registrar)与检察处[32]

如前章所述,巡捕房在清末时,曾于会审公廨派驻一名巡捕,负责会审公廨与巡捕房间的协调工作,并职掌会审公廨的签票处(俗名牌票处),以签发民刑传拘各票,并兼管收押及发解人犯。不过在辛亥革命后,该职务的职责起了重大变化,会审公廨由一名检察员,逐渐发展成为检察处,设有处长一人,检察员十二人,均系外人,由工部局推选,经领事团委任,其主要职责为分配案件、指定审理日期、收发文件、保释、会计、保存案卷、管理民事羁押所与女监等,并附设华捕十人,办理拘传各票之送达,以及关于民事判决之

---

[31] 参阅《工部局董事会会议录》,一九一二年五月十五日会议记录。
[32] 《工部局董事会会议录》中文译为"书记官",但其实并非今日法院的书记官,而有"司法行政官"的意味,戴修瓚则以"检察员"称之,本书以下统称检察员。

执行事项。重要廨内大权,均由其掌握,华籍谳员根本无从过问。⑧

其实早在1912年初领袖领事给工部局董事会的便函中,即可嗅出一些关于检察员权责即将有所变化的诡异气味:

> 希望检察员能监督华员的工作,并监督公廨的命令能迅速执行。⑭

董事会在向巡捕房督察长传达此信件的内容时,决定复述以前所下达的指示:

> 检察员需要高度的克制与机智,以使逐渐增强的外人对公堂的控制不致受到损害。⑮

董事们并指示检察员:

> 在采取任何重要措施前,应与高级陪审员取得一致意见。⑯

从这三句话中可以清楚的发现,以工部局为权力源头的一个司法行政监督机制,已然在辛亥革命后堂而皇之的进入会审公廨中,并促使会审公廨的机构内产生了巨大的权力关系变化。检察员对于公廨人事、组织的变革,除具有相当的"建议权",更因其定时地向董事会报告,而深化了寡头政体至少监督会审公廨行政的事实。⑰ 受限史料,并无法证实检察员的监督是否直接干涉或扭转了会审公廨的裁判,但可以肯定的是,检察员居于控制案件去留的关键地位。根据美国学者威罗贝的"正面"说法,检察处的成立,至少使得会审公廨的纯粹华人民事案件,不再是以钱或权来决定能否成案。⑱ 进一步言,检察处代表的是,会审公廨内传统由谳员全包的权力机制已然起了巨变,即裁判官员因诉讼而与租界华民产生的权力关系,已更趋于多元与细致。

---

⑧ 参阅《法权讨论会秘书戴修瓒视察上海公共会审公堂之报告(续)》,刊于《法律评论》,1923年第八期(合刊),第126页。

⑭ 参阅《工部局董事会会议录》,第十八册,1912年1月3日会议记录。

⑮ 参阅同上注。

⑯ 参阅同注⑧,前揭文,第126页。

⑰ 1913年2月12日会议记录载,董事会赞同增雇三名女看守,同时指出,"凡是涉及会审公廨事务的变动,向来必须获得领事团的认可"。26日,董事会议工部局公报,删去检察员关于延长开庭时间和费用的建议,以待取得领事团的认可。3月5日的会议记录则指出,领袖领事声明,有关改善会审公廨之事,"预计会引起中国当局的不满"。并称,"在目前的政权统治下,中国当局不会过问会审公廨的事件"。董事会决定遵照这一建议,在今后的公报中不再突出提及有关会审公廨的事情。以上请参阅《工部局董事会会议录》,第十八册,1913年2月12日至3月5日会议记录。

⑱ 参阅同注⑬,威罗贝,前揭文,第294—295页。

第五章　权力关系的彻底置换

（三）医务监督（Medical Supervision）

诚如本书所强调的现代医学对于权力关系的重大冲击，在辛亥革命后的会审公廨中，依然可见现代医学渗入的痕迹。根据《工部局董事会会议录》载，在 1911 年 11 月辛亥革命方兴时，华方曾任命了尼尔德医生为会审公廨医师。但就像会审公廨谳员的任命一样，会审公廨医师的任命权没多久即发生了变化。在 1912 年 3 月 13 日的会议记录即载，"会审公廨医务监督"兰塞森医生透过领袖领事及督察长，向董事会提交其申请书，希望将其年薪由二百四十两增为一千两[89]，显然，工部局也通过对会审公廨医务监督薪资的给付，实质地宣示了其对该职务间存续着某种权力关系。但毕竟因会审公廨的性质特殊，争议性大，工部局并未将该职纳入既有行政组织体系下，仍赋予了相当的独立性。

（四）巡捕房律师（Prosecuting Solicitor）

在大陆法系国家，检察官是司法侦审中相当重要的一环，故关于会审公廨的研析，亦不能只着重于等同"法官"的外籍陪审员与谳员，更应扩及侦查体制。辛亥革命后的会审公廨，治安机关对于刑案的起诉，大抵仍如革命前仿拟英国制度，即由巡捕房律师赴会审公廨担任控方律师控诉相关被告。[90] 缘于工部局体制及一贯的对巡捕房采取严实掌控，工部局董事会始终对巡捕房律师具有高密度的监督及命令权限，甚至会直接干涉案件的起诉与否。换言之，类似大陆法系国家检察官独立办案、仅在"检察一体"原则下受指挥监督的概念，可能并不存在于上海租界。[91]

---

[89]　参阅《工部局董事会会议录》，第十八册，1912 年 3 月 13 日会议记录。

[90]　事实上巡捕房律师或法律助理一直是由英籍人士担任，也因此引起了外界的批评。1926 年 7 月 21 日工部局董事会会议记录即载，总董指出，"指派另一国籍的人士来担任控方助理律师（Assistant Prosecuting Solicitor）一职可能比较合适"，"指派一位非英籍人士可在一定程度上缓和外界过去在许多场合对工部局所提出的指责"。

[91]　例如在 1917 年 1 月 31 日的工部局董事会会议记录中即记载了一起案例：大沽路上有一堵墙倒塌，压死了一名华人妇女。验尸后，会审公廨认为华人房主犯有过失杀人罪。但巡捕房法律助理的备忘录指出，根据相关法令，工部局应对倒塌房屋应负责任，因为该墙是去年 10 月一次火灾后留下的，但工部局工务处、火政处处长以及本地一家建筑公司均报称，该墙安全。董事会因此认为，会审公廨应接受这样的解释，即墙已经过检查并认为是安全的，后来发生的倒塌是由于一次不可避免的偶然事故，或者是由于不可抗拒的天灾。因此，董事会最后指示：训令巡捕房法律助理请求会审公廨不要上诉，这样可尽可能的避免涉及按法规规定工部局应负的责任。参阅《工部局董事会会议录》，第二十册，1917 年 1 月 31 日会议记录。

(五) 财务监控权的变化

辛亥革命后的会审公廨,由于公廨公款被前谳员宝颐卷走,故其财务完全由工部局及上海领事团所掌控,并由工部局财务处长负责,定期向董事会报告,这也是华方已然丧失对会审公廨控制权的重要佐证之一。根据学者孙慧敏的研究,辛亥革命后的会审公廨在经济上对租界当局的依赖,即是迫使谳员不得不委曲求全的重要因素。㊿

在辛亥革命初期,寡头政体曾与会审公廨华籍谳员交涉办公经费事宜,同意将公廨罚款收入全部支应公廨办公经费,并以上海道道库存款发放谳员薪水。㊾当时,上海领事团系以成立"基金"的方式,将该笔公款存于"领袖领事账户",以支应会审公廨华籍谳员薪金,这也是关絅之始终认为他受聘中国而非寡头政体的原因。㊾至于会审公廨的罚款收入,则归由工部局统管,以支应其他会审公廨职员薪资及相关开销。在辛亥革命后初期,会审公廨财务大抵是遵照此模式运作。虽然谳员薪水来自道库公款,但孙慧敏认为,实际上会审公廨的三位谳员,从此已形同租界当局所聘的司法官员。㊾

就实质而言,更可凸显寡头政体全盘掌控了会审公廨经费。在1913年7月23日的董事会会议中,财务处长的报告即对会审公廨所收的钱款提出建议,"以预防公廨华员侵吞公款"。董事会除通过其建议,并认为存款账本和罚款账本每周都应由督察长和总办签署。这也是辛亥革命后《工部局董事会会议录》中首见关于工部局掌控会审公廨财务的记载。

但至1918年时,由于基金即将用完,因而发生了工部局与上海领事团表面为"钱事"、幕后则涉及了"会审公廨主导权谁属"的严重争执:领袖领事建议会审公廨房屋维修费,以及会审公廨检察员和差役的薪金,应由工部局承担;多余的罚款则应缴入"领袖领事账户"。总董则认为,领袖领事可能误以为罚款收入超过会审公廨的支出,工部局必定会从管理会审公廨中得到好处,但财务处长的收支表却清楚地表明事情并非如此。会议因此决定告知领袖领事将不采纳其建议,因为只要"领袖领事账户"款项一用完,工部局

㊿ 参阅孙慧敏:《建立一个高尚的职业:近代上海律师业的兴起与顿挫》,博士论文,台北:台湾大学历史学研究所,2002年,第63页。

㊾ 参阅《公廨经费谈二则》,1911年11月26日《民立报》。

㊾ 笔者于2002年赴上海搜集资料时,拜访了一位长年研究关絅之的文史工作者石子政先生,石先生即一再强调关絅之始终坚持其薪资并非来自寡头政体,而是来自清帝国的余款,并借以凸显其爱国心。

㊾ 参阅同注㊿,孙慧敏,前揭文,第63页。

就会定期向领事团付款,不论其所需数额如何。⑯ 在同年 7 月 17 日的董事会中,并将该笔款项定位为"工部局捐赠"。⑰ 后来领袖领事称支付谳员的资金已用完,要求工部局将每季从会审公廨中得来的收入款中拿出谳员薪金给他。总董则称已根据 7 月的决议将钱转给领袖领事,但领袖领事表示"不愿接受这笔捐赠",因为倘不如此,"人们可能会认为工部局有责任支付谳员薪金,如此一来谳员即是在工部局而非领事团的监督之下。"⑱ 显然不论"捐赠"或"入领袖领事账户",表面看来都是工部局出钱,实则大有玄机,攸关会审公廨的主导权归属。但无论如何,都凸显会审公廨彼时已全归租界寡头政体掌控的事实。⑲

三、各方对寡头政体的制衡

虽然自辛亥革命后,寡头政体的势力已然渗入了会审公廨,并几乎完全替换了中方的政治影响,进而等于全面掌控了对租界华民的管辖权。但毕竟上海租界与中国如千丝万缕般纠缠,不可能说断就断,华方也试图经由多种管道,企图接续其与租界华民的司法权力关系。不过在 1925 年五卅惨案前,这些努力毋宁是微弱且无实效的。

(一)大理院的解释与判例

北京政府大理院于 1917 年作成抗字第五十四号判例,谓:"现在会审公廨判决之案件,当事人如复向他处审判衙门起诉,自未便执一事不再理之说以相绳,依法应予受理。"⑳ 另据大理院统字第一九二四号解释亦称:"上海会审公廨既非合法之司法衙门,自无拘捕人之权限,交涉署据公廨呈请签票提人,法院自无协助之义务。又中国人犯罪,虽犯罪地系在租界,应由中国

---

⑯ 参阅《工部局董事会会议录》,第二十册,1918 年 2 月 6 日会议记录。
⑰ 参阅《工部局董事会会议录》,第二十册,1918 年 7 月 17 日会议记录。
⑱ 参阅《工部局董事会会议录》,第二十册,1918 年 10 月 2 日会议记录。
⑲ 《工部局董事会会议录》并未告诉我们此事最后是如何的解决,不过到了 1923 年 12 月 19 日的会议记录却透露了些许端倪:由于会审公廨移交的问题愈趋尖锐,总董认为"含有罚金内容的报告不应交至领袖领事处,因为由罚金而得的收入会强烈刺激希望接管会审公廨的中国政府,然而罚金一直用来减少捕房的开支"。会议因而同意将罚金自呈交给领袖领事的会审公廨财务报告中剔除,参阅《工部局董事会会议录》,第二十二册,1923 年 12 月 19 日会议记录。显然会审公廨的财务,在当时实际上已由工部局掌控,领袖领事只不过是"看报告"而已。
⑳ 引自郝立舆:《上海公共租界会审公堂今昔情形之比较》,刊于《法律评论》,第五十三期,1924 年 6 月 29 日。

法院审判。"[100]

权限比今日最高法院犹为广阔的大理院作出上述宣示,实具有相当的意义。[101] 不过,事实告诉我们,大理院根源于法律效力发动的攻势,显然是无效的,甚至连北京政府自己所属的部会都不买大理院的账。或者说,租界外的华方官民仍然十分配合或屈从于会审公廨的裁判,使其裁判仍具有相当的实效。[102]

(二)中国地方审判官厅的态度

除了来自中国中央司法系统最高法院层级从法律效力层面发动的抵制,以及中外政府因应国际局势的巨大变动而生的对应措施外,决定会审公廨重要性,或寡头政体维系治安目标能否达成的真正关键因素,其实取决于华方从实际面的配合或抵制。因为会审公廨在许多方面,例如书类的送达、证人之传唤、租界外财产之查封、界外人犯的拘提乃至引渡等,都需要租界外中国地方当局的配合,否则其裁判根本只是空言。但揆诸史料,实则地方官厅的配合才是惯常、不配合只是例外,至辛亥革命后亦然。《司法部对上海租界会审公堂调查报告书》即明白指出,自辛亥革命后上海审检厅成立,历任审判厅长均尝试"据理力争",但多"惯例已成,终归无效"或"空言争执,于事曾何补哉"[103]。甚且,上海地检厅于1921年前后开办指模,凡犯罪者均如法印具指模,以便检举再犯、拘摄逃亡,"并与工部局约定互送副本协助进行"。[104] 显然租界内外的司法合作是绵密、惯常且细致的,不仅使得工部局及

---

[100] 参照《大理院解释例全文检查表、大理院判决例全书检查表》,台北:成文出版社,1972年,第104页。

[101] 大理院系仿日本大审院组织,拥有最高审判权与统一解释法令权等权限。学者黄源盛研究指出,民国成立以后,司法机关乃至各地方军务及行政长官解释法令疑义,均以大理院为中枢。大理院又有最高审判的权限以为贯彻法令见解的后盾,此种权限实足增长大理院的实力。至于大理院的解释例,全国各级法院亦均奉为圭臬,用作准绳。关于大理院的历史沿革与权限,详请参阅黄源盛:《民初大理院》,收于《民初法律变迁与裁判》,台北:台湾政治大学法学丛书编辑委员会,1990年,第3—79页。氏并作了大理院司法档案的研究,参阅黄源盛:《大理院司法档案的典藏整理与研究》,收于前揭书,第83—124页。

[102] 民事案件如1918年4月,北京政府财政部即在会审公廨,控告上海中华银行不付民国元年南京临时政府存款洋四万元及历年利息,参阅同注㊱,夏东元主编,前揭书,第219页。刑事案件如1919年9月15日,《民国日报》发表《安福世系表之说明》的北京通信,被安福系政客即指控该报"侮辱大总统及在职人员",并委派律师向会审公廨起诉,被告则委由律师辩称宪法明文规定人民有言论自由。会审公廨即传讯该报主笔邵力子、经理叶楚伧,后判决被告罚款一百元,参阅同注㊱,夏东元主编,前揭书,第237页。

[103] 参阅《司法部对于上海租界会审公堂调查报告书(续)》,刊于1923年《法律周刊》第十二期,第16—17页。

[104] 参阅《法律周刊》,第五十四期,1924年6月28日,第4页。

第五章　权力关系的彻底置换

巡捕房的司法权力更加巩固,实也间接促助了会审公廨裁判的实效。不过本书认为,中国地方官厅与会审公廨的相互配合的重要原因,乃源于各自维护其判决效力的"恐怖平衡",致使华方始终未采取全面抵制会审公廨裁判的激越手段。[106]

(三) 谳员的态度

当然,除了来自官方的微弱的抗争,我们也不能忽略会审公廨华籍谳员发自内心的抗拒。其中最常被人提及的,就是会审公廨正谳关炯之的事例。关炯之始终坚持会审公廨是完全的中国法庭,并以实际行动支持革命政府。

早在辛亥革命初,关炯之即传谕三班卯役,将传提票一律缴案,改换民国年号再行颁发,并剪去发辫,改穿西装。[107]甚且在其主审的案件,一律遵用中国法律判决,即使于巡捕房每日解讯会审公廨的琐案,也一律在解案单上注明违反中华民国刑律第几条字样。1918年,关炯之又以《土地章程》规定为依据,认为会审公廨是中国衙署,开创了在会审公廨悬挂国旗的先例。[108]

谳员的心向中国,显然也让寡头们有所警觉。例如在1919年1月8日的工部局董事会会议中,即提交了一篇《字林西报》对于会审公廨受理"义人帕瑟里控诉德华银行案"[109]的评论,指称中国政府干预根据会审公廨判决,其结果是,"尽管谳员自称未受影响,但所作出的判决却与中国政府施加的压力不谋而合"[110]。但无论如何,若要说中国政府对谳员产生多大的影响,显然仍有待更多的史料支撑。

(四) 来自外国国家层级的制衡

由于权力结构使然,会审公廨始终无法摆脱来自陪审员母国或上海领

---

[106]　1916年8月18日《申报》,载《化除移提案证之意见》一文,即详述了上海租界内外如何形塑此恐怖平衡:公共公廨与内地官厅近来对于移提案证一事,彼此颇有误会,即如开泺矿务公司在公共公廨呈控蒋宝生私用巨款一案,被告匿居内地,又傅又仅在审判厅具控何松亭不赔失物一案,被告已在大理院上诉,傅则现居公共租界,彼此移提,均未就范,以致结案无期。是以公廨谳员关君(关炯之)特邀审判厅长袁钟祥君暨驻沪英副领事卓乃尔君,于前日午后莅廨,延入领事憩息所,由关君向袁、卓两君疏通意见,将移提案证事宜磋商良久,闻双方业已允洽,以后遇有移提案证,彼此通融协助,当不致再有误会云。

[107]　参阅《公共公廨改革谈》,载《申报》,1912年1月1日。

[108]　参阅《关炯之述公廨略历》,上海市档案馆藏:《前江苏交涉署收回公廨各项文件》(全宗号一三八,卷号二)179-4-2。

[109]　《申报》译"帕瑟里"为"派司利"。中国政府曾抗议该案称:"德华银行清理处系一政府机关,苟非政府指定之公堂,不能对于清理处施行裁判权。上海会审公廨未曾得有此种权力,是以此次裁判权之施行,不能认为合法,中政府视公廨关于此案之判决为无效作废,已饬驻沪交涉员转告公廨注销。"引自《政府否认公廨判决案》,载《申报》1919年1月22日。

[110]　参阅《工部局董事会会议录》,第二十册,1919年1月8日会议记录。

事团的"国家"压力。其显例为发生于1915年10月会审公廨审理的一起武器走私至印度案。由于事涉英、德两国，曾引起英、德两国陪审员裁判权力之争。工部局董事会总董指称，经巡捕房督察长与英国当局沟通结果决定，如果德国陪审员在英国会审员出庭时仍坚持登上法官席位，将召集巡捕将其逐出。⑪

在为该案召开的特别会议中，总董并称，英国总领事已收到英国公使的电报，支持在审理时，如果德国陪审员坚持当审判官，英国陪审员可以维护法庭秩序为由，令巡捕房将其逐出法庭。⑫但领事团却通知会审公廨，"在一具体案件中涉及到他本国国民的利益时，就应将该案留在他自己国家的陪审员出席时审理。"也有董事认为，德国陪审员在审理时出席当审判官的权利是不可辩驳的。

经过讨论，董事们同意这种看法在原则上是正确的。此案不仅显示会审公廨陪审员得随时面临来自"国家"的压力，也凸显了在会审公廨审判结构上，因陪审员国别不同，而可能肇致租界华洋住民的实质不平等。

第四节　权力关系变迁案例评析

经由前面几节的论述，我们了解到了会审公廨在辛亥革命后制度、组织及人事上的巨大变化，并彻底改变了会审公廨内部的权力结构，也使得其与华民间的权力关系起了质变。以下是辛亥革命后有关会审公廨的一些事例，或可有助我们进一步观察通过会审公廨所呈现的权力竞逐及权力关系特色。

一、关于引渡、驱逐出境的相关案件

（一）事实

在辛亥革命后未久，即由于南北政治对抗，因而发生一连串的革命党人被捕案件，在1913年二次革命失败后，更达到最高峰，兹列表如下：⑬

---

⑪　参阅《工部局董事会会议录》，第十九册，1915年10月20日会议记录。
⑫　参阅《工部局董事会会议录》，第十九册，1915年10月20日会议记录。
⑬　以下案件摘自同注⑥，汤志钧编，前揭书，第778—821页。

第五章 权力关系的彻底置换

表 5-1 民初会审公廨判决引渡、驱逐出境的相关案件

时间	当事人	事由	会审公廨判决	备注
1912.2	章天水	在公共租界白克路寓所为郑汝成派员协同新闸巡捕房包探拿获,送会审公廨讯判。	有期徒刑三年,期满驱逐出租界。	
1912.3	韩恢等五人	郑汝成接江苏都督冯国璋令,转致观察使杨晟饬会审公廨会同巡捕房缉捕。	不明	
1912.10	蔡锐霆	郑汝成派探会同巡捕房捕在兆丰路拘获蔡锐霆,拘解会审公廨。	判引渡镇守使署。	蔡锐霆后在上海被杀。
1914.3	张良、陈菊初	张良(铁血团)在北四川路横滨桥崇德里居室制造炸弹,不慎爆炸,致伤被捕。	判张及同党陈菊初解送内地法庭按律处治。	张被杀,陈被判九年徒刑。
1915.1	朱华斌	租界捕探会同江苏警厅委员在新闸白克路逮捕朱华斌。	判将朱引渡镇守使署转解南京讯办。	后被判无期徒刑。
1915.8	郑道华	革命党人在法租界金利源码头向郑汝成抛掷炸弹,郑道华因该案在公共租界被捕。	引渡至镇守使署。	后在西炮台被杀。
1915.9	张振华	在泥城外新世界为新闸巡捕房捕探逮捕。	判引渡镇守使署。	转解南京讯办。
1915.11	王晓峰、王明山	两人受陈其美指派暗杀郑汝成,在外白渡桥等候,当郑乘汽车经过时,王明山向汽车抛掷炸弹,王晓峰向郑连续射击,郑当场毙命。	判引渡解归镇守使署。	两人被杀于西炮台。
1915.12	詹大悲、温楚珩	两人在公共租界被巡捕和长江巡阅使驻沪调查长拘捕。淞沪护军使杨善德饬淞沪警察厅长徐国梁商请引渡。	会审公廨判两人"押候核办"。	詹被押一年、温被押三年后开释。

(二) 评析

1. 辛亥革命虽然终结了帝制,但中国旋即又落入了另一场政治斗争,

寡头政体乃至会审公廨，都不能免于被卷入这个政治漩涡中，而"引渡"及"驱逐出境"，即成为当时政治介入司法的惯用手段。其实早在 1912 年 1 月，即有"某共和党权威人士(some Republican Authorities)"拟议与"引渡罪犯"(the extradition of prisoners)有关的一套条例的副本，通过领袖领事送交工部局。⑭ 不过，"引渡罪犯"发展到后来，反倒成为革命人士的最怕。

2. 除了会审公廨的"引渡罪犯"判决，我们也不可忽略北京政府企图取得租界侦查与拘捕权的企图。1912 年 4 月上旬，上海镇守使郑汝成以租界为"党人逋逃渊薮"，"转请捕房协拿手续纷繁不易就捕"，函请特派交涉员转致领事团，请其支持由镇守使署选派侦探至租界协同巡捕房查拿。⑮ 在 1914 年 6 月，中外甚且已协议在租界建立一临时性办事处，用以遣送与二次革命有关之华人。不过，这些攸关华方权力能否重返租界的提案，终未成真，到后来仍须由巡捕房出面主导。

华方的势力未能重返租界，原因是寡头政体意识到了"引渡"的副作用。工部局董事爱士拉即明指让中国侦探进入租界的"危险"，因为北京政府雇员有了通行证，"不可避免地会加以滥用，行使不正当的权力"。总董也理解到"此举可以预见中国当局将对租界的警务进行干涉"。⑯ 故董事会最后并未同意发给通行证的要求。⑰ 检视寡头们的谈话，不由得让人想起霍塞所强调的"上海大班多有美式自由风气"，以及许多人所认为的租界有效地保护了政治犯。但我们也不要忘了，在寡头们的谈话中实已明白显示另一层意义乃是借以排挤华方权力重返租界。

3. 虽然董事会的立场似倾向同情政治犯，但从表列的案例也显示，确因"中外合作"而逮捕、引渡了许多"革命乱党"，这在上海租界发展历史上，不能不说是寡头们少见的"让步"。加以界外中国实施《惩治盗匪法》等特别刑法，使得被引渡至界外者不是被杀就是被判重刑，也不得不让人重新省思上海大班们的"美式自由风气"究竟被贯彻了多少。寡头政体何以会密切配合北京政府镇压革命党的作为？原因有二，一是外人希望中国能有一稳定的中央政府，如此才能确保外人的贸易利益；二是幕后涉及了租界需要再次

---

⑭ 参阅《工部局董事会会议录》，第十八册，1912 年 1 月 24 日会议记录。
⑮ 参阅同注⑥，汤志钧编，前揭书，第 779 页。
⑯ 参阅《工部局董事会会议录》，第十八册，1913 年 11 月 26 日会议记录。
⑰ 参阅《工部局董事会会议录》，第十八册，1913 年 12 月 3 日会议记录。

扩张,"引渡"遂成为北京政府与寡头政体谈判的筹码。⑱ 这也显示,寡头政体其实并未能通过会审公廨一贯坚持从前清以来即引以为傲的保护政治犯惯例,或是从中发展出一套符合现代自由人权思想的法治原则。

4. 寡头政体也许未能通过会审公廨发展出有利建构法治社会的原则,但并不代表没有一套处理政治性案件的原则。例如1914年11月23日董事会曾召开特别会议,即详细讨论了英国总领事所提关于政治犯引渡及驱逐出境的问题。会议记录指出,关于非政治犯逃亡至租界者,原规定是在查明身份后,应将其"逐出租界",但目前则已改为"须将其引渡给中国当局"。总董认为其并未明确规定"在公廨前,应提出罪犯及证据"。最后董事们一致认为,应保卫此一原则,即所有各类逃进租界的人,在公廨未作初步调查前,不得引渡。⑲

二、孔索诉希伯兹案(Kumsoo v. Shibbeth)

(一) 事实

1916年英国侨民孔索向英国高等法院(大英按察使署)控称,工部局巡捕房人员非法侵入其房屋以搜查是否有走私鸦片,巡捕房人员仅系根据会审公廨的搜索票即执行搜索,而没有携带英国方面出具的搜索票。孔索因而要求工部局赔偿五万两。英国高等法院审理后判决,工部局因对一英国居民执行会审公廨搜索票时产生的非法侵入,应赔偿两万两的损失。陪审团附文如下:"陪审团认为,如果认为任何协会或团体享有此权力,或是透过巡捕房的中介来行使此权力,都与公共政策相矛盾。"

(二) 评析

1. 此案并非会审公廨的判决,但却明白显示了会审公廨搜索票的效力的局限性,即使有着外籍陪审员的背书,也无法及于享有领事裁判权的外籍

---

⑱ 辛亥革命后,寡头政体即试图将公共租界扩与闸北。1914年5月,北京公使团即提出扩界以归还会审公廨的条件,参阅同注㉟,夏东元主编,前揭书,第172页。上海领事团也将《公共租界推广草约》送交涉员杨晟,内有"中央政府无论如何,须将随时引渡乱党条件加入,令后租界中不可为乱党逋逃之薮","各公使与驻沪各领事对于此则亦均允洽,只须要求中政府将此项界域不为修改"等文,参阅同注⑥,汤志钧编,前揭书,第782页。

⑲ 其显例为黄兴被控案。1913年5月31日,北京地方检察厅据周予敬的诬告,借口黄兴"组织暗杀团,谋炸要人",特将该案移上海地方检察厅,由上海交涉使陈贻范转饬会审公廨审理,公廨即出传票发交巡捕房。但租界寡头们以该案"既无切实证据,原告又不到沪质讯,与租界定章不符",遂令巡捕房将传票退还公廨。后来陈贻范征得领事团同意,饬令会审公廨再出传票传讯黄兴,黄兴即到公廨。但因原告未到,证据亦无,终不得开审,黄兴遂自行离去。参阅同注⑥,汤志钧编,前揭书,第754—755页。

人士;也根本呈现了在上海租界复杂的政法体制下,治安维系工作实有无法克服的盲点,即在于因领事裁判权而生的司法侦审程序上的不平等,而此始终是寡头政体乃至会审公廨无法克服的大问题。

2. 此案与20世纪初查禁鸦片烟的国际大趋势密切相关。相较于中方在光绪末推动的强行、全面禁绝鸦片烟政策,上海租界则系采取循序渐进之法。[120] 故在禁烟令后的过渡时期,上海租界只能够由工部局所允准的"洋药公所(公司)"[121] 专卖烟土,并逐步停发烟馆执照。洋药公司不只专卖烟土,其所属人员甚至还能与巡捕房同步执行类似查缉私烟的工作,实具有部分的公权力。此案的争点即在于洋药公所人员及巡捕房人员的权限,是否能在仅取得会审公廨搜索票的情形下即搜索英国人。英国高等法院的判决,显然是在领事裁判权的基础上,从根本否定了会审公廨所建构的搜索程序。

3. 虽然英国高等法院的判决对洋药公所不利,但我们也不能忽略了工部局董事会对此案的法律见解。董事古柏指出:"由于会审公廨具有法定资格,工部局不能怀疑它的令状,巡捕房则是它的下属,必须执行它的命令。"[122] 工部局总董也认为,辛亥革命后,巡捕房便取代了会审公廨的差役,执行会审公廨的诉讼程序,这一取代是应上海领事团求作出的,领事团则是遵照北京外交使团的指示。易言之,从工部局寡头们的角度言,辛亥革命后的会审公廨,实际上已属于租界特有的法庭,且获得各国政府背书,其令状亦应有一定的法律效力。从此也可知,在辛亥革命寡头政体接收会审公廨后,不无强化会审公廨"司法独立"的企图。不过,即使工部局有这些美意,但却根本无法与所谓的"外人利益"所肇致华洋间的实质不平等相抗衡。

三、丁槐[123] 私藏国玺案

(一) 事实

1917年北京发生了张勋(1854—1923)复辟事件,上海也在同时发生了

---

[120] 对于上海租界未如中方采取断然之禁烟政策,当时许多人均认为租界当局包庇烟毒,唯嗜吸鸦片烟的姚公鹤则有不同看法,认为"外人办事之均有次第,乃系停闭土膏各店之先步,盖必先取缔,然后可以实行停闭也"。姚并称:"十年禁尽之约,惟租界为能实行,华人方面,则掩耳盗铃耳。"关于上海租界详细禁烟之经过,可参阅姚公鹤:《上海闲话》,上海:上海古籍出版社,1989年,第80—83页。

[121] 姚公鹤指出,"洋药公司"是由各贩售烟土之洋行公设的专卖烟土处所,《工部局董事会会议录》译成"烟土联社",本书从姚公鹤所用之译名。

[122] 参阅《工部局董事会会议录》,第十九册,1916年11月15日会议记录。

[123] 丁槐字衡三,曾在云南任职,是军界的老前辈,人称"丁老前辈"。

第五章 权力关系的彻底置换

情节离奇的"夺印案"。原来张勋复辟时,总统黎元洪(1864—1928)托庇日本使馆,并密令总统府军事顾问丁槐携带"中华民国之玺"、"荣典之玺"、"册封之玺"、"大总统印"、"陆海军大元帅印"五颗印前赴上海,躲在上海三洋泾泰安栈。丁槐带了五颗大印抵上海的消息,立刻传到南北政府,各方均欲得此等印信。7月14日冯国璋(1859—1919)发表函电奉迎黎元洪复职,同时又派员到上海向丁索印。丁却拒不交印,称此行是呈明元首,冒险护印来上海,未有元首证状,不敢私相授受。[128] 由于丁槐在泰安栈屡次接到匿名恐吓信,同时发觉有人在暗中监视他的行动,乃由泰安栈搬到美国人所开的江西路客利饭店,以免被中国政府派员"绑架"。

丁槐抵沪后,北京当局即通过驻沪护军使卢永祥请巡捕房协助调查,巡捕房除连续数日"照常法伺察此人所寓楼房",并未采取其他行动,乃因卢以为此事可以经谈判解决。但后来卢怀疑印信并不在丁身上,遂于18日决定此事"照不正当处置,或盗窃官物办理拘捕"丁槐,请巡捕房向会审公廨声请拘票。拘票于19日发出,但因丁寓于美国人经营之饭店,拘票必须经美国总领事签字,于此略有耽延,直至20日午后2时15分始完成签字手续,2时30分执行拘捕,并且在其房中搜到了五颗印信。

由于向例星期一、三、五为英副领事陪审,经华方要求,当日英副领事及谳员特别讯理此案。该案由工部局代理总巡强生执行控诉,丁槐被控缘由,系"彼于(或约于)1917年7月2日,在北京从某人,即唐浩镇之保管下,非法取去某种财物,即玉印五颗,意欲据为己有,违犯中国《暂行新刑律》第三百六十七条。又彼于(或约于)1917年7月2日,在北京侵占某种遗失物,即玉印五颗,于该物合法保管人保管之下。违犯《暂行新刑律》第二百九十三条。"

会审公廨于审理后,决定将丁槐连同五颗印信解交(引渡)卢永祥。丁槐后被以盗印罪名解到北京候审,唯抵京后不久即获释放。

(二) 评析

1. 本案为本书所搜罗的会审公廨事例中,少数明确点出被告所涉的《暂行新刑律》罪名的案例,可惜的是,本案会审公廨只有"预审",而未作出

---

[128] 丁槐写给冯国璋的信中称:"昨由军署抄来元首寒电,命槐即日将印信赍京汇交总理转呈钧座。奉电之下,不胜惶惑。寒日并无京电,元首是否自由?送京既恐受欺,赍宁复与抗命。思维再四,不得不仍候元首亲笔以定行止。"以上转引自丁中江:《北洋军阀史话》,台北:春秋杂志社,1977年5版,第498页。

确定裁判,因而无法评断其裁判内容。不过由本案所凸显的预审及引渡问题,却颇值关注。

2. 此案曾因是否会审公廨将要循先例预审,而导致了美国总领事萨门司和巡捕房副督察 A.H.希尔顿·约翰逊上尉间的误会。为此,工部局董事会还曾于该年7月30日召开特别会。会议的结论是,重申工部局及巡捕房不会背离会审公廨通常的手续与预审的惯例,即"如果不经例行的会审公廨预审(usual preliminary hearing),就不会将该犯移交给中国当局"。显示辛亥革命后,会审公廨的预审仍持续成为定例。而其意义,除了外人所宣称的保障涉案人的权益外,更不无排斥中国司法权进入租界的用意。

3. 不过,本案也透露出租界寡头政体施政目标为何的根本问题。寡头政体为了租界利益之故,必须以租界治安为最高目标,只要有关租界内滋扰治安事件,即须充分干涉,且源于西方法律思想,认为政治犯有别于一般案件,而不能率尔交由中方处理。但《字林西报》对本案的评论,却直指寡头政体存在的目的与基础相互矛盾问题:"……租界当局与中国政治并无关系,即间(或)欢迎守法之公民,政治阴谋家则不受欢迎。凡案在公廨预审业已成立,即应交相当之当局处理。在此种案件最得之法权,并不在会审公廨。因所犯之罪非反对租界之公众,而为反对国家之制度故也。……外国对于别一主权国,有权拒绝引渡政治犯。然上海租界于此,并非居于一外国之地位。……吾人在此间,不过一种商业团体,吾人之权限,不过建于保护吾人之合法贸易,为条约所保证者而止。前以昧于原则,遂使上海成为一种政治流氓之渊薮。此等人则自然百计以阻此原则之实行也。"⑮

四、反对廿一条款抗争案

(一) 事实

1915年5月北京政府与日本签订了廿一条款密约,引起了许多中国人民的抗议,上海租界也是激烈异常。却也因为抗争手段扰及租界治安,而使得会审公廨也不得不卷入这场纷争中,裁判了许多相关案件,谨列表如后:⑯

---

⑮ 参阅《中华新报》,1917年7月23日。
⑯ 以上请参阅同注⑥,汤志钧编,前揭书,第796—805页。

第五章 权力关系的彻底置换

表 5-2 会审公廨裁判的抗争日本相关案件

时间	事由	会审公廨裁判	备注
1915.3	上海国民对日同志会等团体为反对中日廿一条交涉,在张园召开国民大会,决议抵制日货。杨恩汉等在虹口武昌路抵制日货,为日人报由巡捕房拘解会公廨。	罚款洋一百元。	总巡麦高通饬各巡捕房,如查见抵制日货传单招贴,随时扯去或带回巡捕房呈候核。
1915.3	徐阿二、韩春林、程桂林、翁星根等人在福州路将日人所开之艺术影戏院招牌拆毁。	徐作工四月,罚款二百元,韩、程各拘留十日,翁则被释。	徐、韩、程三人并分担赔偿招牌损失。
1915.3.23	孙克荣、王成有为店伙,胡维新为薙发匠、施吉成为木匠,四人均因将门首日货商标拆除,为巡捕拘入巡捕房,解送会公廨。	判各罚洋一元至二元充公。	
1915.3.24	学徒沈长林及倪庆孝在大马路福州路等处散发抵制日货传单。	判罚洋一元及二元充公。	
1915.3.26	青年王光甫在福州路抵制日货。	以"聚众霸阻"罪判押三星期。	
1915.3.26	粤东少年林元手持印刷品在唐家弄一带沿途分送。	判罚五元充公。	所有传单一律销毁。
1915.3.27	棋盘街久成府绸饭司徐阿状、张宝成两人在西藏路一带散发抵制日货传单。	判各罚洋一元充公。	
1915.4.8	驻沪日领事以"抵制日货"罪名,起诉国民对日同志会,由会审公廨发出传票,传该会代表方林夕超、黄毅及留日学生代表萧汝霖、苏理平、蔡屏藩、吴兆理、汉恒等七人到案。公共租界总巡捕房控以"故意排外罪"。	判黄、方、萧各交五百元铺保,吴交二百元铺保,其余三人各交一百元铺保。	罪名为"印发对日传单并收藏抵制日货传单,有碍租界治安"。

(二)评析

1. 在反对廿一条的相关抗争案中,值得注意的有三,包括日本势力的兴起、寡头政体是否与中方相互配合,及寡头们的心态等。

2. 日本自1895年甲午战争后,势力即挺进上海租界,并逐渐地凌驾英国以外其他各国,例如原为美租界的虹口地区,即几乎完全被日人取代。而日本在会审公廨的最大收获，即是取得一席陪审员，从此得以干预对租界华民的裁判。在1915年3月31日及4月1日，日驻沪副领事西田耕一即曾以会审公廨名义，带同巡捕房包探至西藏路长安旅馆国民对日同志会及江西路鸿发栈留日学生寓所，搜查"有无抵制日货之证据"。在上表所列的国民对日同志会一案中，被告等即曾据理辩驳，声称："抵制日货系国民为国家之后盾。"并申明："我等系中华人民非日本人民，不能受日领之裁判。"

3. 在寡头政体严密查缉反日运动及将涉案人移送会审公廨裁判时，北京政府也在同时发布了若干禁令，例如在1915年3月25日，袁世凯即通令各省严禁人民抵制日货，其派驻在上海地区的杨晟也在同日出示禁止人民抵制日货，并将此项告示多张送请领袖领事及工部局签字盖印，发交英美各巡捕房张贴。似乎显示寡头政体与华方的密切配合。但究竟会审公廨因否因此对反日事件"另眼相看"呢？反对廿一条款运动前后上海租界曾发生几起类似罢工抗议事件，例如1914年11月20日，上海水木业工人四千余人要求增加工资，举行同盟罢工。公共租界巡捕房在各处逮捕罢工工人三十六名，送解会审公廨，以"聚众闹事，扰害租界治安"罪，分别判押七日至一月。[17] 1915年12月3日，上海人力车夫八千人，反对华、洋各公司增加租价，举行同盟罢工。公共租界捕房拘捕车夫一百余人，押解公廨分别判押一天至二月。[18]

对照这几个裁判，我们似乎可以观察出会审公廨判决的脉络，即单独的散发传单等行为量刑较轻，集体的、涉及暴力的行为量刑较重，而非取决于其抗争的内容或对象。也就是说，是否聚众扰乱租界治安、危及租界安全，这显然才是寡头们的首要考量。

五、德侨审判权案

（一）事实

荷兰总领事于1917年4月去函工部局，抗议巡捕房在会审公廨起诉德国侨民卡尔·弗雷德里克·佐伊贝特，因其被控在杨树浦路93号电气处所属发电厂企图进行非法活动。荷总领称，巡捕房法律助理说并不知道荷兰总领事馆已代管保护德国侨民利益，但他早已于3月18日发函工部局法律顾问，通知工部局他已负责代管、保护德国人的利益。

---

[17] 参阅同注⑥，汤志钧编，前揭书，第790页。
[18] 参阅同注⑥，汤志钧编，前揭书，第811页。

董事会则认为,巡捕房将此案交会审公廨似乎是正确的,因为卢永祥将军应领袖领事之请于3月24日发布并张贴在租界内公告的第三段中称:"居住在中国的德国平民必须遵守中国的一切法律和法令。"[12]

同年4月11日,总董和副总董即会见英总领事,英总领事也认为由于并未接获荷总领事可以享有对德侨管辖权并保护其利益的指示,故不能将佐伊贝特从会审公廨转到荷兰领事法庭受审。不过,次日总董又拜会了领袖领事,领袖领事却认为不必反对委托荷兰总领事行使对德侨的管辖权。

到了4月18日的董事会会议,董事们并不反对将佐伊贝特移交荷兰领事法庭。该日会议记录并载,荷兰总领事系以德语审讯该案,并且未采公开审理,拒绝了记者旁听,且有三名前德国领事馆官员到庭参与审理。

5月16日的会议记录中,提及荷总领事的来函,称其讶异于工部局竟然认为对其司法职权有权发表意见。工部局则回函称,工部局有责任保护公众在租内的权益,并保留一旦再发生类似事件将采取类似行动的权利。

(二) 评析

1. 由于中国加入了第一次世界大战,并对以德国为首的同盟国宣战,因而牵动了德国人在华所享有的领事裁判权等司法特权。本案值得关注的,即在于寡头政体如何因应,以及对会审公廨造成的影响。

2. 德国人若不再享有领事裁判权,按约章及法理,理应受中国政府管辖;在上海租界,则应改由会审公廨管辖。但在本案,我们却看到了租界寡头政体内部冲突的一面。亦即,工部局的寡头们主张归由会审公廨管辖,但荷兰总领事却以"代管"为由,取得了对租界德国人的管辖权,并实际上接管了案件的裁判工作。租界内类似"代管"的情事,其实相当普遍。换言之,即使约章清楚规定,但有心人士仍可另辟蹊径,而得出与约章截然不同的结果。

3. 不过,本书在《工部局董事会会议录》中却发现,会审公廨的裁判,仍有可能超越"代管"。在同年6月6日的董事会会议中,总董曾提出了巡捕房逮捕曾在德国领事馆登记的土耳其侨民亚伯拉罕·埃廷一事,并称"会审公廨陪审员已判决此类案件会审公廨有管辖权"。[13] 不过,会审公廨是否自此案后也同时取得对德国人的管辖权,则仍待更多史料佐证。

4. 1924年3月26日董事会会议记录载,警务处长报告指出,一名智利

---

[12] 参阅《工部局董事会会议录》,第二十册,1917年4月11日会议记录。
[13] 参阅《工部局董事会会议录》,第二十册,1917年6月6日会议记录。

侨民被捕并送往会审公廨,而没有按照智利法律送交领事处理。警务处长称,会审公廨并不认为智利侨民有领事裁判权,董事们也不认为会审公廨有权决定这个问题。不过,会议的共识却是"工部局应当充分重视智利领事的要求,除非收到官方与此相反的通知。"⑬ 显然即使约章或法理甚至法院的裁判已认定会审公廨拥有对于无领事裁判权外国人的司法管辖权,但寡头政体的思维却是极尽可能地让外国人自己管理外国人。另一方面,也显示这类的管辖权争议经常存在于租界,且并无一定的处理原则。

六、熊希龄(1870—1937)被拘提案

(一) 事实

美国人怀德,于1911年与湖南长沙"华昌"公司总理杨度(1875—1931)签订雇佣契约,被聘为该公司经理,年薪美金二万五千元,期限五年。第一年薪水,须先全付,所有所得税及个人眷属旅费,均由公司担任。此外又订有借款契约一件,由华昌向怀德借洋五万元,即以预付怀德第一年薪水。后来怀德即已契约未履行为由,向会审公廨控告华昌公司,以及董事谭延闿(1879—1930)、熊希龄等,谭并被判交保证金洋一万元。后会审公廨屡次开庭,但因该矿区地处湖南长沙,会审公廨无辖权,虽移文湖南省,亦难执行堂谕,而各被告或在北京,均不在上海,到案者仅一两人,怀德遂多次向会审公廨声请移提。

熊希龄于1916年6月28日南下上海,出席中华民国拒毒会,不料刚抵会场,即被工部局巡捕房带往会审公廨,理由是熊屡传未到,因而强制拘提熊到案以备中外会审员质询。后经美籍陪审员与华籍襄谳陆仲良会商后,勒令交保一万两,熊始获自由。

根据熊希龄的说法,这两个契约均未经董事会同意与追认,且董事会曾对两契约表示反对。并且,经会审公廨调查,怀德明知杨度无权订此契约,且知华昌公司资产已抵偿他款,已无履约之能力,但仍订该约。故熊希龄认为契约全为杨度与怀德间的私人契约,是否能拘束华昌公司已属疑问,何况该公司已注册为有限公司,当然不能要所有董事与公司共同负连带责任。并且,熊希龄也强烈质疑会审公廨的管辖权,认为中国司法当局从未承认会审公廨之合法地位;且按大理院的判例,公廨判决也一概无效。即使就该案管辖权法理言,也完全违背民事诉讼"以原就被"的原则。且他长年住在北

---

⑬ 参阅《工部局董事会会议录》,第二十二册,1924年3月26日会议记录。

京,公廨却行文上海交涉员转行天津法院转饬其到案,但天津法院以文中未列住址为由,要求会审公廨查复,但公廨却三年未复,传唤的过程大有问题,又岂可以此认为他藐抗?熊希龄后来即电告上海交涉员,撤回向会审公廨投递的声请状。[13]

(二) 评析

1. 本书所关切者,并非会审公廨对怀德诉华昌案如何判决,而是该案在过程中所透露出的会审公廨种种的特性。

2. 熊希龄所质疑的管辖权问题,其实分三个层次。第一是会审公廨的法律地位,始终未经中华民国政府正式的承认,或与外国政府签订约章追认,完全是凭着既成的事实,根本不符国际法的惯例。第二是就法效力的层面论,大理院的解释与判例,均已否定会审公廨判决的效力。第三是会审公廨完全违反了"以原就被"的民事诉讼原则,率尔受理了怀德的控告。熊希龄的质疑,均言之成理,不过在熊希龄之前,华民挑战会审公廨管辖权者并非常见,这也是会审公廨得以存续多年的重要原因。

3. 会审公廨的判决或谕示为何会产生那么大的实效?本案实已说明了一切,即会审公廨与巡捕房的强势与积极。只要民刑事被告一进入租界,即使案件如本案一般延宕了数年之久,即使熊希龄曾贵为北京政府国务总理,会审公廨仍然当一回事而不会考虑其身份地位给予特殊待遇,巡捕房也多能有效地将相关人拘提到案,也就是说,至辛亥革命后,租界执法的必然性依旧被一定程度的贯彻着,这是会审公廨得以存续的另一重要原因。

4. 不过从另一方面来看,本案也凸显了会审公廨潜存的危机,即一旦当事人不再进入上海租界,且界外中国所有各级法院均不理会会审公廨的裁决,即可有效打击到会审公廨的"七寸",让会审公廨的裁决形同废文,进而影响会审公廨的裁判效力。但让人不解的是,揆诸历史,至少在苏沪地区,并未见华方曾采取大规模的抵制会审公廨的措施。

七、上海总商会函促抗争钻石案

(一) 事实

1921年,比利时商隆兴洋行被掮客诈骗钻石一批,案发后,该洋行即委

---

[13] 以上请参阅熊希龄:《熊案不受公廨审讯之理由》,刊于《法律评论》第一百六十一期,1926年8月1日,第21—24页。及1916年6月29日《申报》,载《拒毒会欢迎熊希龄之波折》。及《熊希龄致上海许交涉使电》,收于《熊希龄先生遗稿》,上海:上海书店出版社,1998年,第3891页。

请律师罗杰向会审公廨提出告诉,比国领事并且陪审此案。会审公廨除对上海租界裕昌、晋康、同益、永昌、顺源等五家当铺发出搜索票,并由罗杰"指挥督促"执行搜索人员搜索,将各当金门所当进之钻石"盈千累万席卷一空",甚至还牵涉当铺以外的郑宝泰票号所押进之钻石。五家当铺不堪损失,由上海租界当业公会报由上海总商会请求江苏交涉公署抗议。

当业公会指称,依据向来"吊赃通例","应由原告诉人携具当票按货指认,备本取赃",不应由代表当事人之律师自行搜查,且不问其为赃物与否,一律取去。但上海租界当铺的营业自由,几被本案剥夺尽净,而不得不以停止营业或谢绝抵当钻石等法因应。[133]

(二) 评析

1. 本案最值得关注者,是会审公廨搜索票的执行问题,以及外籍律师在会审公廨中的地位。透过本案,实清晰呈现上海租界华洋实质不平等的问题,其实并不仅止来自于表相的约章或体制,更可能来自于已然隐匿的律师与陪审员间的暧昧关系。

2. 根据史料,我们尚无法看出究竟罗杰律师是"指挥督促"何人进行搜索,但本书推测仍应是巡捕房人员。无论如何,从现代法律观点视之,由律师持搜索票"指挥督促"执行搜索,绝对是不符法理之举措。但在会审公廨,这显然并非是特例。例如前述的孔索诉希伯兹、穆安素律师事务所及工部局案,即有非巡捕房人员仍得执行搜索的事例发生。

3. 本案实乃鲜活地呈现了律师、特别是外籍律师在会审公廨的"活跃",为了保障其当事人的权益,实乃无所不用其极,也并不会考量其手段是否合乎程序正义。本案所采用的"干预"搜索手段,只不过是恶例之一。例如律师巢堃在《上海会审公堂笔记》一文中即指出,部分外籍陪审员即因与某些律师同国籍等原因,而有"裙带之谊,虽有拒却之请,因朋比为奸,故不回避"。[134] 如果说陪审员必须因此受到指责,则律师恐亦不能免也。

4. 在上海租界当业公会致总商会的函文中,有一段话颇值我们注意:"同是商人,在华商遵照工部局定章领照营业,丝毫不敢有违法蔑理举动。"[135] 再对照其后一再强调的"吊赃通例",及指控本案"情事重大,开租界例吊赃

---

[133] 参阅《上海总商会函促抗争钻石案》,刊于 1923 年《法律周刊》第十七期,第 12—14 页。
[134] 引自巢堃:《上海会审公堂笔记》,刊于 1923 年《法律周刊》第十二期,第 31 页。
[135] 参阅《上海总商会函促抗争钻石案》,刊于 1923 年《法律周刊》第十七期,第 13 页。

未有之恶例"⑬,显见在上海商场上,工部局定章之"法",以及向来各业间的惯例,在辛亥革命后均是租界规范租界华民的主要法源。然对照第四章所述的钱庄之例,却也显示至少在此案,商场惯例已然不敌律师的强势作为。

结语:寡头之链的极致发展

在作本章结论前,且让我们看看几位熟稔会审公廨者对辛亥革命后的会审公廨的评价。戴修瓒称:"会审公堂已不啻为一外国官署,且为一极端不法之司法机关。"⑬ 学者张铨称:"公共租界会审公廨原先具有的两重性,辛亥后已变为一元性,即成为殖民、帝国主义者御用工具。"⑬ 郭泰纳夫则称:"四十七年间,工部局所竞争不已之租界司法行政之改良,至此(辛亥革命)后已大告成功。"显然,由于观点、立场的不同,即使在辛亥革命后,我们仍然看到了类似吕海寰、伍廷芳与孙中山带有对立意味的评价。

从权力乃至权力关系竞逐的观点,或许我们可以暂时抛开一些民族情绪的纠葛,去审视辛亥革命后的会审公廨,究竟有哪些变与不变。就古典权力论,辛亥革命后的会审公廨最重要的变化,即是华方已然无法将权力的触角延伸到会审公廨;就权力关系论,则是华方与租界华民的权力关系已然断绝。经由本章的析论,我们清楚地看到寡头政体是如何的趁隙切断了会审公廨与华方的联结,并进而通过人事任命、薪资给予、组织变革等实质的行动,进而完全掌控了会审公廨。更重要的是,寡头政体彻底改变了会审公廨谳员传统"全包式"的父母官地位,并让会审公廨成为一个单纯的审判机关。

因而,不能否认的是,寡头政体毕竟通过会审公廨,直接或间接地传递了若干与现代民主法治原则相契合的概念,最显著的事例,就是让会审公廨谳员变成一个独立审判的法官。让会审公廨变成一个单纯的法院,实蕴含着租界政体权力分立的意味。并且,民事、行政、刑事案件有所区分的概念,也逐渐通过会审公廨而在租界华民间发酵,民事上重视契约、刑事上重视法令,程序上并有接近法典的程序法以兹依循,凡此种种,均象征着一个至少形式上是现代的法庭,已然在上海租界茁壮。

---

⑬ 参阅同注⑬。
⑬ 参阅戴修瓒:《法权讨论委员会上海公共租界会审公廨视察报告》,刊于1923年《法律周刊》第十三期。
⑬ 参阅同注②,张铨,前揭文,第48页。

再者，权力的趋于细致与多元，也在辛亥革命后持续进行，例如监狱的管控愈来愈重视规则、现代科学与医学概念的引进立法等，均标志着一个新时代的管控社会秩序方式。

不过，除了寡头政体掌控会审公廨的基础薄弱外，更重要的原因是，会审公廨的命运自始至终就与租界的存续挂钩，成为谈判桌上的重要筹码。也由于这个无法摆脱的宿命，使得会审公廨无可避免的得配合演出，特别是在若干涉及政治事件的案例中，我们都可以看到幕后权力运作的轨迹，也使得会审公廨的裁判，并不能在独立审判的环境上顺利发展出法律原则，这恐怕才是会审公廨更深层的问题所在。

同时我们也不能忽略，辛亥命后的上海城乃至许多中国城乡人民，几乎是在一夕之间面对不同政体的转换，乃至司法审判体制的彻底更替。也就是说，在辛亥革命后，对包括租界华民在内的所有华民而言，会审公廨已然有了基础相同的竞争对手；会审公廨带来的新颖与好奇，在辛亥革命后至少在形式上已然不再；对整个大中国来说，会审公廨对于庶民社会的法律现代化与法继受的重要性，也因辛亥革命而大打折扣。更重要的是，缘于清末的租界大扩张，到了辛亥革命后逐渐浮现其不利治安之处，加以上海旧城的拆除，以及洋泾浜的填筑等，更打破了延续数十年的上海城与上海租界分立的空间格局，"大上海"已然成形，租界当局不可能再采取封闭式的、自以为是的治安策略，而必须要跨出华洋合作的大步。

换言之，从治安管控技术与思维的变迁历史来看，如果说会审公廨后来是因为 1915 年的五卅惨案而引燃了必须改换招牌的导火线，其实早在辛亥革命时，即已埋下了药引。

第六章　帝国之鞭、寡头之链的特色与启示

经由前面几章的论述,我们了解到上海租界寡头政体的生成时空背景,以及在复杂的权力纠葛过程中,根植于不同法律文化基础的华洋政体,又是如何通过占据上海租界法制重要地位的会审公廨,发展其与租界华民的权力关系,终而形成帝国之鞭与寡头之链相互竞逐、排挤的局面。于本章,将尝试拓深学理,进一步寻绎帝国之鞭及寡头之链的特性,并描绘出两者通过会审公廨所呈现的轮廓。

第一节　帝国之鞭通过会审公廨呈现的特色

一条鞭式的传统中国政法体制,落实到最基层时,其所呈现的与人民的权力关系又是些什么？通过会审公廨所呈现的帝国之鞭权力关系,又与传统的帝国之鞭权力关系有何差异？这是本节欲深入论证的几个重点。本书从以下四个面向论述帝国之鞭的特色,并兼论这些特色是否也一并渗入会审公廨,或是起了怎般的质变:

一、权力的集中与合一

在北京紫禁城养心殿上,有一幅雍正皇帝的亲笔对联:

> 惟以一人治天下
> 岂为天下奉一人

如果从传统"占有"的角度观察权力,学者郑秦对此联的解析或恰可说明帝国之鞭权力关系。郑秦指出,雍正显然明白自己"崇高的权力和职责"及"无与伦比的尊贵地位","皇帝曾经是我们这个国家实行的制度的代表,他用自己的意志和声音向全国发布法律,维持法制实行,行使国家最高司法权"。[①] 郑氏并称:"皇权是封建国家政权的集中表现,是最高层次的专制权

---

① 参阅郑秦著:《清代司法审判制度研究》,长沙:湖南教育出版社,1988年,第13页。

力,国家的一切政务活动都是在皇帝名义下进行的。"② 并且,"在清代的政治体制中,没有什么权'分立'的概念,每一机关都是在皇帝之下负责某一事务而已"③。

郑氏对于清朝皇权的分析或许不能全然适用于传统中国各朝各代,却足以被视为是帝国权力配置的一个重要特色,即除了皇权的至高无上与无所不包外,更不可忽视的是皇帝在地方的代表——官吏,本身亦有着权力集中、合一的现象。而其与司法权相关的部分包括:

(一) 立法、行政与司法合一

传统中国行政与司法不分,已是通说。以清朝为例,各级地方政权统管该地财政、赋税、农田、水利、户口、礼教、学校、司法、地方军事等等各种政务。故郑秦甚且认为"行政与司法合一"并不确切,因为自古以来就没有过与"行政"相对的"司法",反而应该说,"司法"是"行政"应有的一种职责④;不过学者谢冠生则认为:"中国古代司法组织,与其谓以行政官兼理司法,毋宁谓以司法官兼理行政之更切实际。"⑤ 但无论主辅为何,均不影响行政司法不分的推论。唯本书认为,不仅行政与司法职责合一,对于若干地方事务或琐细事项,传统中国地方官厅甚至也有相当的"立法"权限,并与行政、司法相互配合。虽然此"立法"类似于今日之行政命令,却依然可为官吏裁判的依据。

(二) 民事纠纷与违法犯罪掺杂

学者那思陆指出,清代审判制度并未严格区分民事、刑事审判,一般视户婚、田土、钱债案件为细微案件,而视命盗等刑事案件为重大案件。⑥ 民事案件及轻微刑事或治安案件,州县有全权的管辖,习称"自理案件"⑦,例限二十日完结。那氏指出,民事审判程序大部分系准用刑事审判程序,仅程序较简而已;⑧ 郑秦则指出,民事纠纷与违法犯罪往往掺杂在一起,如为财产争

---

② 参阅同上注,郑秦著,前揭书,第19页。
③ 参阅同注①,郑秦著,前揭书,第25页。
④ 参阅同注①,郑秦著,前揭书,第35页。
⑤ 参阅谢冠生:《中国司法制度概述》,刊于《中国政治思想与制度史论集》(二)。转引自那思陆著,《清代州县衙门审判制度》,台北:文史哲出版社,1982年,第269页。
⑥ 参阅同注⑤,那思陆著,前揭书,第269—270页。
⑦ 《清史稿·刑法志》:"户婚、田土及笞杖轻罪由州县完结,例称自理。"又云:"对败检踰闲,不顾行止"者,酌情枷号。《大清律例》中"诉讼·告状不受理"条例也申明:"州县自行审理一切户婚、田土等项。"清代州县自理案件主要有户籍、差役、赋税、田租、土地、婚姻、继承、债务、水利等纠纷,以及斗殴、轻伤、偷窃(四十两以下)等。
⑧ 参阅同注⑤,那思陆著,前揭书,第270页。

第六章　帝国之鞭、寡头之链的特色与启示

执到动手殴斗有伤就是当时常见的案件。对自理案件州县官基本上有两种审理手段，一是责惩，所谓"杖枷发落"，一是训诫和调处息讼。州县审理完结，即可作出发生法律效力的判决、裁定、调解。⑨

（三）刑事案件侦审合一

以清朝为例，并没有专门的法官和单独的审判组织体系，故州县官须兼理放告收呈、检验尸伤、缉捕人犯、管押或监禁人犯、审理词讼以及执行判决⑩，学者瞿同祖谓州县官之职责结合了检察官、警官和验尸官。⑪ 由于州县担任本地治安之责，凡是境内发生的人命、强盗、窃盗、拐骗、邪教、私盐、光棍、窝赌、衙蠹等应判处徒刑以上的重大刑事案件和一般刑事案件，州县都应管，其具体职责分两大部分，一是侦查、缉捕、查赃、勘验现场、检验尸体、强制措施，一是初审，州县初审不仅是"预审"，而且是正式的一级审判，要根据和引用《大清律例》的条款定罪量刑，称为"拟罪"或"拟律"。如《大清律例·断狱》"断罪引律令"、"赦前断罪不当"等条条例，有"至于拟罪稍轻"、"仍照例斟酌定拟"、"拟罪过轻"等。⑫

清光绪时的官制大臣载泽曾深入析论权力集中的弊病指出："司法之权寄之行政官，徒以长行政官之威福，贾人民之怨望，盖官之于民，惟听讼最足以施恩威。民之于官，亦惟讼狱最足以觇向背。官而贤固不至滥用职权，不贤则擅作威福民受其累，始而积怨于官长，终且迁怨于朝廷，弱者饮恨，强者激变矣。各国革命风潮，莫不源于讼狱之失平。"⑬ 实让人惊讶于与傅柯观察"惩罚"历史变迁的契合。傅柯认为，在旧时代权力集中的结果，其所施加的公开性惩罚，不仅只是在制裁犯罪的作为，也有着镇压与威吓的意味。更重要的是，在公开的惩罚中，"从行刑台上弥散出一种混合的恐怖，把刑吏和罪犯都笼罩起来。它总是要把牺牲者所蒙受的耻辱转换成可怜或光荣，而且它还常常把刑吏的合法暴力变成耻辱"⑭。也就是说，载泽与傅柯均看到了当独揽权力者加诸人民司法制裁权力时，实则也将权力的罪恶与责难通通揽于己身。

---

⑨　参阅同注①，郑秦著，前揭书，第38页。
⑩　参阅同注⑤，那思陆著，前揭书，第269页。
⑪　参阅瞿同祖著：《清代地方政府》，第116页。转引自同注⑤，那思陆著，前揭书，第269页。
⑫　参阅同注①，郑秦著，前揭书，第38页。
⑬　参照《附编纂官制大臣泽公等原拟行政司法分立办法说帖》，刊于1906年《东方杂志》第八期，第417页。
⑭　参照傅柯著：《规训与惩罚—监狱的诞生》，刘北成、杨远婴译，台北：桂冠图书公司，1992年，第9页。

帝国之鞭与寡头之链

通过前面几章有关会审公廨制度乃至案例的析论，我们可以说，"权力的集中与合一"的确也是清季会审公廨的一大特色，包括立法权、行政权依然凭借单一管道运作，以及无所不包的父母官作风，我们确实看到了会审公廨与传统中国地方官厅在"权力集中"上的神似——即使因为层级关系，会审公廨的实际权力并不等同于县衙。

然而在此同时，我们却也必须体察到会审公廨与传统中国官厅的不同。单就司法权的执行面言，会审公廨的侦查权已逐渐被巡捕房替换，审讯时已没有了刑求，对罪犯施加实质惩罚即监管狱政的权力也早就交至工部局手中。在辛亥革命后，除了于命案发生后仍须参与相验外，谳员几已完全转型成为了只负责案件审判的司法官。

不过，会审公廨谳员的裁判权限却更甚以往，判决"定谳"的效力也更大了。谳员能够运用的威吓力量减弱了、权限加大了，但其存在却未遭受到太多来自被裁判者的巨大挑战，显然有着他种权力机制在背后支撑，并分担了会审公廨的责难。傅柯对于规训权力关系的观察，实为我们开启了新的思维之窗。

二、强调"人治"而非"法治"⑮

就权力的真实面来说，康熙初年，法国籍传教士白晋（Bouvet Joachim, 1656—1730）在直言中华帝国权力集中之余，更说了下面这一段值得省思的话："这种政治体制本身是完善的，但它要求代表君主权力的最高官员和总督必须是不为贿赂收买，不出卖正义的刚直不阿、廉洁奉公的官员。"⑯ 白晋一针见血地指出了传统中国法制的成败关键，即官员的素质对于传统中国政制的重要性。

自从荀子（公元前336—236年）提出"有良法而乱者有之矣，有君子而乱者，自古及今未尝闻也"⑰ 等论说后，二千多年来"加强吏治"的观念深深影响了整个传统中国。郑秦指出，在此观念下，皇帝始终把整饬吏治作为全

---

⑮ 就中国法制史研究言，"人治"、"法治"、"治人"、"治法"其实各有其特殊的意义。"人治"强调圣王哲君臣子的贤能，"法治"则强调法律的规训教化。至于"治人"、"治法"之"治"，其实是形容词，所谓"治人"，就是指能够妥善制定法律、执行法律的人；所谓"治法"，则是指好的法律制度，符合道德伦常，能够有效治理的法律制度。理想状况下，这四个名词其实并非互斥，而能相为表里。唯须说明者，本书此处所使用之"人治"与"法治"，乃现今一般社会之通念。

⑯ 白晋著：《康熙帝传》，南昌：洙海出版社，1995年。

⑰ 《荀子·王制篇》。

第六章　帝国之鞭、寡头之链的特色与启示

部政务的重心,以吏治求法制,法律、法制是居于从属地位的。[18] 但人治的弊病也不容否认。由于清代的刑事审判程序是逐级审转复核制,审级设置多,这样一般案件的审转就完全成为对上级的应付,只求对上级"负责",不对案件本身负责。[19] 另一方面,则是因州县官于其辖区内拥有完全之统治权,故治事之际可任意为之高下,极易滥权。故谚云"破家县令"、"杀人的知州、灭门的知县"[20]。

从此观察会审公廨的种种,我们实不难看到类似"人治"的弊病,诸如谳员贪赃枉法、办事不力或公廨衙役借机上下其手的情形,乃至因其上级官员的法律素养、态度的积极或消极,而影响到约章、法令的内容甚至案件的结果,史料均斑斑可考。无怪乎在《刑部奏复位上海会审公堂刑章折》中即直陈会审公廨的成败关键:"上海为通商大埠,设立会审公堂历有年所,无论华洋案件总须持平办理,尤在委员得人,力能保固法权。"[21] 不过,诚如许多论者所认为,除了关䌹之等少数华官外,几无有风骨或敢对外人有所坚持者。于此情形下,可以想见的是,租界华民面对官员、官司的不确定感,实与上海城内的华民不遑多让。

但,我们也不要忘了人治的另一个较为隐晦的特色,就是本书一再强调的地方官员普遍具有不受遥制的心态。在官员衡量该不该向上呈报之余,其实也就宣告了皇权的被削弱。学者金耀基就曾指出皇权的有限性:"从理论上讲,国家或皇帝的权力是鲜有限制的,但……国家或皇帝的权力在实际上是非绝对的,也不是没有限制的。事实上,国家权力从未渗透到县级以下,雷声般的帝国法令到了县级的行政结构只能收到微弱的回响。"[22] 这个特色,也可以在会审公廨的历史中寻得,例如谳员在裁判时不受规章规范的权限制约,即是显例。

不过,本书也须强调,就像许多学者研究的结果,官吏在司法案件侦审过程中的贪赃枉法及不受遥制,其实有着来自帝国政制结构的根本原因,并不必然就是当时的官吏劣行较今日更为严重,这是我们回眸上海租界的同时,所不能不具备的思考态度。

---

[18]　参阅同注①,郑秦著,前揭书,第52页。
[19]　参阅同注①,郑秦著,前揭书,第55页。
[20]　参阅同注⑤,那思陆著,前揭书,第272—273页。
[21]　参照《刑部奏复位上海会审公堂刑章折》,刊于《东方杂志》,第三卷第五期,1906年6月16日,第37页。
[22]　参照金耀基著:《中国民主之困局与发展》,台北:时报文化,1990年第二版,第115页。

三、基于纪律体系的法制思维

澳洲学者史帝芬斯在《上海公共会审公廨》一书中最值得我们玩味的，是他对传统中国法制的深刻观察。史氏指出，囿于语言世界的歧异，并不能以西方的"法"(law)，以及关于"法是什么"的理论，来解释或批判传统中国法律体系；反而是西方的"纪律"(discipline)[23]及其衍生的"纪律体系"学说，更适于解释传统中国法律体系。参考史氏为两个体系所作的对比简表，或有助我们厘清两者的差异：[24]

表 6-1　史帝芬斯的法律体系与纪律体系对照表

司法裁判的、法律的(The Adjudicative or Legal)	纪律的、父母官型的(The Disciplinary or Parental)
考察(Contemplate)：不同群体间在一公平的立足点上相互竞逐，有一个群体外部的、固定的、非由任一单方订定的、由有权者公平地强化的处理规范，独立于每一群体外，且不迎合任一方的利益，其结果也无视于既存的政治秩序。其行为主要依凭权利。	考察：属于上位阶层与下位阶层间不平等的对抗，此时被质疑的不服从者将被调查与处罚。亦即，在其中有上位者或其代理人及其群体的主要利益，以及维系阶级秩序的考量存在，还有上位者的控制权力。其行为主要依凭责任。
规范这些规则的指导原则是：中心的、独立的。	规范这些规则的指导原则是：末梢的、非独立的，并且，只有有利时才用得上。
可见于、被奉行于：西方世界、美国、欧洲，以及在运动竞技场合。	可见于、被奉行于：亚洲、中国、日本，以及军队。
相衬的社会阶层(Appropriate to a society classed as)：个人及平等，有组织的，以契约为方向。	相衬的社会阶层：群体阶级，零碎的，以身份地位为方向。

---

[23]　"discipline"可译为纪律或规训。《布雷克氏法律辞典》指出，"discipline"是"包括知识的沟通及训练，以与规则及命令一致"，唯解释中并未特别鉴别纪律与规训（Black's Law Dictionary, p.550.）。但本书认为，史帝芬斯所言的"discipline"，其意义与傅柯所称的"discipline"仍有些许差异，前者偏向于"强迫性"的服从，即本书所称的纪律，后者则含括"自发性""潜意识"及"强迫性"的服从，即规训。

[24]　Thomas B. Stephens, Order and Discipline in China—The Shanghai Mixed Court 1911—1927, University of Washington Press, 1992, p.6.

第六章　帝国之鞭、寡头之链的特色与启示

（续表）

司法裁判的、法律的（The Adjudicative or Legal）	纪律的、父母官型的（The Disciplinary or Parental）
联结及约束社会的是：交互的、多元的、平行、平等强化的权利及义务。	联结及约束社会的是：只有垂直施于下位者的单方的责任。
行为导引（Behavioral guides）：在不破坏强固的规则下获取个人最大愉悦。律师、法院及法官会告诉你依照普世的固定规约去行事。法案源于国会。	行为导引：不计代价取悦所属群体的领导者。领导者会告诉你该怎么做（在传统中国，甚至告诉你必须娶或嫁某人），此乃根源于群体最大利益及个人背景。
此类型之学理：法学（jurisprudence）	此类型之学理：不存在系统性的规格化（nowhere systematically formulated）

史氏的观察，为我们提示了一个观察传统中国法律的不同视野——既然与近现代西方法学基础不同、目的不同，又何须以后者之长攻击前者之短？其次，史氏的"帝国之鞭"命题，不仅只贴切于描述传统中国地方官吏，无疑也可扩大适用于观察传统中国政法体制，乃至官与民间的权力关系：向上延伸，显然官员至少在形式上也须与庶民一般臣服于皇权以及贯彻皇权，这也是帝国政体能否存续的重要原因㉕；向下探索，地方官平靖地方，使地方不起波澜、使人民惯于服从，其实也是官员内心"帝王心态"的真实反射。

不过，本书认为，我们还须进一步跳脱权力乃"占有"的盲点，方能进一步深入论述"纪律"对于传统中国庶民社会的意义。毕竟，"纪律"之"律"在中国，除了可能与"法"、"刑"同义㉖，具有上对下强制规范的意义，更因"律"本出于乐律，而存有"和谐"与"差等"之意。㉗亦即，"纪律"之于传统中国，除了有服从的上对下作用，还同时有着官员、庶民自我规律的意义。若搭配傅柯的权力关系理论强调权力两造"相互作用"的角度，我们就更能看清楚权力生成及运作的轨迹，帝国之鞭也就将有了更完整的形貌。也就是说，我们确

㉕　学者徐复观指出，自秦之后："无任何力量可对皇帝的意志能加以强制，这才是我国所谓专制的真实内容。""最主要的一点是，任何社会势力，一旦直接使专制政治的专制者及其周围的权贵感到威胁时，将立即受到政治上的毁灭性打击，没有任何社会势力，可以与专制的政治势力，作合理地、正面地抗衡乃至抗争。"参阅徐复观著：《西汉思想史》，台北：学生书局，1978年，第134—152页。

㉖　如《尔雅·释诂》："法，常也。""刑，常也，法也。""律，常也，法也。"《唐律疏义》："律之与法，文虽有殊，其义一也。"

㉗　如清朝的王明德在《读律佩觿》一书中即谓："故律……铢较寸比，纤微毕贯，一如嶰谷之管，分秒徵殊，则飞灰异候，宫商于是乎各属，而要之无不本乎黄钟以为源，是以名曰律。"参阅王明德撰，怀效锋主编，《读律佩觿》，北京：法律出版社，2001年，第3页。

实可以用不同于法律体系的纪律体系,来析论帝国之鞭权力关系,但却也不能不去注意到,在纪律体系从上到下约束、管制的心态外,同时也应看到官、民的主动规律心态。这未尝不是傅柯所强调的"规训",只是本书要特别强调的是,传统中国社会的规训乃根基于天理伦常及宗法礼教,现代西方社会的规训则根基于强调普遍性、一致性与平等精神的法治思想。

在此基础上检视有关会审公廨的种种,我们可以看到在前清时谳员乃至传统中国地方官员的"承命"角色,也可见他们在面临重大案件时的严守分际;我们可以看到租界华民要求谳员扮演"包青天"以平抚社会不平的强烈诉求,也可以看到他们在没有刑具、刑求威吓的情形下依然对华官下跪受审。凡此,均鲜活地告诉我们,至少在清季,会审公廨仍然保有浓厚的传统中国衙门色彩,且对所有与会审公廨相关的华籍官民来说,其所依凭的最高指导原则,显然是与西方法律或纪律并不相同的"中式纪律"。

不过在此同时,我们却也同时可以看到谳员的积极主动乃至不受遥制,也可看到华商不循官府机制解决纷争的场景。显然,史氏所谓的"纪律体系",也已然在会审公廨的数十年历史中,另起了一番重要的质变。

四、标志租界住民的"缺乏权力"

傅柯在《规训与惩罚》一书中,详细分析了前近代君王政体重视公开肉体刑罚的原因指出,"惩罚权是君主对其敌人宣战权利的一个层面"[28],因而,借由公开的肉体惩罚,"与其说是重建某种平衡,不如说是将胆敢蹂躏法律的臣民与展示其威力的全权君主之间的力量悬殊发展到极致"[29],即"用罪犯的肉体来使所有的人意识到君主的无限存在"[30]。在此同时,傅柯也提出了君王的"过剩权力"与受惩罚者"缺乏权力"的观察指出,"君王的人身具有双重性质,既包含着有生有死的暂时因素,又包含着一个永恒不变的因素,……围绕着这种二元论形成了一种肖像学(iconography),一种关于君主制的政治学说,许多将国王个人与王位的要求既区分开又联系起来的法律机制,以及一系列仪式。这些仪式在加冕典礼、葬礼和觐见臣服仪式中达到登峰造极的地步。其目的不是为了证实君主个人所拥有的'过剩权力',而是

---

[28] 参阅同注[14],傅柯著、刘北成、杨远婴译,前揭书,第46页。
[29] 参阅傅柯同注[14],傅柯著、刘北成、杨远婴译,前揭书,第47页。
[30] 参阅同注[14],傅柯著、刘北成、杨远婴译,第47页。

第六章　帝国之鞭、寡头之链的特色与启示

为了把用以标示受惩罚者的'缺乏权力'变成符码。"[31]

如此一来,傅柯的论述即与史帝芬斯对于帝国之鞭的观察产生了联结。史氏即出:

> 许多有关古老中国政法体制的中外著作,几乎都会提及各级衙门、特别是地方官在审判过程中经常的及视为理所当然的刑讯被告、证人甚至原告,只因他们不肯招认,或未曾给予官吏们想要的证词。但此令西方法官厌恶的讽刺性描述在纪律学说之下好似幻觉一般消失,取而代之的是为了强化纪律、更真实的帝王在地方代理者的形貌,简而言之,即"帝国之鞭"。

> 此地方的帝国之鞭被理解为帝国高阶命令阶层的一个层级,有着维持低阶层级和谐、纪律及道德的责任;他依据高层的指示,同时也维持社会的稳定及权威的无可挑战性。他的功能是谆谆教诲人民,并且随时去要求低阶者对高阶者尽责任与完全的服从……。他的责任是平抚不满与争执的源头,以及教导民众及领导者如果起了争执,就必须仰赖起争执的群体和睦地解决。为了要达此目的,他采取的方式是,使那些未能自行解决纷争的争执者及必须到其跟前来解决问题者感觉非常的痛苦。

> ……在中国认为,安全系于低阶者臣服于身份较高者,确实也是社会的存在条件。此基本原则系于、且也非常简明的可从对身体贬抑的过程中看出,例如叩头,即是当高位者正式出现在低位者前面时,低位者必须被迫去做。为了达到强迫服从的目的,纪律官员因此被期待去自由地使用可以广泛进入低位者脑海的方法,即鞭打或凌虐。如果对方死了,那是不幸,但至少有一个很真实的威胁进入了其他存活者。反抗威权,已被打上"危险之火"的印记。

换言之,传统官吏通过对于人民诸如拷问、跪讯乃至笞杖、枷刑等肉体的责罚,与其说其目的是在惩罚犯罪,倒不如说是借着严刑峻罚强固帝国之鞭权力关系;在凸显皇权的同时,其实也等于宣告了臣民的缺乏权力。

从此角度观察清季会审公廨,确实让人讶异于刑讯取供的骤然消逝,这也是会审公廨与传统衙门的重大差异。传统衙门特别重视原被告及证人的口供,《大清会典》规定:"据供以定案。"《大清律例》第三十一条附例亦规定

---

[31] 参阅同注[14],傅柯著,刘北成、杨远婴译,第27页。

审讯时务得本犯输服供词(即被告之招,亦即自白)。"为取得人犯供招,清代审判允许州县官刑讯取供。㉜ 但在会审公廨,或因有外人会审之故,传统地方官赖以发现真实的利器——刑讯,竟然自此在上海租界的法庭上消失。

虽然在会审公廨的公堂上,我们已看不见刑具;并且在裁判后的惩罚上,会审公廨也几乎与之脱了钩,而转移到工部局巡捕房;甚至谳员与租界华民间因诉讼关系而导致的身份上的藩篱,也已逐渐消失,官员的官威也已愈趋暗淡。但我们仍能通过"跪讯"乃至持棍衙役、租界华民送离职谳员万民伞等等事实,以及在会审公廨部分纯粹华民的民刑案件中持续采取的纠问审讯制度,看到清季会审公廨依然利用着若干传统的"仪式",承续着传统衙门之于庶民的余威,也标示着权力对造即华民的缺乏权力。不过,余威的确是在逐步消退中,辛亥革命后,更是消逝得无影无踪。

第二节 寡头之链通过会审公廨征表的特色

从外国领事开始介入对租界华民的裁判,至上海租界特殊的裁判华民机制"洋泾浜北首理事衙门"诞生,再到后来成立了会审公廨,甚至辛亥革命后寡头政体完全排除了华方与华民的权力关系,显然上海租界华民从来就不只是与华方产生权力关系。甚且,华民与寡头政体间的权力关系,可能要比与帝国政体或中国政体来得既长且深。然而,通过会审公廨这个载体,寡头政体与租界华民间的寡头之链权力关系,又具有哪些特色呢?

一、开明、能干与效率的真实面

在深入解析寡头之链的特色前,且让我们先看看绪论中提到的罗素对寡头政治的观察与分类。罗素曾详细说明了与上海租界寡头政治最为神似的"富豪"寡头政治的特性:

> 富豪政府在中世纪所有的自由城市均占优势,而且在威尼斯始终存在,直到被拿破仑消灭。总的说来,这样的政府比历史的其他政府更为开明和能干。尤其是威尼斯,它与形形色色的阴谋诡计巧妙周旋了几百年,而且它还有一个效率远在其他国家之上的外交机构。经商赚来的钱靠的是通达的才知,这是由成功的商人组成的政府所表现出来

㉜ 以上请参阅同注⑤,那思陆著,前揭书,第 270—271 页。

第六章　帝国之鞭、寡头之链的特色与启示

的特点。㉝

基于罗素的观察，将上海租界寡头政体联想成具有开明、能干与讲求效率等特色的政体，毋宁是极为合理的事。然而本书却必须指出，若全盘套用这样充满正面意味的词汇来评价会审公廨，显然与事实有所落差。其实更值得我们注意的，反而是寡头政体如何地通过会审公廨真实呈现这些词汇的实质内涵，例如引进现代都市控制技术、引进现代民主法治、法律观念，以及积极的"响应"审判。

就引进现代都市控制技术言，寡头政体与帝国政体最大的不同，就是与西方世界几无时差地接了轨，充分利用棋盘式的都市空间规划、现代警察勤务制度，并搭配现代都市发展的路灯、自来水设施，以及现代传播媒体、医药防疫观念等，以达到有效管控治安的最终目的。观察这些现代的技术，其实也隐含了租界权力宰制模式已然起了质变的重要意义。尤其是反映到与会审公廨有关的立法与行政事项，乃至实际裁判的案件上，均可见寡头政体凭借着源源不绝的现代知识与技术所获致的权力；相对言之，华方的失权不仅来自于约章，更来自于缺乏现代社会控制的技术与知识。

就引进现代民主法治概念言，最具体的就是寡头们推动权力分立的"努力"，反映在会审公廨上，即长久以来试图让会审公廨华官的职务单纯化的企图与作为，例如在前清时倾全力淡化其立法功能，及至辛亥革命后终于让谳员成为纯审判官。此外，包括现代律师制度的引进与落实，更彰显出不同于传统中国的司法权力配置图像。但不可否认的是，在推动权力分立的背后，却更充斥着权力竞逐与替换的影子，亦即，与其说权力分立及辩护制度等合于法治社会方向的发展是寡头政体的目的，倒不如说是寡头政体扩权时"无心插柳"的结果。

就积极"响应"审判言，观察《工部局董事会会议录》，我们可以看到许多寡头政体"尊重"包括会审公廨在内租界各法庭裁判结果的事例与态度，即寡头们在大多数的情形下，宁可于裁判后再极尽所能地通过修法、扩张解释既有法令等方式补漏，而非不理会或否定其判决。相较于帝国之鞭以皇帝意旨为最终确定裁判依据的特性，更能显现此特色之于中国土地的特殊性。虽然在若干极具争议、特别是攸关寡头政体权力基础与利益的案件中，我们也可看到寡头政体是如何得积极过了头，不惜以政治影响司法；然而我们不

㉝　参阅罗素（Bertrand Russell）著：《权力论（Power）》，靳建国译，台北：远流出版社，1989年，第165—168页。

得不承认,由于寡头政体几乎无上下的层级节制,其响应的速度也极为敏捷,进一步促使其在中外法权争夺战中,往往能抢得先机。

二、以治安为最高指导原则

在一个健全的法治社会,唯有法治才是最高的指导原则,法律至上更是无法撼动的铁律,所以西方法谚会说,法治的极致发展是"即使公正裁判致天堂坠落亦在所不惜"。[34]

但对充满西方法制色彩的寡头政体来说,在法治之外,却还有更高的指导原则——治安,而治安更与外国人的商业利益与人身安全密切相关。此不仅见诸于租界初生时寡头政体面对界外中国动乱,为确保租界不受侵扰的"不得不";更反映在租界大量拥进华民之后,寡头政体的明白宣示;即使在辛亥革命后中外关于会审公廨权限的密集交涉中,外人依然不断地强调治安的重要,特别是取得纯粹华人刑事案件的管辖权,更"与租界治安有莫大关系"。[35] 甚至在会审公廨解体后,治安依然是寡头政体的第一考量。[36]

因而,在以租界治安为最高指导原则的思维下,法治或法律反而必须要退缩至次要地位。通过会审公廨所呈现的此类事例,包括毫无法律依据的实施苦役,以及陪审员不依约章规定权限妄自扩权裁判、擅加租界华民重刑,乃至巡捕房不依约章传拘人犯等,更遑论寡头们长期以来极力鼓吹租界必须实施笞杖等肉刑的心态了。从此以观,寡头政体所强调的并非现代民主社会所念兹在兹的法治,反而更贴近史蒂芬斯描述帝国之鞭时所使用的纪律。换言之,寡头政体以治安为最高指导原则所反映的真正心态是"不惜任何代价极力阻止天堂(外人眼中的租界)的坠落"。[37]

三、从缺乏权力到自我规训的摆荡

在前节述及帝国之鞭的特色时,本书使用了"过剩权力"、实则标志被治理

---

[34] Stephens, p.19.

[35] 参阅《外交团关于沪租界刑事案件之照会》,刊于《法律评论》,第三十八期,1924年3月16日,第5页。

[36] 在江苏省与上海领事团签订的交还会审公廨协议第一条丙项即载明:"凡刑事案件直接与公共租界治安秩序有关者,领袖领事得派员莅庭并坐。"事实上,接续会审公廨的公共租界临时法院纯粹华人刑事案件,也的确是由各国副领事继续"陪审"。特派江苏交涉员郭泰祺曾致驻沪领袖领事函内,即有:"本院审理刑事案件,向由各国副领事出庭观审。现在本院审理上诉案件,似较崇隆,应请总领事出庭,以昭郑重。"等语。参阅《法律评论》,第二百十一期,第8页。

[37] Stephens, p.19.

第六章　帝国之鞭、寡头之链的特色与启示

者"缺乏权力"的概念。事实上，在上海租界中不只会审公廨谳员继续拥有过剩权力，就连中外巡捕衙役乃至外籍陪审员，都可能同时承续了传统帝国之鞭通过若干"仪式"赋予官员的过剩权力，进而赤裸呈现租界华民的缺乏权力。虽然在《刑部奏复位上海会审公堂刑章折》中，仍强调"刑名案向华官前跪审"[38]，但实际上通过有关会审公廨的图片可知，中外会审官实乃"雨露均沾"矣。在《点石斋画报》中《惊散鸳鸯》一图，更见租界华民向问案洋巡捕跪求的画面。[39] 也就是说，在租界因都市现代化而发展出规训权力的大趋势中，寡头统治者无可避免地也借用了传统标志被统治者缺乏权力的社会控制方式。

另一方面，由于寡头之链的生成与现代化的趋势挂了钩，寡头政体管控租界的方式，也有着逐渐从"肉体"转移到"灵魂"的迹象。例如苦役，在观察寡头政体从租界生成初期即进行空间解构，并有意地在"大马路"这个公开的场域展示其权力，让其权力进入租界华民的日常感受领域的同时，我们也不要忘了苦役随着抗争与演进而趋于细致与规范化，并搭配现代医学检验以排定工作时段，及配合着不论身份的公平施行而展现的法确定性等等，类此作为，均有助于寡头之链权力关系进入抽象意识的领域，亦即让租界华民逐步完成自我规训，这也是本书所欲揭示的得以让会审公廨在威吓力量减弱、权限却加大的刁诡中，能够顺利存续的关键原因。

然而，本书要进一步强调的是，寡头政体与租界华民产生规训权力关系的过程，毋宁是迟缓且不自觉的。观察上海租界中后期的法制发展，显然寡头政体并未意识到"规训"的社会控制技术对于一个现代都市的重要性，反而在租界面积呈倍数扩张、租界华民可能因空间的再次变化而由透明走向隐匿时，却仍亟亟于追求肉体惩罚。当上海租界形成愈来愈多有助于华民走向隐匿的棚户区与弄堂后，在如此这般愈来愈无法透视住民的空间结构演化趋势下，即使增加再多的巡捕、设立再多的巡捕房，恐也无以因应治安的需求，寡头政体与租界华民的权力关系，至此又展开了新的质变。加以上海公共租界始终面临着难以克服的"三界四方"治安隐忧，以及更根本的华洋住民在司法上的不公平，由于法律的实行已逐渐欠缺普遍性与必然性，租界尔后沦为黄、赌、毒的罪恶渊薮，几已成为必然的趋势。

---

[38]　参照《刑部奏复位上海会审公堂刑章折》，刊于《东方杂志》，第三卷第五期，1906 年 4 月。
[39]　参阅图 2-3，《惊散鸳鸯》，《点石斋画报》，元十一，第 87 页。

四、权力的重分配与细致化

傅柯指出,导因于权力集中的公开惩罚同时也潜存着巨大的危险。为了避开这个可能影响权力基础的危险,现代的惩罚机制采取的则是"责难被重新分担",其具体的改变就是,"司法与执行判决保持着距离,而将这种行动委托给他人秘密完成。……这样,司法便在自身与它所施加的惩罚之间建立一个双重保护体系"[40]。

在租界华民逐步自我规训的过程中,寡头政体一如傅柯所述,通过会审公廨"重新分担了责难",也就是进行权力的重分配及让权力趋于细致化。

就权力重分配言,在会审公廨数十年来的演化过程中,不仅立法权、行政权逐步弱化,甚至连审判前阶段的侦查与后阶段的惩罚,都已自会审公廨或中国官厅移转出去。而其移置出的权力,则几乎全由寡头政体吸纳。并且,我们还可以从傅柯"权力/知识"的观点,观察到另一种形式的权力重分配。例如现代医学的引进,即大幅侵蚀了传统中国官厅的相验权乃至监狱管理权,更使得法令的内容产生了质变。单就会审公廨的司法裁判而论,由于实施当事人进行主义及现代律师制度的引进,更使得租界华民要面对的,不再只是传统官厅人员,也扩及了熟稔公廨运作、甚至能左右裁判的律师。换言之,律师也在寡头之链权力关系中占据了一个重要地位。

就权力细致化言,大自租税、民事、刑事、行政诉讼的日渐分家,侦查、审判与惩罚的分工,小至新式警察制度与执勤方式的引进,搜索过程愈来愈重视程序正义、监狱的规范更加的明确、人道与着重科学管理等,均相当程度地改变了租界华民对于"官厅"乃至于对"法律"的认识。

凡此种种,即是本书意欲呈现寡头之链的一个重要特色——在权力的竞逐外,从庶民的角度观察,更显然在其心中已然产生了一个个无形的权力锁链,逐渐取代了传统单一权力的威吓,成为拘束自由的权力来源。

第三节 租界权力关系的新形貌

综合前二节的叙述,从租界华民的角度来说,其与政体间的权力关系,毋宁是大幅跳脱了传统社会的单一,进而摆荡在帝国之鞭与寡头之链间。帝国之鞭与寡头之链相互融合、吸纳的结果,使得会审公廨所呈现的权力关

---

[40] 参阅同注[39]。

系有着一番新形貌,其特色包括:

一、身份上的差等依然持续

此身份上的差等,并非来自于传统中国的官民、男女、长幼,而是来自于国籍,以及华人间因新兴都市而生的贫富。曾任国民政府外交部长的法学博士王世杰即明白指出:"在华外侨,因领事裁判权及租界制度之存在,在法律上已经是一个特权人民。"[41]

就国籍言,又可再细分三种情形,一是就刑事案件当事人言,即使犯罪情况相同,却因领事裁判权之故,而使得华洋得分受领事法庭及会审公廨两个不同体制的法庭审判;且一般而言,中国官员并无法至领事法庭观审,但外国会审官却可在会审公廨观审、陪审甚或巢堃所言的"三角式会审"[42],因而在裁判官员的国别配置上,即已显现出上海租界华洋刑事被告的形式不平等。二是此国别上的不平等,不仅来自于相同案情须由不同法庭裁判的领事裁判权,更来自于会审公廨各种案件通包的特色。亦即,对于若干外国人而言,领事法庭可能并不会审理违警、捐税案件,但租界华人却必须受到来自会审公廨与巡捕房联手的制约。换言之,同样是居住于租界的华洋人民,其受到来自公权力与法令的约束程度,事实上是极为悬殊的。三是由于法庭用语的原因,如果当事的一方能够与外籍陪审员"沟通",自然有助于陈述对自己有利的证词;反之,如果不懂得陪审员的语言、文化,往往只能任凭宰割。

就"贫富"言,也有两种不同的情形,一是因为会审公廨对于律师的"重视",致请得起律师、特别是能够左右外籍会审官的外籍律师,就自然能够在诉讼上获得较有利的结果,但会审公廨并未在制度上设法解决此因经济因素而产生的诉讼不平等。二是会审公廨特殊的民事管押程序,使得经济上的强势者可借由此程序滥行起诉,进而达到让对方"吃牢饭"的可能。直至辛亥革命后的会审公廨后期,这种不平等才稍作改善。

二、混乱不清的法律适用情况

虽然大体而言,会审公廨至少在刑事案件的裁判上,都会配合当时的中

---

[41] 参照王世杰:《外侨在华租购地权》,刊于《法律评论》,第一三九期,1926年2月18日,第5页。

[42] 参阅巢堃:《上海会审公堂笔记》,刊于《法律周刊》,1923年第十二期,第31页。

国官厅,即在辛亥革命前引用《大清律例》、辛亥革命后引用《暂行新刑律》[43],但并不见得即严格遵循,换言之,我们并无法通过会审公廨看到严格罪刑法定原则已然在上海租界落实。

在民事方面,就显得更为混乱。虽然有些时候,会审公廨会受到英、美乃至自身裁判先例的约束,但诚如律师巢堃所言:"试问官与律师之喜怒而定去取,有时引刑草案、民草案、前清废删之破产法而适用之,居然记入第几条字样于判决书中,而有时对于已经颁行之《暂行新刑律》曰不能适用,所谓何去何从,为当事人之幸与不幸也。"[44] 显然不同于传统中国法制的另一种形式的"人治",已然在会审公廨生成。

再者,我们也不能忽略上海租界多如牛毛的告示或谕示。特别是一些违警、捐税及行政案件,会审公廨裁判时所依凭的往往只是工部局、中方乃至领事团的告示或谕示,这些告示或谕示内容繁细无比,又因未法典化而欠缺体系及一致性。凡此,均凸显会审公廨乃至寡头政体偏离现代法治社会的一面。

至于程序法,或许是会审公廨较贴近于现代法治社会的部分。会审公廨在辛亥革命前大抵仿英制,辛亥革命后甚至已相当程度的法典化。不过,外籍陪审员的国籍差异,却是程序法无法贯彻如一的重要原因,也宣告了外籍陪审员与华籍谳员乃至租界华民间,均存续着现代法官及当事人间不应出现的、带有负面色彩的隐匿权力关系。

三、变质的竞技型诉讼

学者黄源盛指出,在客观价值判断基准下,近代西方人始终相信,"法律"在人类形形色色的争斗中,所扮演的正是调和救援的角色,就如同"拳赛竞技"之所以不被视为野性打斗,是因为它附有某种相当于"司法正义"的竞赛规则在。日本学者田野良之因而用"竞技型诉讼观",概括出近代欧陆型诉讼的核心特性。[45] 而竞技型诉讼的一大特色,就是律师加入了诉讼中,打破了传统的纠问制度。

在会审公廨裁判的案件中,至少在一些重要的华洋诉讼,以及受人瞩目

---

[43] 就连 Kotenev 在其书 Shanghai: Its Mixed Court and Council 之后,都附有《暂行新刑律》的英译本,可见其在会审公廨的裁判中所占的地位。

[44] 参阅同注㊱,巢堃,前揭文,第32页。

[45] 参阅黄源盛:《中国法律的传统与蜕变》,收于同注⑯,黄源盛著,前揭书,第264页。

的刑事案件中，律师早已扮演了举足轻重的角色，翻看当时的中外报刊，均可见到许多关于会审公廨律师积极活动的记载。以《申报》为例，在关于司法诉讼的新闻报道中不断地出现律师的姓名及其观点，鲜明地标志出律师的地位，不论是对于传统中国社会、甚至是现代台湾社会来说，都是相当让人惊讶的事。而现代律师通过会审公廨，也的确发挥了许多保障租界华民权益的功能。

然而，因诉讼程序采当事人进行主义而十分强调律师功能的会审公廨，在保障当事人权益的良性发展外，却也免不了因为法庭裁判官的配置问题而产生"裙带关系"重大弊病。即使少数陪审员或谳员有心公平审判，但由于分案采轮回制之故，使得有心者很容易即可得知案件将由何国的陪审员裁判，再委任与陪审员同国籍的律师，进而利用语言、乃至对该国法律的熟稔来影响诉讼的结果。甚至，律师还能够实际干预了会审公廨的侦审。显然，通过会审公廨与租界华民发生权力关系的，不仅只在于负责侦审的工部局巡捕房，或是陪审员、谳员，还有着许多实质上掌控案件结果的外籍律师，他们取得权力的凭借，也绝不仅只于法律专业所架构的法律专业之幕，更在于一些已然超越法律专业的原因。这是我们在评量现代律师对上海租界的影响时，一个不能不注意到的真实面向。

四、契约自由原则的真实面

在上海租界由传统步入现代的过程中，法制上的重要变化之一，就是个人权利本位取代了传统家族伦理本位。[46]

学者王伯琦指出，权利观念必须随道德与法律的分化，以及民事法与刑事法的区分始能产生。[47] 事实上西洋法律自罗马法以来，即有公法与私法之分，尤以私法为法律体系的根干。[48] 而现代契约的概念，即是私法的核心之一。

学者马长林指出，上海租界华洋杂处后，华洋之间的商品关系日有发展，会审公廨处理华洋商品关系中发生的纠纷，一般都比较注重契约的法律

---

[46] 关于传统中国社会由家族伦理到个人权利的过渡，详请参阅同注⑮，黄源盛著，前揭书，第262页。

[47] 参阅王伯琦：《当今中国法律二大问题的提出》，刊于《法律评论》，第二十一卷，第十一、十二期，1923年9月。

[48] 参阅同注⑮，黄源盛著，前揭书，第262页。

作用。马长林并以《申报》曾经刊载的1876年履泰洋行诉华商无记案[49]，以及1880年新沙逊洋行诉义森土行经手人郑竹渔案[50]，证实会审公廨至少在形式上对于违约的华人予严厉处置，进而在观念形态上对华商起了潜移默化的作用，迫使他们去重视在商品关系中所订立的契约。而此，即是上海租界经济比中国其他地方发展得快些的一个重要原因。[51]

不过，在"熊希龄案"等案件中，我们却也看到会审公廨的重视契约自由，可能是只是契约形式的移置，并未考量传统中国商场惯例或是交易习惯；并且，至少以本书所搜罗的民事案例的结果论，在华洋争讼案件中，似乎很难看到华商获胜的判决。不禁让人怀疑，会审公廨之重视契约自由，恐怕是受了外籍陪审员的影响而肇致的结果，而不是因为会审公廨十分重视在契约自由背后所凸显的双方平等立约精神。毕竟，通过重视契约自由仍有可能产生权力隐匿现象，也就是说，由于对契约自由法律文化的熟稔程度不同，将使得华洋间产生不平等的权力关系，进而可能影响会审公廨的诉讼结果。

五、屈从于租界利益的宿命

不可否认，在上海租界乃至会审公廨生成之初，或许由于寡头们的自由思想与积极开放的态度，确实在若干重要案件上扮演了确保自由、人权的积极角色。例如"巡捕曹锡荣案"、"苏报案"，乃至若干涉及政治事件的案件等，均可见到会审公廨突破传统思维的裁判结果，这也是为何孙中山先生特别标举苏报案以鼓舞革命的原因之一。当然从华方的角度剖析，我们实不能忽略，这些通过会审公廨所呈现的西方法治原则或自由、人权的思想，不过只是外人侵权的附加结果，但却不能不承认其对传统法律文化思想的质变带来的启发作用。

然而到了辛亥革命后，会审公廨却愈来愈与租界的生存发展密切结合，或成为租界推广的交换筹码，或成为确保租界安危的施政工具，以致自辛亥

---

[49] 履泰洋行向无记订购漂白洋布一百箱，色布二十箱，言明三个星期出货，但无记过了七个星期仍不出货。会审公廨最后判决，无记加付期票定银一百五十两呈堂后给履泰洋行，并传谕无记店主赶紧与洋商"理算清出"。参阅《申报》，第九册，上海书局，1983年，第217页。

[50] 新沙逊洋行向郑竹渔订购大土四十七箱，延不出货，要求赔偿二三五〇两，会审公廨判决赔偿九百四十两。参阅《申报》，第十七册，第449页。

[51] 参阅马长林：《晚清涉外法权的一个怪物——上海公共租界会审公廨剖析》，刊于《档案与历史》，1988年第四期，第57—58页。

革命后,在若干攸关人权、自由或政治性的指针性案件上,会审公廨反而不能持续坚持,进而拓深其一贯的保障人权思维。如果孙中山先生在民国以后能够全面地检视有关会审公廨的种种,相信定然会做出与其对"苏报案"完全截然不同的评价。

第四节 会审公廨经验的启示

经由前面几节关于帝国之鞭与寡头之链的学理分析,本书要强调的是并非意欲"以今非古",而是试图传达一个概念——每个时代都有其相应的政法体制,也有其维系社会秩序的思维与方式。其间当然有利弊得失,我们也可以很容易套用今日的学理与名词批判过往,但更重要的是,到底从会审公廨的历史变迁中,我们可以寻觅何种启示?

就像傅柯从观察公开酷刑到现代刑罚的变迁中所作的提问"惩罚强度是否减轻了"?[52] 傅柯的答案是肯定的,但同时却也肯定地指出,惩罚运作的对象已被置换了,即从肉体转移至灵魂。若扩张傅柯的理论,其实我们已可发现,透过会审公廨所呈现的权力运作对象的转变,不仅在于关系司法的惩罚,还包括立法与行政等作为,其内涵都已起了重大的变化。并且,从另一个角度言,如果各种不同形式的惩罚及与其相应的对人民自由的拘束程度可以量化总计的话,那一种体制下的人民比较"自由",只怕还很难说,这也是本书不欲太过着墨于"批判",而重视"变迁"的重要原因。

然而,研究会审公廨的权力运作乃至其所呈现的权力关系的变迁,究竟又能带给朝向现代法治社会发展的我们什么样的启示?本书认为至少应该有:

一、权力分配应该落实而非形式

从会审公廨呈现的权力竞逐历程中,我们清楚地看到寡头政体的强势以及帝国势力的衰微。这并非是因为寡头政体所引进的权利意识与自由民主概念,必然优于以维系皇权稳固为要务的传统帝制,进而产生的替换。相反的,上海租界寡头政制也许有着现代民主国家权力分立的形式,但若深入地剖析其中的权力关系,即可发现其真实情况乃是权力的再次汇流于广义的寡头政体手中,其成员包括上海领事团成员、工部局董事、工部局各单位

---

[52] 参照同注⑭,傅柯著,刘北成、杨远婴译,前揭书,第15页。

行政主管乃至外籍律师，却无法扩及至租界所有住民手中。权力从集中于一人变成集中于少数人，何尝不是传统帝国独尊皇权的变体？

也因此，随着租界华民乃至界外中国人民法治意识的逐步提升，以及界外中国法制现代化，其实寡头政体同样得面临传统皇权"权力集中、责难也集中"的宿命，以及另一个以现代西方法治思想为基础的新兴政体——中华民国的权力竞逐。

上海租界长期以来有着比传统中国更为公开、绵密的法令，与华民相关的会审公廨，也引进了许多现代司法侦审制度与程序，甚至由于新兴都市统治技术的更新，而使得规训权力在租界落地生根，凡此种种均有助于寡头政体去除了一些强调威吓的体制必然会伴随而生的"恶"。但却由于更深层的权力配置不当问题，使得寡头政体依然不能够获得其权力关系另一方的认同与配合。易言之，导致会审公廨卸下挂了数十年的招牌、走向转型的五卅惨案，其实诉说的何尝不是对于租界权力分配不够细致、并未落实的不满？

二、社会发展目标应多元并重

本书引据了许多的史料，以证实寡头政体以治安为最高指导原则的目标，并通过会审公廨不断的强化此最高原则。但刁诡的是，会审公廨最后反而因为租界华民的大规模抗争，终而走入历史。

剖析寡头政体的"治安"，不难发现，其实是与外国人的利益紧密的结合着，此不仅只是看得见的商业利益，还包括了生活环境的安全舒适等无形利益。也就是说，在以"治安"为最高指导原则之下发展的上海租界法制，都可以很容易的嗅出保障特殊阶层权益的气味。从寡头政体的着重警政、卫生相关法令，并进一步在会审公廨的裁判中落实，即可获得证实。

但本书却必须强调，若社会最高指导原则过度单元，反而可能扭曲了控制社会资源的分配，且无助于整体社会形塑现代法律意识。观察上海租界即可知，在寡头政体着重于大马路这个通透场域的"治安"，却几乎放弃了低层华人住居区的背后，实也同时为未来的治安埋下了不定时炸弹。

更进一步言，法治社会的形塑不应只单靠具有西方法律色彩的刑事或行政法规，而必须是全面整体齐头并进的发展，方能够有效调和社会多元价值。可惜的是，在寡头政体的法令及会审公廨的裁判中，我们尚无法得见普遍的个人权利的原则性宣示。

第六章　帝国之鞭、寡头之链的特色与启示

三、公平必须普遍且全面

学者吴圳义尝谓："假如拿华人的司法地位跟洋人一比较,可知洋人在上海真犹如天之骄子。"㊼ 此话一针见血地道出了上海租界法制的根本问题,即华洋住民间就连形式的平等都没有。

从此基础出发,本书全面且详细的铺陈、解构上海租界法制舞台,其目的即是希望能够进一步了解到会审公廨所处的尴尬位置,以及体悟到寡头政体乃是以"治安控制工具"的眼光看待会审公廨,进而凸显,即使会审公廨做得再好,审判得再公平,却永远无法改变整个租界法制大环境"非法治"的现实。

不能否认,会审公廨已然在其裁判中彰显出颠覆传统社会身份差等的变迁,也有助于在租界华民圈形塑一个以个人为权利义务本位的现代法律价值观。但却也不要忘了,由于整个租界法制环境的失衡,早已制造了另一种来自于华洋、贫富的身份差等。

四、"依法"或"以法"的更高层

观察上海租界的法制发展,特别是法令的公布,不能不说是绵密且快速的,也多能与时代的发展契合,更常见与其相互配合的会审公廨裁判,以及巡捕房严格的执行,以致产生了惊人的实效。"依法治市"或"以法治市",对早期上海租界来说,显然不是一句空话。

然而,在租界绵密的法网中,却不难发现,除了具有特殊定义的"治安"以外,实相当欠缺理念性的指导原则。当然,此或与上海租界终非一个国家,难以独自发展、形塑更上层的法律规范有关。

不过,会审公廨的经验仍足以告诉我们,一个社会若单单只能依凭相应社会变而生的法条或命令,却缺乏法典般的体系乃至宪法阶层的原则指导,即使应变能力再迅速,相应的执行、惩罚机制再完备,却终究有其力有未逮之时,也注定一旦有所取舍,终将只能屈从于政治力的干预。

㊼　引自吴圳义:《清末上海租界社会》,收于《政治大学学报》,第三十期,1974年12月,第210页。

第七章 结 论
——社会控制的"从传统到现代"

晚近"法律继受"已成为法制史学界热切关注的话题,但若只将焦点锁定于法典或制度的继受,显然无法观照全局,还有许许多多的社会变迁与情状,同样与法律继受密切相关,也同样值得关注与研究。

《上海闲话》作者姚公鹤尝论述上海租界华民的"法律习惯"指出:

> 历经英人熏蒸陶育之余,知识与程度虽犹是陋劣不可名状,服从法律习惯则已较胜于内地。例如民国开幕,国内始有形式的司法衙门,而诉讼案之孰为刑事,孰为民事,执以问之普通国民,瞠目不知所对者,十必八九也。若租界居民则虽妇人孺子,亦均知命盗斗殴应向捕房控告,钱债人事应向会审公廨控告。于刑、民性质,颇能辨别了解,此非华人之习有法律知识,乃习有法律习惯也。[①]

姚公鹤不仅清楚地告诉了我们,一个不同于传统中国由上至下的法律文化继受方式,已然在上海租界运作,并且对法律知识与程度均嫌陋劣的传统中国庶民社会产生了巨大的影响;更重要的是,姚公鹤的观察提醒了我们,在大多数的租界庶民百姓心中,钱债人事与命盗斗殴已然分了家,即已分属于不同的权力机构掌控,并对自己的内心产生了相当的制约。换言之,一个截然不同于传统帝国的权力关系,已然在租界开展并扎稳了根基。而姚公鹤未明白点出的上海租界法律文化与权力关系的变迁,即是本书欲以会审公廨为媒介,深入研究的对象。

由于会审公廨华洋会审的特性,使得外来殖民者的权力得以介入这个原应"完全中国化"的衙门,其背后自免不了力的因素。不过在以传统"压迫者、剥削者/被压迫者、被剥削者"的对立史观解析之外,也许还应容许研究者选择其他不同的史观来看待这段历史。

[①] 引自姚公鹤:《上海闲话》,上海:上海古籍出版社,1989年,第46页。

第七章 结论

一、透视租界的新史观

在有关殖民统治的研究中,不外下面三种论述史观,一是基于国族被欺压的立场,倾力批判外来侵略者的强势压迫、侵夺与对百姓的剥削;二是本于"共犯结构"观点,即认为除了殖民者的压迫外,也不能忽略被殖民者的配合或参与,带有自我反省与分担责任的意味;三是强调殖民者引进的现代制度与技术,为传统社会带来的震撼与兴革。

本书无意落入上述三种史观孰优孰劣的争辩,但却必须要强调,如果只从古典权力主体,也就是国家或民族的视野观察,很可能只能停留于约章的论辩,而无法进一步深入且完整地还原当时社会的形貌。

因此,为探究与殖民统治密切相关的会审公廨,以及通过会审公廨所呈现的华洋政体与租界华民间的权力关系,本书选择从地理、心理与人文的角度出发,企图还原清末民初让会审公廨伸展的法制舞台,进而解答"会审公廨所能够挥洒的空间究竟有多大?"这个基础问题。本书发现,即使不论会审公廨尔后的逐步扩权,单论会审公廨的生成,即已超脱于中外"国与国"约章乃至领事裁判权的解释范围,实际上更偏向于一个上海租界自治政体与界外帝国政体的"地方代理人"相互妥协后的法制产物。

在上述的基调下,为期能充分凸显租界华洋政体权力的特色,本书择取了"帝国之鞭"与"寡头之链"这两个对比的概念,进而在这两个概念下,展开帝国之鞭、寡头之链权力与权力关系竞逐的论述。

二、帝国之鞭与寡头之链的竞逐

分析与会审公廨相关的约章内容,会审公廨与其前身洋泾浜北首理事衙门,原被设定为权责有限的"传统中国地方衙门"。不过,即使权责受限,但在帝国一条鞭式的政法体制下,这个比传统中国最基层的知县衙门位阶还低一等的租界地方衙门,其主事者不仅拥有司法裁判权,也同时兼括裁判前的侦查与裁判后的惩罚,更同时拥有现代法官所没有的行政与立法权。也就是说,会审公廨与租界华民间的权力关系,不仅存在于司法裁判,而是多面向的,实更贴近于传统知县衙门与庶民间存在于各个领域的权力关系形貌,本书简称此种全包式的权力关系为"帝国之鞭"。

然而,在租界独特的寡头政治体制、权力分立概念与崭新的都市空间结构、现代都市管理技术等交互作用下,却在租界形塑出的新兴权力运作模式,并强力制约、干涉会审公廨根源于传统帝国政制的各项权力,进而使得会审公廨与租界华民间的权力关系起了质变。易言之，在传统帝国之鞭权力关系以外，上海租界已开始自行蕴生了一种新兴权力关系，并与帝国之鞭展开竞逐。不过与帝国之鞭不同的是，这种新兴权力关系下的"权力"，已然被更细致、更多元的诠释与分配，甚至许多权力还拥有"隐匿"的特性，凡此，亦与一个现代新兴都市的发展轨迹与现代统治技术的引入不谋而合。这种存在于寡头政体与租界华民间独特的权力关系，本书简称为"寡头之链"。

整体言之，由于寡头政体强调市民自治的特性，致在行政、立法等权力方面，从租界生成初始即与帝国政体有所扞格，也自然免不了与权力集中于一身的传统地方官厅有着一番权力竞逐，同样有着权力集中现象的会审公廨及华籍谳员，自也无法脱身于权力竞逐风暴以外，而此却是以往相关论述所忽略的。在司法权方面，寡头政体一方面通过外籍陪审员或领事、工部局董事观审等机制，打通了得以直接影响会审公廨裁判结果的管道；另一方面则通过巡捕房，陆续且有效地承接了原应属于传统中国官厅的侦查、逮捕、拘提及惩罚权。

若依历史的进程来看，1864 年是上海租界法制与权力关系形貌产生质变的关键年代，洋泾浜北首理事衙门在华洋非正式的协议下成立，该衙门所创的"会审"机制，即由中外官员共同会审租界华民，实乃传统中国社会空前之举，现代西方法律制度、文化与观念，自此有了被引介至租界华民社会、乃至传统中国社会的正式管道。理事衙门运作四年后，会审公廨取而代之，虽然会审公廨与理事衙门一般，并无"国与国"的正式约章，仍偏属寡头政体与中国地方官厅相互妥协的结果，却代表着上海租界管控华民的机制，已进入更细致的"成文化"阶段。

通过洋泾浜北首理事衙门与会审公廨等载体，除了可以让我们看到了帝国与寡头政体激烈且赤裸的权力竞逐过程，更让我们进一步观察到在章典制度外的权力的生成与壮大，例如现代律师辩诉制度、现代警察侦查制度与西方的狱政管理制度，即标志着华洋官员司法权力已然被分享或弱化。

至辛亥革命清廷倾覆后，租界权力关系更在一夕之间产生巨变，寡头政体趁乱改变了整个会审公廨的体质与空间结构，使得会审公廨更趋近于一个权立分立政体下的现代法院，传统中国官厅集权、通包等特色消失殆尽；但在此同时，会审公廨判决的效力与确定力则进一步的获得强化，几成为"一审终结院"，并进而对租界华民产生强力约制效果。

然而，会审公廨却始终无法摆脱被政治干预的宿命，甚至其命运更与租界的扩张与存续挂了勾，而成为谈判桌上的筹码。从空间变迁的角度来看，辛亥革命前后呈倍数扩张、并与华界联成一气的租界，其实更有着不利于法治社会发展与治安管控的重大隐忧，即法治社会所强调的惩罚的公平与必然性将大打折扣。至此，若希望会审公廨的种种能够发展出合于现代法学的原则或法治社会的标准，无疑已是缘木求鱼。

除了倾力解析关于会审公廨的约章、结构与运作程序，以及描绘华洋政体权力与权力关系相互竞逐的真实面貌，本书并尝试归纳整理通过会审公廨所呈现的"鞭"与"链"两种权力关系的特色，以及两种权力关系是否已然产生互动与融合。

三、鞭与链权力关系的特色与融合结果

就帝国之鞭观察，在前清时的会审公廨依然保有传统帝国权力集中、强调人治及展示过剩权力等特色，而其学理基础，则在于与法治体系完全不同的纪律体系。不过，会审公廨却也有着一些与传统帝国地方官厅不同之处，例如从成立初始即没了传统衙门常见的刑讯，乃至会审公廨后期的取消跪讯等。

从寡头之链来看，当然，在数十年的华洋权力竞逐过程中，寡头之链也可归纳出若干特色，包括积极有效率地响应权力竞逐的挑战、以治安为最高指导原则、摆荡在过剩权力与规训权力之间，以及进行了租界权力的重分配并予以细致化等。

经由帝国之鞭与寡头之链的相互激荡与融合，本书也发现，若站在租界华民的角度观察会审公廨的种种，实已形塑出一个不同于传统中国的权力关系新形貌，其特色包括身份上的差等虽仍持续，但却也同时起了质变；依审判官员的自由取舍的法律适用情形，仍然存在于形式上已然西方化、现代化的会审公廨中；会审公廨虽然很早即引进现代律师，但因权力结构不当，使得此超脱传统的竞技型诉讼始终存有无法克服的盲点。更重要的是，由于辛亥革命后会审公廨的命运与租界扩张存续挂了勾，在政治的强力干预下，使其很难通过若干特殊案件的审判发展出现代法治原则。

不过，也正是由于会审公廨位处传统与现代的关键时点上，通过会审公廨所呈现的法律文化继受过程的正负面经验，因而有了重要的时代意义，并给了处身于迈向后现代社会的我们许多关于形塑未来控制社会规范的重要启示。

四、会审公廨的经验与时代意义

如果单论会审公廨是否系朝向法治社会发展？研究会审公廨的澳大利亚学者史蒂芬斯曾评价指出：

> 会审公廨虽扮演了重要的中介、沟通角色与管道，俾便新颖、刺激、充满异国情调的法律概念，能浇铸于中国知识的及政治的历史，但奇怪的是，会审公廨运作本身反而丧失了西方法治精神。②

史氏二分的评断上海会审公廨的是否具有现代西方法治精神，诚然有其依据；不过，站在史氏的肩膀上，本书要进一步补充的是，在一个无法克服的法制不平等大环境中，若要强求某个法院通过裁判发展出现代西方法治原则，毋宁是缘木求鱼。也就是说，即使会审公廨在个案或部分诉讼程序中展现了现代西方法治原则，但若把这些个案或程序摆置在整个舞台之中，实已属杯水车薪，无助于矫正整个租界司法制度乃至政制的脱轨发展。

然而，是否有个可能，即对于历史的上某些特殊时空的社会而言，法治不见得就一定是最崇高的、或最需要去追求的价值？例如与现代西方法治扞格极深的传统中国法律体系，我们当然可以找出一大堆的事例说明传统法系与帝制不符现代西方法治要求，但传统中国法律却依然运行了千百年，维系了历朝历代的社会秩序，甚或造就了举世羡叹的文明与富庶。同样的，会审公廨乃至上海租界政体在法效力备受质疑的情况下，依然维持了数十年的实效，并一定程度地维持了租界的治安与繁荣。显然在鉴别与评价一个政体的法治程度的高低之外，还有其他值得我们探寻、能够有效控制社会秩序的某些"权力"，这些权力，可能并非来自法律或不见得需要法律的授权，也可能是权力主客体根本不曾意识到的，但却真实地存在于社会中，并产生了各种权力关系。

更进一步言，如果"绝对的法治"与"绝对的民主"一般，其真正的实践可

---

② Thomas B. Stephens, *Order and Discipline in China-The Shanghai Mixed Court 1911—1927*, University of Washington Press, 1992, p.121.

第七章 结论

能充满着矛盾、吊诡与二律背反（Antinomie）③，那么，究竟是何种权力，能够真正左右着政府与人民间的权力态势？却是法律人在思考人民与政府间权力得丧变迁时，极可能忽略的面向。

本书通过会审公廨的研究所觅得的答案是"隐匿的权力"，或许这正是在当今社会困惑于法治的二律背反，或汲汲于诉求国家力量贯彻法治之时，得以让我们重新衡度新兴社会控制的法律、技术与思维是良或莠，以及该如何寻求平衡点的关键锁钥之一。

换言之，如果我们能够在传统法学的权利、正义或法释义学的推导之外，兼能顾及社会控制技术的有效与否，进而以此为主轴，去评价所有政体以及与其搭配的法律制度，将会发现，其实每个政体的社会控制方式，大概都不外乎基于"鞭"或"链"的思维基础，或分散于"鞭"与"链"的两极光谱之间，多少都有值得我们借鉴之处，也是让我们得以免于民族情绪的批判或事后诸葛式的嘲讽，并进一步从中觅得可贵历史经验的一个重要法门。

---

③ 学者颜厥安指出："绝少有人会认为法治可以提供我们安身立命的终极价值，但是由于礼、道德、伦理等各种社会（公共）规范的权威都已经垮台了，大家只好寄望于法治能够重新填补起建立良善社会的'工具'地位。"

在这种背景下我们往往忽略了，法治不足以提供其自身实践的行动资源。当康德指出，保障自由意愿的法律并不关切行动者的"动机"时，就已经精辟地指出了法治与"行动力"的脱钩。因此法治所依靠的，是执行法律的"强制力"，或者说，是集立法、执法、司法于一身的"国家权威"。这也正是法治理念的"二律背反"（Antinomie）：法治的目标是要防止国家滥权，但法治的实践，却又要依靠国家的权威。而宪政体制的权力分立制度，最多只是和缓了，而绝不可能消除这个巨大的二律背反。因此我们一定要谨慎，甚至限缩我们对于法治功能的期待，尤其应该非常谨慎地重新思考透过政府权威来改善法治状况的可行性。引自颜厥安：《法治是法律的健康指针》，刊于《中国时报》，2003年3月10日。

参考文献

一、史料、汇编

上海市档案馆编:《工部局董事会会议录》(The Minutes of Shanghai Municipal Council),
  第一册至第二十八册,上海:上海古籍出版社,2001年。
上海市档案馆藏,《会审公廨档》,档案号179.4.2—179.4.8。
《上海新报》,台北:文海出版社,1990年影印本。
《上海县续志》,台北:成文出版社,依据1918年刊本影印。
《外交报汇编》,台北:广文书局,1964年影印本。
《申报》,上海申报馆编,台北:学生书局,1965年影印本。
《民立报》,台北:"中国国民党中央党史会",1969年影印本。
《通商约章类纂》,台北:文海出版社,沈云龙主编,近代中国史料丛刊续编第四十七辑。
《北华捷报》(North China Herald),"中央研究院"近史所郭廷以图书馆微缩室藏微卷。
《点石斋画报》,台北:天一出版社,1978年。

二、专著

《大理院解释例全文检查表、大理院判决例全书检查表》,台北:成文出版社,1972年。
《上海公共租界史稿》,上海:上海人民出版社,1980年。
上海市档案馆编:《上海租界志》,上海:上海社会科学院出版社,2001年。
上海通社编:《上海研究资料》,台北:中国出版社,1973年。
《上海掌故辞典》,上海:上海辞书出版社,2000年。
于醒民、唐继无著:《上海——近代化的早产儿》,台北:九大文化出版社,1991年。
于能模:《废除不平等条约之经过》,台北:台湾商务印书馆,1951年。
"中国国民党中央委员会党史委员会"编,《国父全集》第1册,台北:1973年。
王伯琦著:《近代法律思潮与中国固有文化》,台北:法务通讯杂志社,1985年。
王立民著:《上海法制史》,上海:上海人民出版社,1998年。
王明德撰,怀效锋主编:《读律佩觿》,北京:法律出版社,2001年。
王健编:《西法东渐》,北京:中国政法大学出版社,2001年。
王铁崖等编著,王人杰校订:《国际法》,台北:五南图书出版公司,1992年。
王树槐著:《中国现代化的区域研究——江苏省,1860—1916》,台北:"中央研究院"近代
  史研究所,1984年。
方汉奇主编:《中国新闻事业通史》,第1卷,北京:中国人民大学出版社,1992年。

《甘添贵教授六秩祝寿论文集——刑事法学之理想与探索》,台北:学林出版社,2002年。
白晋(Bouvet Joachim)著:《康熙帝传》,南昌:洙海出版社,1995年。
〔日〕外务省条约局编:《英、米、佛、露ノ各国及支那国间ノ条约》,1924年。
李仕德著:《英国与中国的外交关系(1929—1937)》,台北:国史馆,1999年。
史梅定主编:《追忆——近代上海图史》,上海:上海古籍出版社,1996年。
那思陆、欧阳正合著:《中国司法制度史》,台北:空中大学,2001年。
那思陆著:《清代州县衙门审判制度》,台北:文史哲出版社,1952年。
沈宗灵著:《法理学》,台北:五南图书出版公司,1998年。
吴圳义编:《上海租界问题》,台北:正中书局,1981年。
吴馨等修,姚文枬等纂:《上海县续志》,台北:成文出版社,中国地方志丛书·华中地方·第十四号。
阮笃成编著:《租界制度与上海公共租界》,收于《民国丛书》第四编第24册,上海:上海书店根据法云书屋1936年版影印,1992年。
金耀基著:《中国民主之困局与发展》,台北:时报文化出版社,1990年第2版。
威罗贝著:《外人在华特权和利益》,王绍坊译,三联书店,1957年。
洪镰德著:《法律社会学》,台北:扬智文化出版社,2001年。
姚公鹤著:《上海闲话》,上海:上海古籍出版社,1989年。
施康福主编:《上海社会大观》,上海:上海书店出版社,2000年。
《美国学者论中国法律传统》,北京:中国政法大学出版社,1994年。
唐振常主编:《上海史》,上海:上海人民出版社,1989年。
徐复观著:《西汉思想史》,台北:学生书局,1978年。
徐公肃、丘瑾璋著:《上海公共租界制度》,收于《民国丛书》第四编第24册,上海:上海书店根据中国科学公司1933年版影印,1992年。
马汉宝著:《国际私法总论》,台北,作者自版,1990年8月11版。
马长林著:《上海历史演义》,浙江:浙江人民出版社,1999年。
夏晋麟编著:《上海租界问题》,收于《民国丛书》第四编第24册,上海:上海书店根据中国太平洋国际学会1932年版影印,1992年。
陈三井著:《近代中国变局下的上海》,台北:东大出版社,1996年。
陈晓枫著:《中国法律文化研究》,河南:河南人民出版社,1993年。
郭廷以著:《近代中国史》第2册,台北:台湾商务印书馆,1966年。
傅柯著:《规训与惩罚—监狱的诞生》,刘北成、杨远婴译,台北:桂冠图书公司,1992年。
《黄宗乐教授六秩祝贺——基础法学篇》,台北:学林出版社,2002年。
汤志钧编:《近代上海大事记》,上海:上海辞书出版社,1989年。
夏东元主编:《二十世纪上海大博览》,上海:文汇出版社,1995年。
张晋藩著:《中国法制史》,台北:五南图书出版公司,1992年。
黄源盛著:《中国传统法制与思想》,台北:五南图书出版公司,1998年。

黄源盛著:《民初法律变迁与裁判》,台北:台湾政治大学法学丛书编辑委员会,2000年。

黄金麟著:《历史、身体、国家——近代中国的身体形成(1895—1937)》,台北:联经出版公司,2001年。

叶祖灏著:《废除不平等条约》,台北:正中书局,1967年。

惠顿(Henry Wheaton)著:《万国公法》(Elements of International Law),丁韪良(W. A. P. Martin)译,台北:国际法学会,1998年[该书原于1864年(同治三年)由京都崇宾馆出版,国际法学会重刊印]。

葛元煦著:《上海繁昌记》,台北:文海出版社,近代中国史料丛刊三编第四十二辑。

费唐(Richard Feetham)著:工部局华文处译述,《费唐法官研究上海公共租界情形报告书》,1931年。

费成康著:《中国租界史》,上海:上海社会科学院出版社,1991年。

薛理勇主编:《上海掌故辞典》,上海:上海辞书出版社,2000年。

薛允升著,黄静嘉编校:《读例存疑重刊本》,台北:成文出版社,1970年。

《熊希龄先生遗稿》,上海:上海书店出版社,1998年。

潘悫著:《钟表浅说》,台北:台湾开明书店,1956年。

刘海年、杨一凡主编:《中国珍稀法律典籍集成》甲编第1册,《简牍法律文献译注睡虎地秦墓竹简》,北京:科学出版社,1994年。

刘彦著:《被侵害之中国》,台北:文海出版社,沈云龙主编,近代中国史料丛刊三编第二十五辑。

刘宁军著:《权力现象》,台北:台湾商务印书馆,1992年。

郑秦著:《清代司法审判制度研究》,长沙:湖南教育出版社,1988年。

《关䌹之先生诞辰一百二十周年纪念文集》,纪念关䌹之诞辰120周年学术研讨会编,1999年。

霍塞(Ernest O. Hauser)著:《出卖上海滩》,越裔译,上海:上海书店出版社,2000年。

罗素(Bertrand Russell)原著:《权力论(Power)》,靳建国新译,台北:远流出版公司,1989年。

苏智良、陈丽菲著:《近代上海黑社会研究》,浙江:浙江人民出版社,1991年。

萧斌主编:《中国城市的历史发展与政府体制》,北京:中国政法大学出版社,1993年。

三、外文书籍

Austin, John, *Lectures on Jurisprudence or the Philosophy of Positive Law*.

Black's Law Dictionary.

Dutton, Michael R., *Policing and Punishment in China: From Patriarchy to the People*, Cambridge: Cambridge University Press, 1992.

Fortune, Robert, *A Journey to the Tea Districts of China*, London: John Murray, 1852.

Foucault, Michel, *Discipline and Punish*: *the Birth of the Prison*, Translated by A. Sheridan. New York: Pantheon, 1977.

Foucault, Michel, *Power / Knowledge*: *Selected Interviews and Other Writings 1972—1977*, Colin Gordon (ed.), London: The Harvester Press, 1980.

Kotenev, A.M., Shanghai: *Its Mixed Court and Council*, Taipei: Cheng-Wen Publishing Company, 1968.

Stephens, Thomas B., *Order and Discipline in China—The Shanghai Mixed Court 1911—1927*, University of Washington Press, 1992.

Escarra, Jeans, *Droits et Interets Etrangers en Chine*, Paris: Sirey, 1928.

四、学位论文

徐平国:《上海会审公廨探微》,硕士论文,台北:台湾大学历史学研究所,1980年。

孙慧敏:《建立一个高尚的职业:近代上海律师业的兴起与顿挫》,博士论文,台北:台湾大学历史学研究所,2002年。

苏硕斌:《台北近代都市空间之出现——清代至日据时期权力运作模式的变迁》,博士论文,台北:台湾大学社会学研究所,2002年。

苏峰山:《派深思与傅柯论现代社会中的权力》,博士论文,台北:台湾大学社会学研究所,1993年。

五、奏折

《出使荷国大臣钱奏报保和会各议旨并吁请考订法律预备下次预会情形折》,刊于1906年《东方杂志》第十二期。

《刑部奏复位上海会审公堂刑章折》,1906年《东方杂志》第五期。

《刑部议复左给谏奏驳上海会审刑章折》,刊于1906年《东方杂志》第九期。

《刑部议复左给谏奏驳上海会审刑章折书后》,刊于1906年《东方杂志》第九期。

《两广总督阮元奏究办英吉利夷人伤毙内民人一案折》,收于《清代外交史料:道光朝》卷一。

《商约大臣吕伍奏上海会审公廨选用熟谙交涉人员会审片》,收于《外交报汇编》第24册。

六、期刊专论

王伯琦:《当今中国法律二大问题的提出》,刊于《法律评论》第21卷11、12期。

王世杰:《外侨在华租购地权》,刊于《法律评论》第一三九号,1926年2月18日。

何启、胡翼南:《书曾袭侯先睡后醒论后》,引自麦仲华辑,《皇朝经世文编》卷21,《杂纂》。

西尼·巴顿:《上海会审公廨》,刊于《中国社会及政治科学报》,1919年3月。

希白:《领事裁判与会审公廨之权限》,刊于《新民丛报》第4年第2期。

吴圳义:《清末上海租界社会》,收于《政治大学学报》第 30 期,1974 年 12 月。
吴圳义:《漫谈上海租界》,刊于《历史月刊》,第 41 期,1991 年 6 月,台北。
周劭:《法苑旧谭》,刊于《万象》,3 卷 4 期,2001 年 4 月,沈阳。
姚公鹤:《上海空前惨案之因果》,刊于《东方杂志》22 卷 15 期,1925 年 8 月 11 日。
倪正茂:《上海近代法制史料管窥》,刊于《法律史研究》编委会编,《法律史研究》丛书第一辑,西安:陕西人民出版社。
威罗贝:《外国在华法院及其法律适用》,收于王健著,《西法东渐》。
马长林:《晚清涉外法权的一个怪物——上海公共租界会审公廨剖析》,刊于《档案与历史》,上海市档案馆主编,1988 年第 4 期。
马长林:《一次面对强权的抗争》,收于《关䌹之先生诞辰一百二十周年纪念文集》。
郝立舆:《上海公共租界会审公堂今昔情形之比较》,刊于《法律评论》第 53 期,1924 年 6 月 29 日。
郭云观:《中国国际私法沿革概要》,刊于《新法学》第 1 卷第 4 期。
陈惠馨:《唐律"化外人相犯"条及化内人与化外人间的法律关系》,收于《黄宗乐教授六秩祝贺——基础法学篇》。
陈从周:《近代上海城市的发展》,刊于《历史月刊》,第 41 期,1991 年 6 月,台北。
巢堃:《上海会审公堂笔记》,刊于 1923 年《法律周刊》第 12 期。
蒯世勋:《会审公廨与领事公堂》,刊于《上海通志馆期刊》1 卷 3 期。
张铨:《上海公共租界会审公廨论要》,刊于《史林》,1989 年第 4 期。
张铨:《上海公共租界会审公廨论要(续)》,刊于《史林》,1990 年第 1 期。
黄源盛:《晚清法制近代化的动因及其开展》,收于氏著《中国传统法制与思想》。
黄源盛:《中国法律的传统与蜕变》,收于氏著《中国传统法制与思想》。
黄源盛:《荀子的礼法思想方法》,收于氏著《中国传统法制与思想》。
黄源盛:《大理院民事审判与民间习惯》,收于氏著《民初法律变迁与裁判》。
黄源盛:《民元〈暂行新刑律〉的历史与理论》,收于氏著《民初法律变迁与裁判》。
黄源盛:《民初大理院》,收于氏著《民初法律变迁与裁判》。
黄源盛:《大理院司法档案的典藏整理与研究》,收于氏著《民初法律变迁与裁判》。
黄源盛:《帝制中国最后一部传统刑法典》,收于《甘添贵教授六秩祝寿论文集——刑事法学之理想与探索》。
黄金麟:《游移的身体与空间的身体建构》,收于氏著《历史、身体、国家——近代中国的身体形成(1895—1937)》。
黄杰明:《晚清商业和金融业——关于中华民族资产阶级的产生》,转引自"明嫒之家网站——上海钱庄史料"。
杨湘钧:《述评:汤玛士·史帝芬斯〈上海会公会审公廨〉》,刊于《法制史研究》第 2 期,台北:台湾中国法制史学会会刊,2001 年。
蒋慎吾:《上海道台考略》,收于上海通社编,《上海研究资料续集》。

蒋慎吾:《苏报案始末》,收于上海通社编,《上海研究资料续集》。
蔡元培:《回忆蒋竹庄先生之回忆》,收于上海通社编,《上海研究资料续集》。
熊月之:《大闹会审公堂案解读》,刊于《关䌹之先生诞辰一百二十周年纪念文集》。
熊希龄:《熊案不受公廨审讯之理由》,刊于《法律评论》第161期,1926年8月1日。
摩斯(Hosea Ballou Morse):《中国境内之租界与居留地》,刊于1928年《东方杂志》,25卷21号。
谢冠生:《中国司法制度概述》,收于《中国政治思想与制度史论集》(二)。
赖光临:《民前革命报刊之遭际》,刊于《学报》,3卷10期。
薛永理:《旧上海棚户区的形成》,收于《上海社会大观》。
萧进安:《中国古代城市管理》,收于萧斌主编,《中国城市的历史发展与政府体制》。
苏硕斌:《傅柯的空间化思维》,刊于《台大社会学刊》第28期,1990年6月。
颜厥安:《法治是法律的健康指针》,刊于2003年3月10日《中国时报》。

七、报刊文章

《上海总商会函促抗争钻石案》,刊于1923年《法律周刊》第13期。
《中西官监视处决暗杀犯》,1915年2月21日《申报》。
《公廨经费谈二则》,1911年11月26日《民立报》。
《公共公廨改革谈》,1912年1月1日《申报》。
《公共公廨讯罚车辆违章案并纪》,1921年6月4日《申报》。
《化除移提案证之意见》,1916年8月18日《申报》。
《外国侵害中国司法之事实》,刊于《法律评论》第150期,1926年5月16日。
《外交部关于沪租界刑事案件之照会》,刊于《法律评论》第38期,1924年3月16日。
《法权讨论会秘书戴修瓒视察上海公共会审公堂之报告(续)》,分刊于《法律评论》第8(1923年)、10(1923年9月2日)、12(1923年9月16日)、16(1923年10月14日)、19(1923年11月4日)、20(1923年11月11日)、21(1923年11月18日)、22(1923年11月25日)期。
《司法部对于上海租界会审公堂(廨)调查报告书》,刊于1923年《法律周刊》第11、12期。
《我国现行法制概论》,刊于《北洋政法学报》1906年第12期。
《附编纂官制大臣泽公等原拟行政司法分立办法说帖》,刊于1906年《东方杂志》第8期。
《政府否认公廨判决案》,1919年1月22日《申报》。
《治外法权释义》,刊于光绪卅三年七月初三日《南方报》。
《领袖领事六月二十三日致工部局函》,1876年《工部局报告》。
《会审公廨谕》,1915年2月6日《申报》。
《领事公堂的根本问题》,刊于《上海通志馆期刊》1卷3期。
《熊希龄致上海许交涉使电》,收于《熊希龄先生遗稿》。
《论美国设裁判所于上海并先考英国在上海设裁判所之原起》,刊于1906年《东方杂志》

第 8 期。

《关䌹之述公廨略历》,上海市档案馆藏,《前江苏交涉署收回公廨各项文件》,全宗号138,卷号二,179-4-2。

《枪决同康钱庄劫案盗犯》,1916 年 12 月 8 日《申报》。

《验尸暂归公廨办理》,1911 年 11 月 12 日《民立报》。

后 记

本书原为我在台湾政治大学法律学研究所的硕士论文,如今有幸出版,该感谢的人,实在太多。

我原系政大新闻学系毕业,并已在新闻职场工作多年。1999年就读法研所时,原冀图凭借着工作经验结合法学研究,突破既有关于新闻自由的法律见解,而能成一家之言。

这个目标并未完成,不过却一点也不遗憾,因为我发觉,原来法学这么宽广、这么与历史人文、社会脉动相互契合,并且,也这么有趣。因而,当我完成硕士论文,并以期间的心得与收获,去解析当今的社会现象、乃至后设未来的社会规范时,竟然有种融会贯通的喜悦。

我的指导老师黄源盛教授,在其《中国传统法制与思想》一书的序言中,尝以"实学"与"虚学"破题,隐隐道出当今法律人困于"实"、"虚"的短处与隐忧:困惑、局限法律人思维的何止主观与客观、何止本土与欧美、何止甲说与乙说。我因为有着与传统法律人不同的求学背景,并得以免除尔后求职的困扰,而有了跳脱"实学"迷障的基础;但更重要的是,承蒙黄老师不嫌弃我松散、粗鄙的法律"实学"背景,允肯纳入门下,并容忍我在"法学瓷器店"里大胆放肆的驰骋,方使我进一步获得了脱离实学困惑的契机。

就像所有有关"史"的研究一般,史料的搜罗也成为本书的最大障碍。于此,我要特别感谢两位论文口试委员。广受海峡两岸法史学界敬重的台湾联合法律事务所黄静嘉所长,曾多次关切我的史料搜集的情形,甚至还主动联系上海友人相助;政大历史系吴圳义老师,是台湾研究上海租界的先驱,亦曾指点如何爬梳既有史料。当然,两位老师在口试时的诸多指正与精辟见解,更让我受益匪浅。

在寻访会审公廨裁判档案的过程中,曾两度前往上海,虽未获重大突破,但在上海市档案馆马长林老师等人的协助下,仍尽可能地搜集了一些台湾尚未运用过的一手史料。另外,我也要感谢上海市专研会审公廨谳员关䌹之的石子政先生,在他的身上,我看到了"居陋巷、不改志"的儒者风范。

我职场上的长官——政大东亚所博士林琳文与政大政治所博士邹笃麒,他们在我的职业生涯出现瓶颈时适时给予开导勉励,使我获得了再次在求学路上迈开大步的勇气,进一步打开了观察社会的视野。不仅如此,本书有关权力论述的部分,也蒙他俩不吝指导。

曾与我共事的台湾大学社会学研究所博士苏硕斌,在我撰写论文中期出现研究方法上的重大瓶颈时给了我灵感与启发。若没有他多次不厌其烦的解惑,本书恐将高悬楼阁。

我也必须感谢政大法律系基础法学中心的诸位师长。陈惠馨老师在我硕士一年级时执教法理学一课,诚乃我基础法学的启蒙者。更重要的是,如果不是陈老师一篇学术论文的诱发,根本不可能有本书的诞生。陈起行老师则为我开拓了法学视角,除了西洋法律思想与文化的奠基,以及正义与权利的探讨,陈老师更引领我全方位思考法律与社会、经济、政治的互动关系,实犹如我在法理学浩海中沉浮时的明灯。

在论文撰写过程中,也曾数度请教台湾空中大学社会科学系那思陆老师关于漱员、传统地方官的权责、职等问题。当然,那老师的耿直正言、不畏权势,更是后学永远的榜样。

最后,我想感谢我的家人。在法研所四年求学路上,若非母亲与内人莉珩的无悔付出,又怎可能顺利完成此人生阶段目标?论文撰写后期,适逢家里诸番变化,家严的遽然仙逝与我儿思澄的诞生,更让我感悟到生命的起承转合。此刻若要我回答"法学是什么?"这个法律人的大哉问,我想说的是,当法学绝对不仅止于条文的演绎,还有更值得关照的人性悲欢离合,这其实也是本书隐匿在论述以外最想要传达的思绪。

杨湘钧

二〇〇五　清明

写于台北

法史论丛已出书目

- 晚清各级审判厅研究　　　　　　　　　　　　　　　李启成　著
- 礼与法：法的历史连接　　　　　　　　　　　　　　马小红　著
- 清代中央司法审判制度　　　　　　　　　　　　　　那思陆　著
- 明代中央司法审判制度　　　　　　　　　　　　　　那思陆　著
- 民初立嗣问题的法律与裁判——以大理院民事裁判为中心（1912—1927）　卢静仪　著
- 唐代律令制研究　　　　　　　　　　　　　　　　　郑显文　著
- 民国时期契约制度研究　　　　　　　　　　　　　　李　倩　著
- 国际化与本土化——中国近代法律体系的形成　　　　曹全来　著
- 中国讼师文化——古代律师现象解读　　　　　　　　党江舟　著
- 中国传统法学述论——基于国学视角　　　　俞荣根　龙大轩　吕志兴　编著
- 民国初年"契约自由"概念的诞生——以大理院的言说实践为中心　周伯峰　著
- 帝国之鞭与寡头之链——上海会审公廨权力关系变迁研究　　杨湘钧　著